Christina Griebel

Die Zukunft erinnern

Kunst Medien Bildung
Band 14

Andreas Brenne / Christine Heil / Torsten Meyer / Ansgar Schnurr
(Herausgeber*innen im Auftrag der Wissenschaftlichen Sozietät Kunst Medien Bildung e.V.)

Editorial

Die Schriftenreihe Kunst Medien Bildung ist ein Forum für den wissenschaftlichen Austausch über die Erforschung von existierenden und denkbaren Verknüpfungen von Kunst, Medien und Bildung in wechselnden diskursiven Feldern.

- Bildung wird dabei als ein vieldimensionaler und durchaus unscharfer Begriff verstanden und als Herausforderung begriffen. Bildung ist ein Handlungs- und Forschungsfeld, das Interaktion und Kommunikation anders bestimmt als eines, das sich nur auf quantitative Evaluation oder intentional zu erreichende Standards beschränken lässt.
- Kunst wird dabei als ein vieldimensionaler und durchaus unscharfer Begriff verstanden und als Herausforderung begriffen. Kunst ist ein Handlungs- und Forschungsfeld, insbesondere für die Untersuchung der Konstitution des Subjekts unter bestimmten historischen Bedingungen.
- Medium wird als konstitutives Dazwischen verstanden und nicht auf ein passives technisches Werkzeug, Gerät oder Instrument für die intentional ausgerichtete Übertragung oder Verbreitung von Information reduziert.
- Das Feld der Verknüpfung lässt sich unterschiedlich konzipieren: beispielsweise als Vermittlung, Information, Erziehung, Sozialisation, Unterricht, Experiment, Anlass zur Forschung oder zum Diskurs.

Die Schriftenreihe Kunst Medien Bildung wird – wie die gleichnamige Online-Zeitschrift zkmb – herausgegeben im Auftrag der Wissenschaftlichen Sozietät Kunst Medien Bildung e.V., die sich als Interessengemeinschaft von Wissenschaffenden versteht, mit dem Ziel, theoretisch ausgerichtete Ergebnisse aus Forschung und Lehre, die das Profil des Gegenstandsbereichs und seine bildungstheoretischen Besonderheiten im Schnittfeld transdisziplinärer Ansätze betreffen, zu befördern und zu dokumentieren. Die Schriftenreihe dient der Darstellung und Veröffentlichung dieser Arbeit und ihres Umfeldes.

kunst-medien-bildung.de
zkmb.de

Christina Griebel

Die Zukunft erinnern

Essay als Methode

kopaed

Bibliografische Information der Deutschen Nationalbibliothek
Die Deutsche Nationalbibliothek verzeichnet diese Publikation in der Deutschen Nationalbibliografie; detaillierte bibliografische Daten sind im Internet über http://dnb.de abrufbar

Impressum

Autorin: Christina Griebel
Herausgeber*innen der Reihe „Kunst Medien Bildung": Andreas Brenne, Christine Heil, Torsten Meyer, Ansgar Schnurr (im Auftrag der Wissenschaftlichen Sozietät Kunst Medien Bildung e.V.)
Korrektorat: Annika Kahlbacher
Layout und Satz: Carmela Fernández de Castro y Sánchez
Gestaltungskonzept: Torsten Meyer, Konstanze Schütze, Gesa Krebber
Umschlagbild: Christina Griebel
Umschlaggestaltung: Carmela Fernández de Castro y Sánchez
Druckerei: docupoint, Barleben

Arnulfstr. 205, 80634 München
Fon: 089.68890098 Fax: 089.6891912
E-Mail: info@kopaed.de
Internet: www.kopaed.de

ISBN 978-3-96848-131-9
eISBN 978-3-96848-731-1

Inhalt

Vorwort

Pierangelo Maset

Lektüren eröffnen

In einem unvergessenen Werk des Schriftstellers Arno Schmidt wird auf die angemessene Lektüre eines Lexikons hingewiesen: „Das kleine Konversatzions=Leck=sie=konn kann nicht mehr zur blooßn Leck=türe ausgegeebm werdn. Nur noch für nachweißlich=wissenschaftliche Behufe."[1] – Die wissenschaftlichen Behufe haben ihre jeweils eigenen ritualisierten Schreib- und Leseverfahren entwickelt, deren Verbindlichkeit mittlerweile ungeschriebenen Gesetzestafeln gleichkommt. Die Ästhetik des wissenschaftlichen Textes wird hierbei eher ausgeblendet, Leserinnen und Leser sollen sich vor allem um Argumente und Fakten kümmern. Doch sind letztere stets außerhalb der ästhetischen Dimension angesiedelt? Für Arno Schmidt wäre die Antwort auf diese Frage vermutlich klar gewesen, nämlich NEIN, und er brachte Zeichen, Buchstaben, Wörter und Texte mit seinen literarischen Tobsuchtsverfahren an den Rand des semantischen Overkills; – und gelegentlich auch darüber hinaus.

In einem übersichtlichen Gebiet wie der Fachdidaktik zu schreiben ist im Gegensatz zu solch schillernden Textstrategien oft genauso ernüchternd wie fachdidaktische Texte zu lesen. Meistens sind sie gar nicht lesbar, weil sie häufig einzig und allein dem Zweck dienen, zu beweisen, dass man einer *scientific community* angehört und deren Publikationsregeln zu beachten in der Lage ist. Dennoch werden sie geschrieben. Die Frage ist mittlerweile, von wem? Etwa von einem *Ich*, das sich Autorin oder Autor nennt? Ja, früher war das so, doch jetzt geht es auch anders, indem dieses ICH z.B. artificial intelligence einsetzt, und dann folgt man beim Lesen einem maschinellen ÜBER-ICH, das aber nicht mehr so trivial daherkommt wie zum Beispiel ein heteronom gelenktes Auto.

In einer Zeit, in der immer mehr digitale Texte im Umlauf sind, die mehrheitlich einen sachlichen Charakter aufweisen, ist die Leselust ohnehin funktionalistisch gestimmt. Doch zum Glück gibt es nicht nur das eine *Lesen*, sondern vielfältige Ausprägungen: das bloße, flüchtige, beseelte, faszinierte, dämliche, eindringliche, irritierte, weiterführende, vergessende, bettelnde, stumpfe, inspirierte, ehrliche etc. LESEN.

Abgesehen davon, dass sich viele zeitgenössische akademische Texte durch ihre Bindung an Qualifikations- oder Akquisitionsverfahren „freiwillig" in ein enges Korsett begeben, wird die selbst bestimmte akademische Lektüre immer mehr zur Ausnahme. Kleinteilige modularisierte Prüfungen bewirken zudem, dass die Leselust von Texten mehr und mehr versiegt.

Nur selten geht es um inspirierte Lese- und Schreibarbeit, weitaus häufiger um das Reagieren auf wissenschaftliche Trends oder um die Einwerbung von Fördermitteln. Die Kulturtechnik Text gerät dabei unter die Räder, sie wird instrumenteller und gleichzeitig bedeutungsloser. Wieviel Raum besteht noch für das *wilde Lesen* aus Lust, und wo taucht im heutigen modular getakteten Studium eine vertiefte Lektüre auf, die sich z.B. dadurch auszeichnet, dass auch überfordernde, unverständliche Texte aus freien Stücken gelesen werden, um das eigene Denken zu erfahren? Angeblich explodiere das Wissen ja in unserer Epoche; doch manchmal implodiert es eben auch. Irgendwann werden möglicherweise nur noch vermaledeite gadgets lesen und schreiben, die nicht bemerken können, dass beim Schreiben und Lesen nicht alles in der Hand eines Subjektes liegt, und dass die Zeichen, die produziert oder identifiziert werden, immer wieder unerwartete Differenzen auslösen.
Man muss also etwas wagen beim Schreiben und Lesen, um sich die notwendige Lust daran zu erhalten oder diese Lust anderen zu ermöglichen. Die Autorin des hier vorliegenden Bandes hat genau das getan mit ihren Essays aus zwölf Jahren. Sie folgt dabei einer großen europäischen Tradition, deren einflussreichste Ausprägung sich in Michel de Montaignes *ESSAIS* findet. Zwischen 1580 und 1587 entstanden in drei Büchern insgesamt 107 Texte des Autors, die z.B. von dem berühmten „Philosophieren heißt sterben lernen" bis zu „Man soll sich nicht krank stellen" reichen.[2] Viele alltagspraktische Fragen werden in den *ESSAIS* reflektiert, und es wird tatsächlich auch viel Wissen geschafft, doch nicht mit einer universell anwendbaren Methodik, sondern im Sinne von tentativen individuellen Annäherungen, die auch steile Spekulationen beinhalten dürfen. Eine europäische Linie, aber keine deutsche, was Theodor W. Adorno in seinen *Noten zur Literatur* wohl begründet gleich eingangs mit *Der Essay als Form* herausstellt: „Daß der Essay in Deutschland als Mischprodukt verrufen ist; daß es an überzeugender Tradition der Form gebricht; daß man ihrem nachdrücklichen Anspruch nur intermittierend genügte wurde oft genug festgestellt und gerügt."[3] Christina Griebel hat Adornos Text eingehend rezipiert, er dient ihr als Ausgangspunkt und Leitfaden, um die zwischen Wissenschaft und Kunst oszillierende Mischform des Essays zu fassen und anzuwenden. Ihre Essays bestechen nicht nur mit der langen Dauer ihrer Entstehung, sondern sie stellen auch ein großes Projekt mit einer kleinen Form vor, einer Form, die sich zwischen etymologischen Betrachtungen, semantischen Reflexionen und materiellen Essenzen bewegt. Eine Spinne, ein Weg, Blätter, Erde, natürlich gebildete Formen stehen hier weniger für den *Gebrauch der Sinne* als für Hyperobjekte und Fadenbildungen, Pilzwerdungen und Inklusionen.

Es handelt sich um ein Unternehmen, das schon längst fällig gewesen wäre in Kunstpädagogik und Kunstvermittlung; – Disziplinen, in der die Autorin – was ihre Texte betrifft - vor allem durch das Buch *Kreative Akte* aufgefallen ist. Sie hat darüber hinaus bereits im

Jahr 2003 einen viel beachteten Band mit Erzählungen unter dem Titel *Wenn es regnet, dann regnet es immer gleich auf den Kopf* im Frankfurter S. Fischer Verlag herausgebracht und gehört damit zu den wenigen Menschen in Kunstpädagogik und Kunstvermittlung, die auch literarische Arbeiten publiziert haben. Damit verfügt sie über das besondere und keineswegs beliebige Rüstzeug für den gewagten Grenzgang ihres Projektes zwischen Kunst, Bildung und Wissenschaft.

Die Texte beobachten akkurat die eigene Schreib- und Reflexionsweise in Bezug auf Theorie und Praxis der Kunstpädagogik. Was sich verändert hat, welche neuen Erkenntnisse hinzugewonnen wurden, wie sich das lesende und schreibende Ich formierte und de-formierte, wie Begriffe verschwanden und neue auftauchten, wird anhand unterschiedlicher Fragestellungen exponiert. Bilder zusammengewachsener Bäume, ornamentaler Blattwerke und abstrakter Strukturen fügen sich hierzu ein, von der Autorin in markanter Präzision fotografiert. Durch poetisch-wissenschaftliche Verfahren können sich nicht nur Texte, sondern auch Diskurse verändern. Es ist ungemein wichtig, diese nicht als „Positionen“ zu verhärten, sondern sie in den jeweils gewählten Text- und Bildformen durchlässig werden zu lassen für das, was zu schreiben und zu lesen ist und sein wird. Dass das gelingt, hat man nicht in der Hand, doch eine ästhetisch-künstlerische Mentalität hilft, ein Gelingen wahrscheinlicher zu machen. In dieser Hinsicht hat die Autorin ausgesprochen viel erreicht und vielleicht sogar mit diesem Buch den Essay als relevantes Medium für unsere Disziplinen erst eingeführt. Damit eröffnet sie neue Lektüren.

THANK YOUS.

Zur Sache

Rankünе und der Tort

Rankünе, Rancune, ein fast vergessenes Wort für den gehegten Groll, eine heimliche Feindschaft, die nicht zugegebene Rachsucht, das Nachtragende, Nachgetragene, entlehnt aus dem Französischen und dort wiederum entlehnt aus dem lateinischen rancor, einem ranzigen Geschmack. Und der Tort? Etwas Unangenehmes, wahrlich, die Familie, die etwas feierte, mit Braten, und das Kind, das zuletzt noch vor der Torte am Tisch saß, der Kremtorte, die vom Davorsitzen nicht weniger wurde, leider, zu lateinisch torquere, torqueo, es fängt harmlos an, mit einem Dreh im Wort, einem poetischen Kreisenlassen, einem Wenden, Lenken, Leiten, aus dem ein Wegwenden werden kann, ein Verdrehen, Verzerren, Verrenken, Schleudern und Werfen und endlich der Kern: das Winden, Martern und Quälen; nicht nur in ferner Zeit nicht weit entfernt von genau untersuchen, forschen und prüfen.
Zwei Begriffe, verwendet von Theodor W. Adorno, geflissentlich, im Fluss, ganz nebenbei, in seinem grundlegenden Essay über den Essay. Zum oder über den Essay? Gesellt er ihm den seinen bei oder stellt er ihn darüber, was nicht bös gemeint gewesen wäre; er sollte handeln vom, was ein Handeln von ihm und ein Handel mit ihm ist. Und geflissentlich, weil Wörter wie diese in einer Zeit wie der seinen einer Leserschaft wie der seinen nicht erklärt werden mussten. Die Rancune bezog sich auf ein unverantwortlich geschludertes Wort, geschludert, weil positivistisch gebraucht, in einem Wissenschaftsverständnis, das den Inhalt unabhängig von seiner Darstellung wähnt:[4] Es gilt die Konvention des Gebrauchs ohne Abweichung. Der Konfektionsanzug muss passen. Hier ist die Worthülse, dort der Inhalt. Man kennt die Verpackung, also weiß man, was drin ist, benutzt beide zusammen und schaut nicht jedesmal nach. In Adornos Syntax ist die Rancune wechselseitig eingebaut, es lässt sich nicht ganz auflösen: der Szientismus grollt dem Essay, der Essay vice versa, in den Szientismus haben sich ranzige Transfette eingelagert, doch der Essay läuft Gefahr, sich mit dem Betrieb, gegen den er anschreibt, zu vermischen, wenn er es versäumt, seine Gegenstände aus ihren Ursprüngen herzuleiten, was (für Adorno) eigentlich nicht zu seinen vordringlichen Aufgaben gehört, denn es gibt keinen Ursprung. Alles ist vermittelt. Wäre seine Aktualität nicht die des Anachronistischen, hätte der Essay schlechte Karten in diesem Spiel, wird er doch „zerrieben zwischen einer organisierten Wissenschaft, in der sich alle anmaßen, alle und alles zu kontrollieren und einer Philosophie, die mit dem leeren und abstrakten Rest dessen vorlieb nimmt, was der Wissenschaftsbetrieb noch nicht besetzte.“[5]

Die Stunde ist ihm heute nicht unbedingt günstiger, gleichwohl die Bahnhofsbuchhandlung ihm als Gattung ein Regal neben Spiegelbesteller, Thriller, Lebensratgeber und Roman einräumt, doch mit steigenden Verkaufszahlen zerreibt er sich mitsamt seinen Autorinnen nicht nur zwischen einer mittlerweile noch viel besser organisierten Wissenschaft, noch viel mehr Philosophien und Algorithmen für noch viel mehr Reste, sondern auch an einer Sprache, einem Orwellschen Neusprech vielmehr, der sich selbst die beste Polizei ist: Ich untersage mir diesen Begriff und jenen, bevor ein anderer sich ermächtigt fühlt, es zu tun und mir den Mund und die Finger verbietet. Zum Beispiel den Begriff Schlauchboot, dessen Gebrauch in Wort und Bild jemand (es kann auch eine Frau sein) mit einem Verbot oder doch wenigstens mit einer Triggerwarnung belegt wissen möchte, indes der Gegenstand selbst auf dem Berliner Landwehrkanal zum Glück jener, die drinsitzen, ungeniert zum Einsatz kommt und nur gelegentlich einen Einsatz der Wasserschutzpolizei zur Folge hat.

Begriffe sind natürlich Griffe; die Haltegriffe an Gummibooten, an denen man sie über den Kopf stülpen und bis zur U-Bahn tragen kann, aber auch Türöffner, und Begreifen ist ein handgreifliches, körperliches Verstehen, eines, das dem französischen comprendre näher kommt als ein Stehen hinter einem Präfix: es in die Hand nehmen, aus lat. com-prehendō: erfassen, begreifen, verstehen, in sich fassen, auch: liebend umfassen. Der Begriff trägt nicht nur das Greifen, sondern auch den mhd. begrif, den Umfang oder Bezirk in sich, ein umhegtes Territorium, ein Gärtlein, in dem neben Gras und Blumen auch allerhand Beikraut sprießt: eine geschützte und artenreiche Spielwiese. Doch vor allem anderen ist Begreifen ein Umfassen und Verinnerlichen: das Kind, das einen Gegenstand mit seinen Augen entdeckt, in die Hand nimmt und ihn sodann in den Mund steckt. Heraus kommen später Worte.

„Der Essay hat es jedoch mit dem Blinden seiner Gegenstände zu tun. Er möchte mit Begriffen aufsprengen, was in Begriffe nicht eingeht“[6], und das bedeutet, dass er sich an sie halten muss und auch an ihnen, wenn die Bahn ruckelt, dass er sie in die Hand nimmt, an geeigneter Stelle einsetzt und an ungeeigneter wieder herauszieht, etwas mit ihnen falsch macht und etwas anderes richtig, ein Ereignis auslöst und eines verhindert, dass er sie anfassen muss und betasten, gleichwohl er das auch nur in Worten tun kann, tastenden eben, anders geht es nicht, das wissen die Blinden – und auch, dass ein Wort dem Gegenstand niemals das Wasser reichen kann. Eine Fünfjährige erlernt ein Alphabet für die Finger; in ihre Hand werden W-a-s-s-e-r und B-e-c-h-e-r buchstabiert, doch hartnäckig von ihr verwechselt, kein Wasser ohne Gefäß, ist also nicht alles eins? Helen Keller, taubblind, muss mit Miss Sullivan zum Brunnen gehen, damit sich das Wasser verselbständigen kann.

Er ist ein Versuch und wird auch so genannt, über den Stillen Ort, über die Müdigkeit oder übers Pilzesammeln[7], im Wort „vermählt sich die Utopie des Gedankens, ins Schwarze zu treffen, mit dem Bewusstsein der eigenen Fehlbarkeit und Vorläufigkeit“[8] und der Wortstamm ohne Präfix der Fehlbarkeit enthält nicht nur ein Wittern und Spüren (Jagdhund, Trüffelschwein, Pilzesammler und *nature writer* nehmen die Fährte auf), sondern auch ein Ahnen: etwas Unbestimmtes rührt mich von außen her an. Im Versuch steckt nicht nur das Bemühen, etwas Verstecktes oder Verlorenes zu finden (das wäre etwas, was es schon gibt), sondern auch das Streben, manche sagten: Trachten nach etwas Zukünftigem.

Die Zukunft erinnern? Wir sehen, was wir sehen wollen: was wir erinnern und schon einmal, schon vielmals gesehen und verknüpft haben. Jetzt kommt es auf uns zu. Jede Wahrnehmung ist ein Rückgriff auf Bekanntes, der aufs Ökonomischste mit den vorhandenen Daten abgeglichen wird, alles andere würde uns wahnsinnig machen. Nur wenn der Abgleich offen bleibt, schauen wir genauer hin; der winzige Rest, sowohl quantitativ als auch über den Tag gesehen, wird erst dann interessant, wenn kein ausgearbeitetes Konzept vorliegt. Kunst ist auf diesen Rest spezialisiert. Wird auf diesen Rest spezialisiert gewesen sein? Wir wissen es nicht; kein Konzept, das sich nicht wandelt.

Rancune und der Tort sind keine tragenden Begriffe in Adornos Überlegungen zum Essay (das Übergelegte ist nicht darübergelegt, es wird von ihm getragen). Sie werden beiläufig verwendet, laufen nebenher, bei Fuß (der Beifuß ist eine Wegrandpflanze, dem Wermut verwandt, das Kraut der Moxibustion und in seiner heilsamen Wirkung, seiner Bitterkeit ein naheliegendes Substitut nach mächtigen, fetthaltigen Speisen, auch Torten) an den Rändern der Wahrnehmung, und nicht nur, aber auch deshalb griff ich danach. Gleichwohl sich zu beiden sofort eine Vorstellung bildete, zumal ich ihren Klang mochte, musste ich mir bei genauerem Hinsehen eingestehen, dass ich meinerseits ein ganz klein wenig damit geschludert habe, wie man es beim Hören oder Lesen in einer der eigenen verwandten oder benachbarten Fremdsprache macht. Ich las darüber hinweg. Und kehrte zurück; ein Wort klingt bekannt, ist es aber nicht, oder nicht ganz, es wurzelt ganz woanders oder *ist* im Kontext einer anderen Kultur etwas ganz anderes. Übersetzerinnen nennen solche Wörter falsche Freunde. Der erste Blick ging im Zusammenhang nicht auf, in dieser Einfriedung rankten andere Gewächse mit und wetteiferten ums Licht; ich musste mir diese Sache, Diesehsache, außerhalb ihrer augenblicklichen Darstellungsform anschauen und mich selbst zum Schauplatz des Nachdenkens darüber machen. Nichts anderes ist, *by-the-way*, Poesie. – Rancune und der Tort, für beide Begriffe lag mir kein ausgearbeitetes Konzept vor, ich konnte sie nicht einfach für Wahr nehmen, und so griff ich zum Diktionär.

Und – nicht nur: Das fast Übersehene ist der zentrale Gegenstand der in den folgenden Texten aufgefalteten Überlegungen und somit der An-Satz, jener erste Satz (das ist ein Sprung über einen Graben. Und etwas Gesetztes, dazu später mehr), an den sich die weiteren knüpfen, sodass ein Text, ein Gewebe daraus wird. Fast übersehen, weil hier Begriffe untersucht, mit- und weitergedacht oder überhaupt erst einmal gesichert, geborgen werden, die im Betrieb der lehrenden und forschenden Zunft einfach mitlaufen, oft aus Zeitnot, ranzig werden, ehe man sich's versieht, und Magenbeschwerden zur Folge haben. Gewöhnliche Begriffe;

wir haben uns daran gewöhnt, wohnen mit ihnen und verwöhnen sie so sehr, dass sie sich schlimmer als Meerschweinchen vermehren. Vermittelte Begriffe; oft stehen sie in einem geschriebenen oder ungeschriebenen Regelwerk des Wissenschaftsbetriebs, des Kunstbetriebs und ihrer betriebsamen Fördermaschinen. Oder auch im nackten Anwendungsregister, dem Bildungsplan für die nächste Generation, an deren Zukunft sich die Arbeitsgruppe nicht erinnern kann. Es gibt es hier nichts Ursprüngliches zu entdecken. Aber viele Sprünge und Risse und Gräben, die dort erfahren und aufgedeckt werden sollten, wo sie verlaufen: in der Sprache. Und wo in der Sprache? Im Kleinen, im Detail, im Beiläufigen, der ranzigen Rancune. Und wie? Im Wie des Ausdrucks,[9] in wem? dem Wie, dem im Dativ etwas passiert; es hat sich auf etwas ein- oder jemanden hereingelassen, ein Wort gibt das Andere und schon ist etwas im Gange, doch wem gehört das Wie? Dem Ausdruck. Er kann damit machen, was er will – oder Verantwortung übernehmen.

Und der Tort? Der Essay „fragt nach keiner Urgegebenheit zum Tort einer vergesellschafteten Gesellschaft, die, eben weil sie nichts duldet, was von ihr nicht geprägt ward, am letzten dulden kann, was an ihre eigene Allgegenwart erinnert, und notwendig als ideologisches Komplement jene Natur herbeizitiert, von der ihre Praxis nichts übrig lässt."[10]

Der Naturverlust schmerzt mehr denn je. Er lässt sich durch ihre Vermenschlichung sedieren; die Bäume, die Pilze: wie klug sie sind. Wie wir. – Für das gefälschte Ursprüngliche hat Adorno seinerseits schmerzhafte Beispiele gewählt: Unterricht in *creative writing*, Blockflöten und *finger painting*, „in denen die pädagogische Not sich als metaphysische Tugend geriert."[11] Schon diese Beispiele, willkürlich aus dem Vorhandenen und somit Wirklichen gewählt wie ein Gummiboot, machen es nicht nur nötig, den Essay mit genau diesem Versuch über ihn und mit ihm selbst anzupacken, sie sind allein schon in der Sache Anlass genug, den Essay, den Adorno als Antidot gegen die vergesellschaftete Gewohnheit einzusetzen gedenkt, als Erkenntnismethode der und in der Kunstpädagogik zur Anwendung zu bringen, praxeologisch: am Ort des Geschehens, der oft eine Schule ist. Dort gibt es keine Unmittelbarkeit, keine Natur, von der aus ein Wesen sich so oder so verhielte, kein Kind und keinen Genius, und wenn es auch kaum etwas Schlimmeres im Ohr eines musikalischen Erwachsenen gegeben haben mag als eine Blockflöte am Mund eines Kindes, das über gesunde Lungen verfügte, so ist ihr Fehlen heute möglicherweise die Steigerung einer Not, und, ach, würden doch Finger weniger über gehärtetes Glas wischen und dafür mehr Farbe verschmieren. Und der Essay – wird in der *creative writing class* betrieben, ist Betrieb, für wen könnte er Tort sein? Und muss er, muss es denn Tort sein? Wir sind doch alle so nett, wir mögen, liken und wollen das Gleiche, es darf kein Anderes mehr geben, nichts und niemand soll sich ausgeschlossen fühlen und ein Text kann auf Barrierefreiheit überprüft werden. Wer definiert, was für wen, für wen oder was von wem oder was welches Hindernis ist?

Der Essay führt Begriffe „'unmittelbar' so ein, wie er sie empfängt"[12] und maßt sich nicht an, sie zu definieren. Das Definieren käme einem nicht nur im Wissenschaftsbetrieb gängigen Herrschaftsanspruch gleich: Ich verschraube den Griff, an den, an dem du dich halten sollst. Wer schon einmal beim *bouldern* war, weiß, dass alles daran hängen kann. Der Griff zum Wörterbuch indes, der viele der hier zusammengeführten Texte prägt, steht nicht im Widerspruch zur essayistischen Vorgehensweise. Zum Einsatz kommen jene, die das Wort aus dem Gebrauch über die Zeiten hinweg umsichtig herausfischen, namentlich *der Grimm*,[13] ein etymologisches Nachschlagewerk und ein Fremdwörterbuch,

und die Methode dieses Ein-Satzes ist stets der Zwei-fel, der von der Nichtidentität von Sache und Gedanke, von Darstellung und Sache[14] ausgeht, von mindestens zwei Sachen, die in Freiheit zusammen gedacht, in ihrer Nachbarschaft angeschaut, in ihrer Wechselwirkung erspürt und erfahren werden. Das wäre, im Zweifelsfall, ein probates Mittel, das jeweils vorliegende erinnerte Zukünftige in der Sprache aufzudecken: „An der Sache wird durch Verstoß gegen die Orthodoxie des Gedankens sichtbar, was unsichtbar zu halten insgeheim deren objektiven Zweck ausmacht."[15]

Im Folgenden sind rund zwölf Essays aus rund zwölf Jahren abgedruckt. Die Zahl hat nichts zu sagen; kürzere Passagen sind eingefügt, auch Funde und Findungen mit dem Bleistift, so wird die Zahl entschärft und zur Frage an die Gattung; wer oder was ist inkludiert, was bleibt exklusiv, wer verleiht, wer entzieht eine Zugehörigkeit? Einige Texte reichen möglicherweise noch weiter zurück, darin zitierte Sätze ganz sicher, manche sind im Lauf dieser Jahre einmal in anderer Nachbarschaft sichtbar gewesen, andere nicht und fast alle haben sich unterschiedlich stark verändert, wurden fortgeschrieben, weil ein Gedanke damals noch nicht weit genug reichte, weil inzwischen neue Bücher erschienen sind, andere Diskurse geführt wurden oder einfach, weil etwas passiert ist, mit einzelnen, mit allen. Die Ungleichzeit ihrer Entstehung offenbart in der Zusammenschau vieles, was ihrerzeit beiläufig war, vielleicht selbstverständlich schien, doch jetzt, genau hier zwischen vorhin und nachher, noch einmal kurz ins Licht gehalten werden sollte, bevor es vergessen wird. Was sie zusammenhält, ist der gemeinsame Faden eines Zweifels und Zweifelns an den Vor-Gaben, die im Grunde ja nichts als Worte sind, an die wir uns nicht allzu sehr gewöhnen sollten. Sie wandeln sich nicht weniger als jene, die sie gebrauchen; die nächsten werden andere finden, aufheben, in Zweifel ziehen, verbieten, verdrehen, hassen, lieben oder gendern.[16] Die hier untersuchten Worte wurden in den Mund genommen, mit ihnen wurde gehandelt, sie wurden in andere Hände gegeben, die damit ihre eigenen Erfahrungen machten, bei der Rückkehr von der Ausfahrt berichteten und die Vorworte, die Vorgaben mit ihren eigenen Gaben und Begabungen in Abgleich brachten. Alle Gedanken, deren Schauplatz die Handelnden waren, suspendierten nicht von der Arbeit an der Sprache selbst und fanden im Essay mit ihr zusammen eine Methode und Form, sich als artgerecht erwies.

TO YOUS.

Tu es – du bist

Vor Jahren, ich sage nicht, wie vielen, sah ich ein Kissen. Es war einer jener Vorfrühlingstage, die viel zu hell sind, an denen man alles will und nicht weiß wohin mit sich. Ich traf einen Freund, der gerade in einer Ausstellung gewesen war. Wir setzten uns auf die Stufe vor seinem (natürlich nicht seinem) Haus in der Veteranenstraße auf der Höhe ungezählter Beine von Menschen und Hunden und blätterten uns Seite um Seite durch das Katalogbuch. Darin ein Kissen.

Wenige Tage, bevor Sigmund Freud im Juni 1938 die Berggasse 19 in Wien verließ, um in London und in Freiheit zu sterben, fotografierte Edmund Engelmann diskret die ganze Wohnung, darin die Couch, darauf das Kissen, ein reinlich weiß bezogenes, mit Biesen abgenähtes Kissen. Robert Longo hat das Kissen in einer Kohlezeichnung isoliert, weiß auf schwarz, nichts als das Kissen. Ein Kissen in einem Buch.[17]

Ich sah das Kissen. Wie selten können wir das ehrlich von uns sagen: Ich sah. (Weil wir nicht allzuviel sehen. Unser Gehirn rechnet aus dem, was wir irgendwann gesehen haben, und dem, was vor Augen ist, ungefähr das zusammen, was für den Augenblick hilfreich sein könnte.) Viel mehr ist nicht passiert, aber mir ist das Kissen passiert.

All die Hinterköpfe, die sich hineingedrückt haben. Die Haare hat man sich damals nicht jeden Tag gewaschen. Unter jeder Schädeldecke tobte es. Niemand muss jetzt und hier all diese Köpfe aufzählen und mit ihren Namen und Geschichten glänzen. Wenn etwas gut dokumentiert ist, dann das. Sobald ein Kopf verschwand, wurde das Kissen für den nächsten Kopf glattgestrichen, vielleicht bekam es auch einen herzhaften Schlag in die Mitte, dann wurden die Ecken zurechtgezupft.

Auf diesem Kissen war Freiheit, dachte ich damals. Die Freiheit, zu denken was du willst und zu sagen, was du denkst. Heute denke ich eher, diese Freiheit war ein Imperativ. Wenn du es gleich sagen sollst, musst du etwas denken, was du auch sagen kannst. Am besten denkst du von vornherein in Worten, in Sätzen. Sollten sich Bilder einstellen, werden sie folgsam sein, übersetzbar. Aber wohin mit alldem, was nicht durch das Nadelöhr der Sprache passt? Das setzt sich ins Kissen ab, falls überhaupt Zeit dafür bleibt. Fädle mal ein Kissen ein. Versuch's einfach. Wer, wenn nicht du, sollte sich um diese Sache (die Sehsache) kümmern?

einmal- der- die- das- Sonnta
zweimal- der- zeite- der- Montag
dreimal- drite - der-vier= Diensta
viermal- te- der- fünfte- der- Mittwoc
fünfmal- sechste- der- sieben= Donner
einfach. te- der- ackte- der- Freitag-
zeifach neunte- der- zehn= Samsta
dreifach te- der- elfte- der- Sonnab
vierfach zwalfte- der zwn= Haas be
fünffach zigste- der- dreißigste- Natron

erstens die- das Deine- denn- denken-
zeitens deutlich- deutsch-scher-kus
driettens dich- dict- dik- Dieb- dienen- Di
viertens Dienst- Dienstmädchen- dies-
fünftens dieses Ding- doch- Doktor- Do
sechstens Dorf- dort- Draht- drehen-
Drogerie- Druck- drücken- Hand- Dritte
drollig- Droschke- Durft- Duft- dum
dunkel- Dunkelkelt- dunn- durch
durchweg-| Handel Handwerg
Handwerker- Husten- Hut-
Hütte- Haar- haben- hacken
Hafer- Hagel- halb- Halle Ha
Halskette- halt- Gebe Gabel-
dürfen- durst durstig- Dutzend-

Pikturale Syntax und künstlerische Identität

Eins.

Wir fragen nicht nach der Bedeutung des Gestaltens und des Schreibens für die Entwicklung des Menschen. Wir setzen sie voraus.

Wer wir: Zunächst alle ich und ich und ich. Von Natur aus[18] können wir uns eine Nicht-ICH-Situation nicht vorstellen.[19]

Manche setzen voraus, dass die Bedingungen der Sprache[20] und die Bedingungen der Bilder[21] uns konstituieren.[22] Solche sagen vorläufig wir.

Mhd. setzen bedeutet sitzen machen. Die alte Bedeutung bestimmen, anordnen war Recht setzen. Der Satz ist eine Ableitung von setzen. Dazu gleich mehr.

Die Erfindung von Bild- und Schriftzeichen ist untrennbar verbunden mit der Entwicklung des Menschen. Der Gebrauch von Bild- und Schriftzeichen ist untrennbar verbunden mit der Entwicklung des Einzelnen. Die Entwicklung wird im übertragenen Sinn gebraucht für sich stufenweise herausbilden. Es fällt auf, dass die Entwickelung natürlich stufenlos ist. Ein Faserbündel, ein Docht, ein Garn wird um einen Rocken gewunden. So. Und jetzt zurück. Das Entwickelte bleibt ein Kontinuum. Denken wir Entwicklung, denken wir also einen Faden, der sich selbst vom Kern abwickelt. [Zum Selbst gleich mehr]. Es gibt für jeden nur einen Faden. Zurück, also wieder aufgespult wird nicht. Es gibt nur eine Richtung. „Was nützt es ein kleiner Junge zu sein[23] wenn man zu einem Mann heranwachsen muss."[24] Hinter dem Mann liegt ein Faden. Hinter dem Jungen lag ein kurzer Faden. „Aber was nützt es. Nützen wird hier gebraucht im Sinn von Zweck."[25]

Einzelne erfinden mit Hilfe von Bild- und Schriftzeichen, einzelne erfinden Bild- und Schriftzeichen, einzelne kombinieren Erfindungen. Welchen Zweck könnte das haben. Darf der Zweck später rückwirkend festgestellt werden.

Erfolgreicher Zeichengebrauch ist ein kulturelles Auslesekriterium. Die Lesevermögenden bildeten früher eine geheimnisumwitterte Elite. Heute sind sie immer noch auf der nächsthöheren Stufe einer Treppe zu denken, die irgendwohin führen muss. Vielleicht ist das eine Entwicklung mit übertragenem Sinn. „Grammatische Kenntnisse galten einst vielerorts als Inbegriff der Zauberei. Tatsächlich wird schon im mittelalterlichen Englisch aus dem Wort grammar der glamour entwickelt: Wer lesen und schreiben kann, dem werden auch andere Unmöglichkeiten leichtfallen."[26]

Grammatische Kenntnisse werden uns gleich beschäftigen.
„Die aktuelle Ungleichheit der Menschen vor dem Wissen, das Macht verleiht“ bildet den „blinden Fleck hochkultureller Pädagogiken und Politiken.“[27] Beide teilen Räume und Zeiten auf.[28] Sie setzen fest, wer sich von wann bis wann und von wo bis wo aufhalten darf. Und jeder hat nur einen Faden. Zurückgespult wird nicht.
Ihre Organe sind in der Lage, jemanden anzuhalten und eine Identität festzustellen, die sich ggf. ausweisen muss. Das kann passieren, wenn ein Körper sich in einem mit anderen geteilten Raum bewegt hat. Als ich hat er gehandelt, als Subjekt hat es sich vom Rest unterschieden und als Person ist sie Subjektreferentin mit rechtlichem Status und kann für das Handeln ihres Ichs verantwortlich gemacht werden.[29]
Wir alle ich und ich und ich sind [in] ein[em] Auswahlverfahren. Ziemlich schnell sind [w] i[h]r du und du und du, also draußen. Dabei kann jeder „sehen dass die menschliche Natur nicht imstande ist aus jeder Minute alles zu machen“[30] und in jeder Minute alles aus [s]ich zu machen.

Zwei.

Wir fragen nicht nach der Bedeutung des Gestaltens und des Schreibens für die Entwicklung des Menschen. Wir setzen sie voraus. Indem wir Gestalten und Schreiben zusammen voraussetzen, machen wir die Frage nach ihrem Verhältnis im Verhältnis zur menschlichen Entwicklung auf. Wir gehen davon aus, dass es der Entwickelung förderlich ist, wenn einer das Kontinuum seines Fadens nicht einfach hinnimmt, sondern beim Abspulen Markierungen setzt.
Das [gemeingerm.] Verb [mhd.] setzen [ahd. sezzen, got. satka] bedeutet [als Veranlassungswort zu dem unter sitzen behandelten Verb eigentlich] sitzen machen. Der [mhd.] Setzer ist ein Aufsteller und ein Taxator.[31] Ausgerechnet der Schätzer setzt einen Wert fest. Es gibt auch Ofen-, Schrift- und Tonsetzer; sie richten ein Mal im Raum auf oder bestimmen über die Anordnung von Buchstaben im Druck oder von Tönen im Stück.
Der Satz ist eine Ableitung von sitzen machen. Die meisten Sätze lassen sich auf die zwei Grundbedeutungen Tätigkeit des Setzens und das Gesetzte zurückführen. Von den mhd. Verwendungen wirken nur noch wenige: der Ort, wo etwas hingesetzt wird, die Lage oder Stellung, das Festgesetzte [Pfand]. Der Satz selbst war Bestimmung oder Verordnung, war Gesetz, Vertrag und Entschluss. Es hat einmal gereicht, Satz zu sagen, wenn man Spieleinsatz meinte.
Aber einen Satz machen, das können wir noch.
Die heutige Hauptbedeutung Sinneinheit mit Subjekt und Prädikat ist seit dem 16. Jh. bezeugt. Sie führt die mhd. Bedeutung Anordnung der Worte weiter. Dabei meint Subjekt den Begriff, von dem etwas ausgesagt wird, und Prädikat das, was ausgesagt wird. Wir [ich und ich und

ich] erinnern uns: Das Subjekt kann zum Beispiel ich sein oder sagen, es kann sich verdächtig machen, ist dem Objekt entgegengesetzt und hat in der Person einen Referenten. Das Prädikat ist der Satzteil, der Tätigkeit, Eigenschaft oder Zustand eines Subjekts angibt.32 Das Prädikat ist das Glied eines Urteils, das die Aussage über ein Subjekt enthält.[33]

Der Satz ist der sinnlich wahrnehmbare Ausdruck eines Gedankens.[34]

Sich oder etwas oder einen Gedanken durchsetzen heißt: sich oder etwas gegenüber Widerständen verwirklichen.[35] Widerstände sind überall; sie bilden die Umwelt. Die Umwelt wurde anfangs durch Schläge und Würfe zum Nachgeben gezwungen. Hierzu griff man sich Steine. Die interessantesten davon waren zweiseitig geformt, mit einer Griffseite zum Subjekt und einer Kontaktseite zum Objekt hin.[36] „Der erfolgreiche Schlag ist die Vorform des Satzes. Der treffende Wurf ist die erste Synthesis aus Subjekt (Stein), Kopula (Aktion) und Objekt (Feind). [...] Wer von den Steinen nicht reden will, soll von den Menschen schweigen."[37]

Die Lehre von Subjekt, Kopula und Objekt heißt Syntax. Darüber hinaus ist die Syntaktik derjenige Aspekt der Semiotik, der die Anordnung, Reihung, Zusammenstellung und Beziehung der Einzelelemente betrifft; Bildzeichen eingeschlossen.

Ich zitiere. „In gut zehn Jahren hat die Malerin Pia Fries die grundlegenden syntaktischen Phänomene das Piktoralen experimentell ausgelotet und damit das Fundament für die spezifische Bildform erarbeitet, die sich in den neunziger Jahren in ihrem Werk herausbildet."[38]

Drei.

Die ersten gesetzten Bildzeichen sind Höhlenmalereien; Markierungen, die in die Unebenheit ihres Terrains eingepasst wurden, wie der Felsen es eben zuließ.[39]

Der nicht-malerische Anfang des Bildes ist das Setzen eines Steins im Unterschied zu Wurf und Schlag. Monumentale Steinsetzungen finden wir heute noch in Südengland und Südfrankreich. Der Boden wird hier als Grund der Gestaltung behandelt.[40] Ein Bild machen ist gestalten, wir brauchen also kein bildnerisches vor dem Gestalten. Das Aufrichten einer Steingestalt generiert rechte Winkel, vorausgesetzt, der Stein soll stehen bleiben. Akte vertikaler Setzung und ihre stehenden Resultate sind Male. „Male sind Singularitäten, die in einem deutlichen Kontrast zum Kontext stehen."[41]

Der Grund trägt Figuren, die ein Feld bilden, dessen Grenzen nicht klar auszumachen sind. Beide Male ist das Bildzeichen die Einlassung in eine Situation, die durch diese Einlassung stimuliert wird.[42] Die Zeichensetzung stellt eine dynamische Relation zwischen dem Ort, dem Akt der Setzung und dem Gesetzten her. Durch die Einlassung der Figur in ein krudes Terrain wird dieses als Grund entdeckt, der im Zusammenspiel mit der Figur eine komplexe Beziehung eingeht.[43]

„Pia Fries scheint es eher um die Schärfung unserer Aufmerksamkeit für einen genuin künstlerischen Erfahrungsraum zu gehen, in dem optische Umkehreffekte, das Changieren von Wahrnehmungsdaten eine Rolle spielen."[44]

Der Grund ist „in aller Regel [...] die andere Seite der Figuration, [...] die Bedingung ihres Erscheinenkönnens."[45] Grund und Figur springen kontinuierlich um. Ein Stein, der sich vom Grund abhebt, mag die distinkte Dimension des Problems sein. Der Grund indes bleibt kontinuierlich, und Stein und Grund zusammen werden es, sobald wir anfangen, vom Ganzen auf das Nächste zu sehen.[46] Das Bild entsteht aus dem Stein und seinem Ort. In diesem Entstehen steckt ein „Anfang in der Zeit wie in der Sache."[47]

Im Übrigen erzählt jedes Bild die Geschichte seiner Entstehung bis zu dem Moment, in dem die Beschäftigung mit seinem Grund ihr Ende gefunden hat.[48]

Vier.

Die Frage war die nach dem Verhältnis von Bild- oder Schriftzeichen im Verhältnis zur menschlichen Entwicklung. Danach fragen wir. Was nützt es zum Beispiel, ein kleiner Junge[49] gewesen zu sein, der einmal einen Stein geworfen, einen Satz gemacht oder eine Figur auf Grund gesetzt hat, wenn er doch zu einem Mann heranwachsen musste, der einmal alt und irgendwann nicht einmal mehr sein wird.[50] Hinter dem Mann liegt ein abgewickelter Faden. Aber was nützt das, wenn keiner von den Markierungen weiß, die der Junge hineingekerbt hat.

Skripturale Syntax ist die Anordnung der Elemente im Satz. Die Elemente wurden sitzen gemacht. Pikturale Syntax ist die Anordnung der Elemente in einem Feld, das Bild genannt wird. Auch sie wurden sitzen gemacht, manchmal, indem jemand sie aufgestellt hat. Beide Anordnungen sind Setzungen. Der Entwicklung des Menschen kommen Setzungen [sehr] entgegen, wenn jemand sie bemerkt. Warum.

Ein Einschub zu Wortwahl und Schreibweise. Der Begriff piktural[51] verweist auf Bilder, die gemacht werden. Das englische picture ist ein materielles Bild, das einen Träger hat, auf den es gebracht worden sein muss.[52] Der homo pictor[53] ist ein Bildermacher. Der sprachlich geläufigste Bildermacher ist ein Maler.

Der hier nicht verwendete Begriff visuell[54] betont stärker den Aspekt, dass Bilder gesehen werden, was ohne viel Machen das Reflexionsfeld des menschlichen Welt- und Selbstbezugs eröffnet. Der hier nicht verwendete Begriff ikonisch[55] fokussiert die Fähigkeit von Bildern, aufeinander Bezug zu nehmen und somit einen Kommunikationsraum zu öffnen: Im ikon wirkt logos.

Die Schreibweise piktural verweist auf eine Diskurslinie, die vor der allgemeinen Bildbewegung ansetzt. Seit einigen Jahren wird von einer distinktiv operierenden Kaste, die über Bilder schreibt, die anglisierende Variante piktoral bevorzugt, indes eine korpuslinguistische Analyse für den alltäglichen Gebrauch pikturale Kontinuität feststellt. Als im Jahr 1987 die Monographie *Nominalisme pictural* von Thierry de Duve[56] in Deutschland erschien, konnte der Übersetzer [Urs-Beat] Frei aus dem Französischen entlehnen. Die Differenz zwischen -ural und -oral ist lesbar, aber nicht hörbar.

Duchamp hätte vielleicht mit ihr gespielt. Der pikturale Erzählstrang ist für die Frage nach dem Verhältnis des Gestaltens zum Schreiben in der Entwicklung des Menschen so wichtig, weil er den zu Wort, vielmehr: zur Sprache[57] kommen lässt, der wegen einiger rechts unten auf die Leinwand gesetzter Buchstaben, im Wortlaut: *Nu descendant un escalier N°2* nicht mehr Maler werden konnte. Sie waren der Grund seiner Entfernung aus dem Zimmer der Kubisten.[58]

Das binär codierte ästhetische Urteil als Sprache der Annahme oder der Ablehnung steht in der künstlerischen Ausbildung häufig vor biographisch relevanten Entwicklungsschritten.[59] Als Instrument der Diskriminierung leitet es für einen Gesonderten die Entscheidung ein, einen anderen Weg zu nehmen – in der Kunst, an der ein Leben hängt. Im Falle Duchamps wurde dieses Urteil zum biographischen Scharnier: Vorher gab es die Malerei, hinterher die Aufarbeitung der Malerei. Beides zusammen ergibt ein integrales Oevre, dessen eigenwillige Entstehungslogik er mit Verspätung in readymedialen Artefakten und faksimilierenden Höchstleistungen, in Notizen und Interviews verstehen versuchte.[60] Sein letzter Schluss war eine doppelte Öffnung, durch die man schauen konnte, um seine vorläufig rückwirkende Bastelarbeit *Etant donnés*[61] [nicht] zu sehen, eine nackte Figur auf Ästen vor oder im Grund, und sein allerletzter das nachgereichte Manual zu ihrem Aufbau.[62]

Das war die Antwort auf die Frage nach der Bedeutung des Gestaltens und des Schreibens für die Entwicklung des Menschen. Danach haben wir gefragt: Was hat es dem kleinen Jungen[63] genützt. Nachträglich alles. Bei Duchamp zum Beispiel begann alles mit der zweiten, der Wieder-, der Reproduktion. Sie wurde zum Nachleben einer Gegenwart, die es nie gegeben hat und die genau deshalb im Nachhinein so herrlich konstruiert werden konnte. Er nannte das atmen. Meine Werke atmen, sagte er gern und beschrieb sich selbst als Atmer.[64]

Fünf.

Zurück zur pikturalen Syntax. Pikturale Syntax ist die Beziehung der Elemente in einem Feld, das Bild genannt wird. „Die Figur-Grund-Thematik [ist die] syntaktische Grundlage aller Malerei.“[65]

„Dass sich gleichzeitig alle begrifflichen Zuweisungen durch die Gültigkeit des Gegenteils relativieren, musste für die Studierenden als eine nicht mehr hintergehbare Begründung des Piktoralen gelten.“[66]

Die pikturale Syntax ist die Verknüpfungsleistung der Maler. Ich erlaube mir zu sagen: Jener, die Male hinterlassen. Wir erinnern uns. Die Elemente Figur und Grund springen kontinuierlich um. Das können sie nicht allein. Sie brauchen einen Betrachter. Damit sie als Satz funktionieren können, muss die Setzung bemerkt werden. Figur und Grund müssen jemandem ins Auge springen.

Diese Person kann der Produzent eines Zusammenhangs, der auch Bild genannt wird, sein. Diese Person kann aber auch der Rezipient sein. Ich kann eine Verknüpfung bemerken, die ein Produzent oder ein Kollektiv geleistet, aber nicht bemerkt hat.

Wird die Leistung von mindestens zwei Personen bemerkt, können diese sich über den in der Verknüpfung enthaltenen, aber seinerseits nicht festschreibbaren Kunst-Koeffizienten [er ist bekanntlich wie eine „arithmetische Relation zwischen dem Unausgedrückten-aber-Beabsichtigten und dem Unabsichtlich-Ausgedrückten"] verständigen.[67] Etwas oder sich verstehen heißt in Beziehung dazu sein. Man kann in Beziehung zu allem Möglichen sein, aber keine Beziehung ist von Dauer.

Eine dieser beiden Personen kann der Produzent sein. Dann kann die Situation zur Identifikation des Produzenten mit seiner Arbeit beitragen und eine auf dieses Moment bezogene Ereigniskette auslösen.

Wenn das alles zutrifft, kann es trotzdem passieren, dass die zweite Person das Ereignis unvollendet. Wenn die Setzung stimmt, aber ich erst später sehe, was ich sah, muss ich mir die Zeit nehmen, es zu denken und zu erzählen, was gewesen wäre, wenn. Dann wird es gewesen sein. „Definiert was ihr tut durch das was ihr seht nie durch das was ihr wisst weil ihr nicht wisst ob es so ist."[68]

Wenn keine der beiden Personen der Produzent ist, a) wegen Abwesenheit, b) weil diese Personen der Nachwelt angehören, kann es sein, dass die bisoziative Konstellation[69] keine unmittelbaren Folgen für den Produzenten hat. Es kann aber auch sein, dass der Produzent zumindest im Fall a) irgendwann Kenntnis davon erhält. Dann kann er sich ggf. darauf einstellen.

Der pädagogische Zugriff auf diese Struktur ist das Zeigen und Besprechen von pikturalen Setzungen. Dabei werden Prädikate verliehen. Das Prädikat ist das Glied eines Urteils, das die Aussage über ein Subjekt enthält.[70]

Du wirst nie wieder so arbeiten.

Das Urteil löst eine Ereigniskette aus. Das Gezeigte wird nie wieder ungezeigt sein. Das Gesehene wird nie wieder ungesehen sein. Egal, wie der Produzent weiterarbeitet: Er wird nie wieder so arbeiten wie vorher, denn an der Verleihung waren auch andere Subjektreferenten mit Rechtsstatus beteiligt. Selbst wenn es dem Produzenten gelingt, das Urteil zu vergessen, hat er keinen Einfluss auf diese Anderen, die vergessen oder behalten können.

Alles in allem reicht es, wenn die Situation für einen zum Ereignis wird.

Sechs.

Wir [sind das ich und ich und ich, die Handelnden] brauchen seit dem Ende der Kunst[71] nicht mehr dauernd nach dem Werk [ergon] zu fragen und können uns auf seine wirkende Kraft [energeia] konzentrieren.[72] Das geht ganz leicht, wenn wir es als Ereignis nehmen und jenem das er. Es eignet. Für wen. Von einer Handlung unterscheidet es sich dadurch, dass es nicht zielgerichtet ist. Dann sind wir keine Handelnden mehr.[73] Von Natur aus können wir uns eine solche Nicht-ICH-Situation nicht vorstellen.[74]

Mit Blick auf die Entwicklung des Menschen muss ein Ereignis bemerkt, gespeichert, erinnert und erzählt werden.

„Die menschliche Natur hängt an der Identität, dem Beharren auf sich selbst als Persönlichkeit, und dazu muss die Erinnerung einsetzen und das Gefühl, ein Publikum zu haben“[75], dem erzählt werden kann.

Identität ist von der menschlichen Natur aus gesehen nichts weiter als ein Selbstabgleich. Definitorische Einigkeit scheint darüber zu herrschen, dass sie als relationaler Begriff [etwas kann nur identisch mit etwas sein] impliziert, dass sich das Bezeichnete innerhalb eines Beziehungsgeflechts raumzeitlich lokalisiert, lat. idem, ebender, ein und derselbe.

„Identität hat nichts zu tun mit eins und eins.“[76] Der Faden ist mit sich selbst identisch. Was, wenn der kleine Junge seinen Faden verloren hat.

Sieben.

Die Identität ist jetzt erzählt. Erzählen heißt: Zählen, was alles seit dem letzten Mal hinzugekommen ist.[77] Das letzte Mal wird nachträglich immer wieder neu definiert.

Eine Erzählung ist ein Diskurs, der sich aus Inhalt [Geschichte] und Erzählakt [Narration] generiert.[78] Eine Ereigniskette ist eine Geschichte, die im Akt des Erzählens zum Diskurs werden kann.

Aus der gleichen situativen Konstellation gehen so viele Ereignisse wie Anwesende hervor, die natürlich auch nichts anderes als raumzeitlich lokalisierbare Beziehungsgeflechte sind. Jedes davon kann eine eigene Geschichte erzählen. Und jeder, der dabei war, wird beim nächsten Mal eine wieder andere Geschichte erzählen. Ob sie sich ähneln, spielt keine Rolle. Über das Unbemerkte schweigen wir. Um das Speichern und den Speicher brauchen wir uns keine Sorgen machen. Es funktioniert. Er funktioniert wie ein Wunderblock.[79] Er ist ein Apparat.[80]

Das Erinnern stellt sich ein oder auch nicht. Die Erinnerung kann viele Anlässe haben.

Der Diskurs muss keine aufgeschriebene Erzählung sein. Das ist ein Sonderfall, dessen Sonderfall die Literatur ist.

Der Diskurs kann sich auf der Couch entwickeln. Deshalb brauchten wir uns um den Speicher keine Sorgen machen. Was da wiederkehren mag, kehrt wieder.
Der Diskurs kann sich im Angesicht eines Gegenübers, eines Anderen entwickeln.
Der Diskurs kann auch ein innerer Monolog sein. Dann bin ich selbst mein Anderer.
Solange ich beim Erzählen in diesem Diskurs mit anderen bin, entfaltet sich mein soziales Selbst; man möchte sagen: stufenlos. Das ist die menschliche Natur. Sie hat eine Erinnerung und ein Publikum. Stein schreibt: „Autobiographie I. Als ich noch eins war [...]. Als ich dies eine war, sagte ich wenn ich schaute dass ich nicht sah was ich sah. Das kann jedem passieren.“[81]
Wenn es der Narration gelingt, dass ich mich und andere und die Zeit vergesse, dann kann ich ohne Identität existieren. [Nicht Un] Endlich ohne Zeit kann [n]ich[t] mich einer Nicht-ICH-Situation [vor]stellen. „Und Schreiben das heißt der Geist des Menschen besteht nicht aus Mitteilungen er besteht nur aus dem Niederschreiben [...]“[82], das ihn hervorbringt. Es ist ein Vermögen, lustvoll zu spielen,
und Stein schreibt: „Spiel I. Identität. Wenn ich weiß dass ich sag dass ich weggehe und ich tu‘s nicht tu ich‘s nicht. Das erzeugt Identität. Danke schön für die Identität selbst wenn sie kein Vergnügen ist.“[83]
Danke für die Grundlagen. Danke fürs Lesen. Jetzt sind Sie fertig. Der Text ist abgewickelt. Danke schön.[84]

2 Bierflaschen

Model (Gebäck)

3 Tabakpfeife

Tonöllampe

4 Holzteeschalen

1 Betelbox

Eisenschloss

2 Mani-Trommel

2 Tempelszene Tibet

Das Modell

„Ich werde dir das Urinal schicken – aber ich suche eine kleine Holzkiste, damit es unterwegs nicht kaputt geht.“[85]
Marcel Duchamp an Henri Pierre Roché, 11. Februar 1942

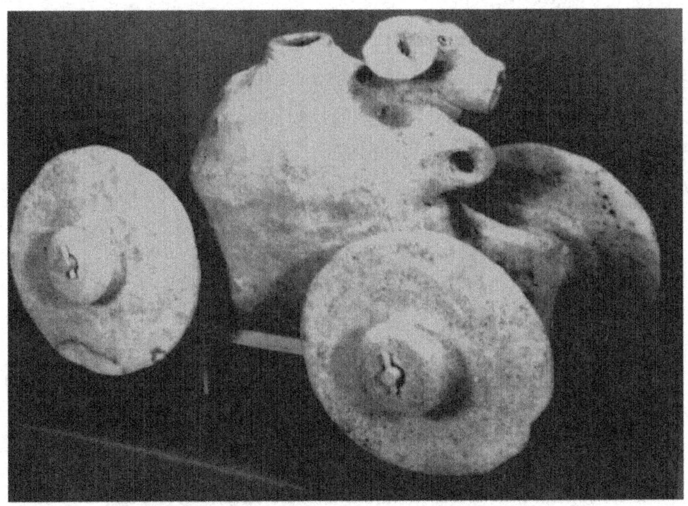

Abb. 1: Wagenmodell aus Mesopotamien

Etwas zwischen Panzer und Gulaschkanone, jedenfalls auf Rädern – ein Fahrzeug, geformt aus weichem Ton – wofür soll das gut sein? Fahren wird es nicht, selbst beim Anschieben würden sich die nachträglich oder erneut an Holzachsen gesetzten Räder nicht drehen, nicht einmal tragen kann es sich aus seinem Material heraus selbst. Sein Funktionieren wird es nicht zeigen, es bleibt beim Erscheinen einer Form, die der Funktion nicht folgt, klein genug, als Idee in einem ersten Blick in Grundzügen fassbar zu sein: Wagenmodell aus Mesopotamien, 30 cm lang, Terrakotta, frühdynastische Epoche. Wer gerade das Rad neu erfindet und ausprobieren will, was sich damit alles machen lässt, wird doch wohl bereits im kleinen Format zu einem geeigneteren Material greifen? Und sollte das Rad schon erfunden sein, warum dann eines nachbilden? Das Wagenmodell kann beides sein: Modell eines Wagens, Modell für einen Wagen. Etymologisch ist das Modell ein Muster, eine Form, ein Vorbild. Das Substantiv Modell wurde um 1600 als Fachbegriff der Bildenden Kunst von ital. modello entlehnt, das auf vlat. modellus zurückgeht: Maß, Maßstab, eine Verkleinerungsform von lat. modus: Maß, Form Muster, schon ahd. modul, mhd. model. Daraus stammt auch das englische module, aus dem in der zweiten Hälfte des 20. Jahrhunderts unser Modul – die Bau- und Schaltungseinheit – übernommen wurde. Nah verwandt sind Mode und Modus, und das mittelhochdeutsche model ist wohl eher unabsichtlich als Model im modello-Sinn zurückgekehrt: eine Person, die sich als Gegenstand bildnerischer oder fotografischer Darstellung zur Verfügung stellt, bei der bereits vor Eintreffen der Person klar war, wie das Bild auszusehen hat. Das Mannequin ist fast vergessen. Das Model ist eine Negativform, die in eine weiche Masse gedrückt wird (oder wird die Masse in die Form gedrückt?) und hat in der Herstellung von Spekulatius überlebt. Ein Model ist eine meist knochig-harte Positivform, der weiche oder unzweckmäßig harte Hüllen (ihrem ersten Zweck nach Negativformen; Kleider sollten doch eigentlich wärmen) übergestreift werden, in welchen sie diversen Augen und Kameraaugen zur Verfügung gestellt wird.

Der Künstler nahm oder nimmt sich ein Modell, weil er eine Idee – und sei sie lediglich eine kulturelle Prägung – im Kopf hat, die er mithilfe eines Vorbildes in ein Abbild überführen will: Das *Modell für* wird durch Augen und Hände zum *Modell von.*

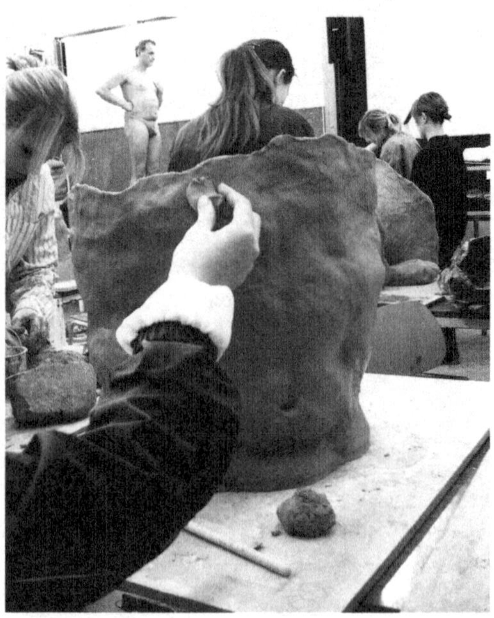

Abb. 2: Japanische Hand

Für ein Seminar in experimenteller Keramik nahmen wir uns ein Modell. Mir lag daran, ein männliches zu wählen, weil ich wissen wollte, was Frauenaugen und -hände in Lebensgröße daraus machen. Torsi, das war aus statischen Gründen klar. Zehn von dreizehn Studentinnen formten Leiber, die ihrer eigenen Physiognomie entsprachen. Die schlanke Frau Hering, so hieß sie wirklich, verwandelte die barocken Formen des stolzen Modells (das sich in der Pause für den Weg zum Kaffeeautomaten einen goldenen Slip überstreifte) in eine eher dünne, geschlechtsneutrale Figuration; die anderen nahmen überwiegend eine Geschlechtsumwandlung vor und übertrugen die eigenen Körpermaße in die Tonleiber, indes eine besonders zierliche Studentin die massigste unter den gerade noch machbaren Lösungen wählte und eine, die gerade ein Jahr in Kenia verbracht hatte, das Bild einer Muttergottheit mit gewaltigen Brüsten aus dem Kopf in den Ton wandern ließ. Ein dem lebendigen Modell sehr nahe kommender, knapp oberhalb des sekundären Geschlechtsmerkmals ansetzenden Torso entstand blindgeformt, die Augen am Modell, nicht auf dem Modellierten, unter den Händen einer japanischen Austauschstudentin, die der Sprache ihrer augenblicklichen Umgebung noch nicht mächtig war.

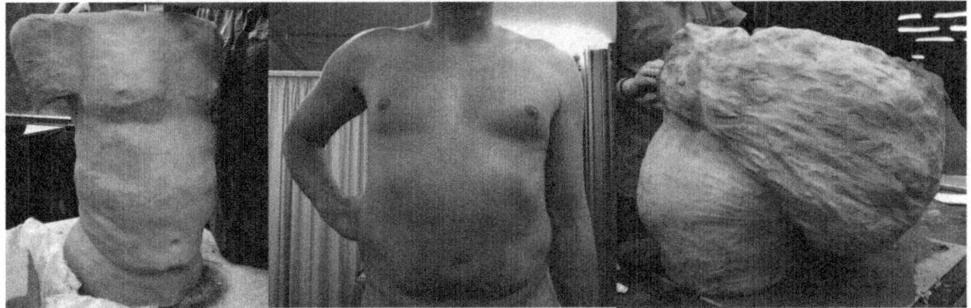

Abb. 3 - 5: Schlank modelliert, Modell, beleibt modelliert

Ein Modell kann gebaut, aber auch genommen werden. Sein Gegenstand kann real, aber auch imaginär sein. Als Modell definiert es sich durch ein epistemisches Streben, als dessen Projektion es sich manifestiert, sowie durch die Einbettung in einen Handlungszusammenhang, der ein Ergebnis im Blick hat: Poiesis, nicht Praxis:

> *„Um Konsequenzen erwogener Handlungen studieren zu können, braucht man ein Modell (eine kausale Beschreibung der Phänomene, die durch die erwogenen Handlungen beeinflusst werden oder die die Handlungen beeinflussen).“*[86]

Ein Gebäude soll in eine Umgebung gesetzt werden. Der Bau des Modells dieses Gebäudes macht sichtbar, wie es sich in diese Umgebung einfügen wird und welche Herausforderungen bei seiner Errichtung auftreten können. In diesem Moment schlägt der Akt des Modellbaus auf das Modell zurück.[87] Das anvisierte Ergebnis ist nicht für seinen Hersteller allein gedacht; es fungiert als Speicher für etwas All-Gemeines: Wissen oder Gebrauch. Ein Kunstwerk kann als Sonderfall des Modells gesehen werden: Es wäre dann Materialisierung einer Idee

von etwas, was es noch nicht gibt und außerhalb dieses Arte-Fakts nicht existieren wird, das aber, gehen wir von einem geglückten Werk aus, wenn schon nichts All-Gemeines, so doch Inter-Subjektivität herstellen kann: Im Auge des Betrachters wird es zu einer Sache, die etwas in ihm berührt, was er auch schon empfunden hat, aber nicht sagen konnte und könnte.
Noch einmal: *Modell von* oder *Modell für*? Von etwas, das bereits existiert, oder für etwas, was verwirklicht werden soll? Repräsentation oder Präsentation? Im Modell als Artefakt und als Begriff vermengt sich Vergangenheit mit Zukunft. *Modell für*: Wozu und für wen stellt man Modelle her? Warum lässt man Lernende in Künsten und Wissenschaften welche herstellen? Und wohin mit den Modellen, wenn sie nicht mehr benötigt werden? Eine Architekturstudentin sagt: In die Tonne. Sie meint den Container im Hof.

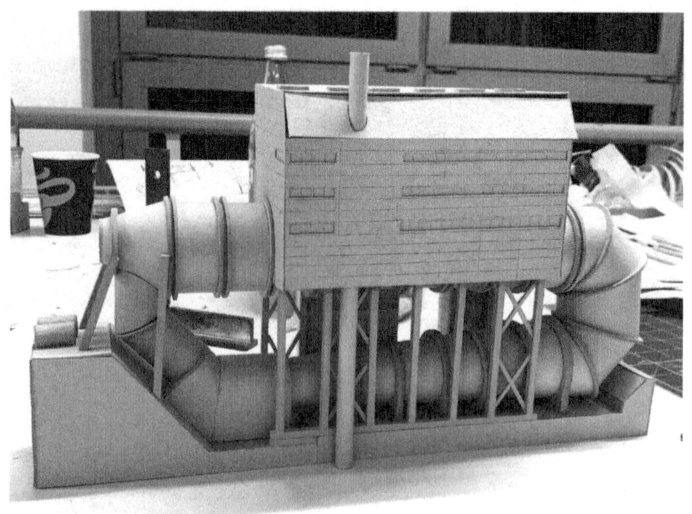

Abb. 6: Sertač Özdemir: Umlauftank

Ein Kunststudent verbringt ein Semester tage- und nächtelang in den Werkstätten der Fakultät für Architektur, um aus grauer Pappe das Modell eines rosafarbenen Gebäudes in Berlin herzustellen. Das war seine Aufgabe, er hat sie erfüllt. Wohin damit jetzt? – Ein anderer fischt ein anderes Modell aus einem anderen Container. Im Wortsinn ein Transportbehältnis, ist der Container im Hof einer Kunsthochschule ein zentraler Lernort, ein Speicher von und für Materialien und Ideen, der täglich aufgesucht werden sollte – zur Befüllung und zur Entnahme.

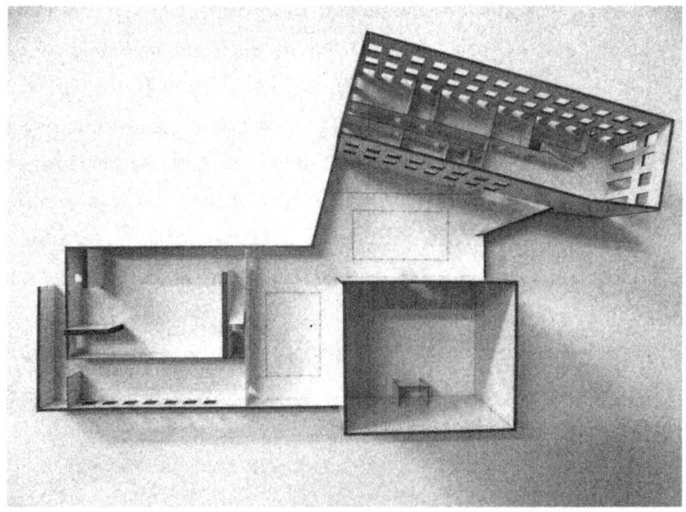

Abb. 7: Jannik Frank: Modell im Luis Leu

Als faktisch existierender Gegen-Stand hat das Modell ein Bleiberecht. In Kunst und (Natur) Wissenschaft begründet sich dieser Status, zunächst in der Variante *Modell für*, aus der epistemischen Stellung des Modells zwischen formendem Subjekt und geformtem Objekt: Sein Material enthält im Moment der Formung ein *surplus*, etwas das Material und das Moment seiner Formung Transzendierendes. Der Philosoph Hans Lenk[88] prägte für diesen Formungsprozess als schöpferischen Akt mit Rekurs auf Arthur Koestler[89] den Begriff Metastufenreflexion und, den darin einsetzenden dimensionalen Sprung in den Blick nehmend, für seinen Gegenstand in Anlehnung an die Theorie der Metapher jenen der Kreatapher.[90] Der Mathematiker, Physiker und Planungswissenschaftler Horst Rittel fasst dieses *surplus* mit Blick auf das Modell als Begriff für einen Erkenntnisgegenstand als definitorisches Paradox; müsste doch

> *„das Modell Teil des Modells sein, da es beeinflusst, was als Konsequenz herausgefunden werden kann. Mit anderen Worten, ein Modell sollte sich selbst enthalten, und das ist unmöglich.“*[91]

Für die Bildende Kunst ist ein Paradox kein Hindernis. Die Entfernung zwischen Tonne und Ausstellung lässt sich in ungefähr acht Schritten ausmessen:

Eins. Vorausgriff – mit Kopf und Hand

In der Entdeckung der Struktur von α-Keratin durch Linus Pauling und jener der DNA als Doppelhelix durch Watson und Crick verbanden sich Diagramme *auf* Papier mit dem Falten und Rollen *von* Papier; seine materiellen und medialen Eigenschaften machten es möglich, „eine Frage zu klären, die mit vorhandenen Daten und Informationen nicht zu klären war."[92] Man bastelte im Wortsinn (etymologisch ist der Bastler, erstmals im 15. Jh. belegt als bayr. pästler jener, der nicht nach den Regeln einer Handwerkszunft zapft, leimt, nagelt oder näht, sondern einfach zwei Sachen mit Bast zusammenflickt, vgl. ahd. besten: binden, schnüren), ein Modell, um etwas zu verstehen, was noch nicht formuliert war, um es auf diese Weise für sich selbst und in einem zweiten Schritt für andere zu sichern;[93] ein handgreifliches, körperliches Verstehen, mehr noch ein Begreifen, das dem frz. comprendre näher kommt: es in die Hand nehmen, aus lat. com-prehendō: erfassen, begreifen, verstehen, in sich fassen, auch: liebend umfassen, und auch der Begriff trägt nicht nur das Greifen, sondern auch den mhd. begrif: Umfang, Bezirk in sich, ein umhegtes Territorium; begreifen ist ein Umfassen und Verinnerlichen: das Kind, das einen Gegenstand mit seinen *Augen* entdeckt, in die *Hand* nimmt und ihn sodann in den *Mund* steckt. Heraus kommen später Worte.

Zwei. Eine Erkenntnis veranschaulichen

Schritt zwei steckte bereits als Gewichtsverlagerung in Schritt eins. In den Wissenschaften geschieht dieser Schritt im Modus eines „So ist es"; das Modell ist nun dem Auge eines Betrachters zugedacht, das die enthaltenen Relationen im daran angeschlossenen Geist nachvollzieht. Im Vorgang dieses Schritts verlagert sich das Gewicht bereits auf die Anwendung. Ein anderes Wort für Anwendung wäre Didaktik: So hängt das zusammen, so soll es also umgesetzt werden.

Drei. Umsetzung: veranlasstes Begreifen

Lernenden wird in Schule und Studium aufgetragen, Modelle zu bauen, um etwas – nun leicht abwertend, so begreif doch endlich! – zu verstehen, was schon formuliert ist oder war, sei es die Doppelhelix, sei es der Umlauftank oder das Pantheon: *Modell von*. Unter und in den nicht ganz freiwillig Modellbauenden beginnen die Geister, sich zu scheiden: Da mag Freude daran sein, etwas selbst in die Hand zu nehmen, eben zu begreifen und dank Anleitung auch genau zu wissen, was jetzt und als nächstes zu tun ist – für manche wird diese Freude tatsächlich zum Motor für fortgesetzten Modellbau.[94] Es schwingt aber auch ein Hauch von Demütigung mit: Welchen Sinn soll es haben, etwas zu machen, was es schon gibt?

Vier. Umsetzung: veranlasstes Veranschaulichen

Doch auch das *Modell für* impliziert in diesem Kontext eine Demütigung, ein Nichternstnehmen: Lernenden wird in Schule und Studium aufgetragen, selbst eine Idee zu entwickeln und ein Modell dazu zu bauen – allein aus ökonomischen und zeitlichen Gründen. Die Idee kann und soll ohnehin nicht realisiert werden. Gab Schritt Drei noch eher einen der Repräsentation verschriebenen Bildbegriff (und die Geschichte der Kunst und des Kunstunterrichts bis zum Beginn des 20. Jahrhunderts) wieder, so zeichnet Schritt Vier den Aufbruch der Moderne und im Feld der Pädagogik die Kunsterziehungsbewegung nach: Das Bild, das für sich selbst steht (präsent ist) und das Kind, das phantasieren und erfinden darf. Doch welchen Sinn kann es haben, etwas zu *modellieren*, was ohnehin nicht verwirklicht werden soll?

Fünf. *Tout-fait*, von der Stange – *ready made*

Die Antwort liegt einen Schritt zurück. Marcel Duchamp hat sie gegeben: Man kann es sich doch einfach nehmen! – Diese Antwort ist so banal wie ein Heureka (das Zusammenfinden von Wasser, Körper und Erkenntnis in der Badewanne), so komplex wie die nichteuklidische Geometrie und zugleich eine Modelltheorie. Duchamp hat sie in zahlreichen Notizen, Schriften, Briefwechseln, Gesprächen, Skizzen, Artefakten und seiner eigenen Lebensführung ausgearbeitet: Wenn ein Schatten die Projektion eines Gegenstandes aus der dritten in die zweite Dimension ist, so ist ein dreidimensionaler Gegenstand, das *readymade*, eine Projektion aus der vierten Dimension in die dritte. Der Gegenstand selbst lässt den Künstler (und den Betrachter) kalt („Oh that's incredibly boring!“, hörte ich im Museum eine Stimme hinter mir, während ich in den Anblick des beschrifteten Kamms versunken war) und bleibt, der formulierten Regel Duchamps gemäß, ästhetisch indifferent. Weil er nicht selbst hergestellt ist, kann er auch von jemand anderem her gestellt (besorgt und aufgestellt) werden, wie ein Brief an seine Schwester und das *unhappy readymade*[95] beweisen. Bei einem Umzug kann er stehen gelassen werden, verloren gehen oder in Vergessenheit geraten, was häufig genug auch geschah. Erst gegen Ende eines langen Künstlerlebens waren Modell und Gegenstand *readymade* so weit gereift, dass die dauerhafte Materialisierung, Vervielfältigung und Konservierung durch die Edition von Arturo Schwarz[96] aktiv betrieben werden konnte: Ja, das darf und soll jetzt so stehen bleiben.

Sechs. Museum im Koffer

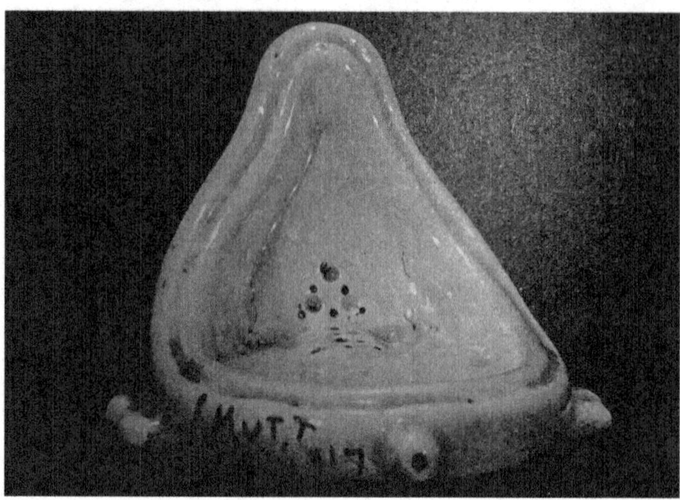

Abb. 8: Modell Urinal

In Schritt Fünf, und so funktioniert *gehen*, schleicht wiederum eine Gewichtsverlagerung mit, eine langsame, die Dauer des aktiven Künstlerlebens des Marcel Duchamp ausschöpfende Reifung des eigentlichen Wunsches des Künstlers: Seinen Platz, seinen eigenen Raum im Museum zu haben. Als seine Erfüllung sich bereits greifbar manifestierte, wurden real existierende *readymades* gebraucht, doch eine ganz eigene Verwirklichung – Schritt Sechs – setzt bereits 1936 ein, in der Arbeit an der *boîte-en-valise*,[97] der verschachtelten Retrospektive. Für die Luxusedition fand diese Schachtel in einer Auflage von neunzehn Exemplaren jeweils einen handgefertigten Platz in einem Lederkoffer; das Exemplar XX für Henriette Gomes musste wegen der Probleme bei der Beschaffung von Leder ohne Koffer bleiben.[98] Über Jahre hinweg werden in aufwändiger Planung, Vorlagenerstellung und ausgelagerter Hand-Arbeit Miniaturen der im Auge des Künstlers (das er durch die Realisierung der *boîte* zum Auge eines Kanons machte) wichtigsten Arbeiten in Auflage hergestellt – *Modell von* – und weder der Widerstand des Materials noch die wachsenden Probleme des Transports über Grenzen hinweg (wie leicht hingegen tragen sich Ideen) können den Künstler, nach Ausbruch des Krieges mit dem Passierschein eines Käsehändlers ausgestattet, von der Verwirklichung dieses Wunsches nach einem mach- und tragbaren Museum abhalten,

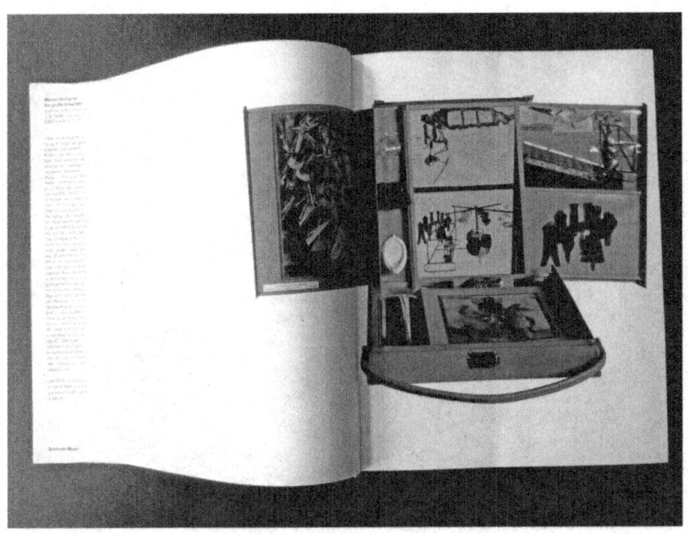

Abb. 9: Boîte im Buch

einen Traum, dem der Künstler und Typograph Ecke Bonk in seiner nicht minder akribisch gearbeiteten Monographie der Großen Schachtel eine neuerliche materielle Transformation ermöglicht hat. Doch dieses *Modell von* trägt das *Modell für* in sich, eines, das seine Umsetzung gefunden hat. Es steht längst selbst im Museum. Wäre dann, mit Rekurs auf Horst Rittel, ein Museum, in dem die *boite* aufbewahrt oder ausgestellt wird, das Modell, das sich selbst als Modell enthält?

Sieben. Trauerarbeit am Unverwirklichten

Was für Duchamp noch einmal gut ausgegangen ist, lenkt den Blick und das Körpergewicht eines Gehenden auf die unter Vier eingeleitete Schattenseite des Modellbaus: Möge sich Trost in der Hand-Habung des Unverwirklichten finden. Eine Schachtel, die in ihrem Koffer geblieben und irgendwann mit einem Nachlass beim Trödel gelandet wäre (vielleicht hätte ein Kunststudent sie dort gefunden und mitgenommen). Wir kennen diesen Schatten; er berührt, man möchte bisweilen wegblicken.

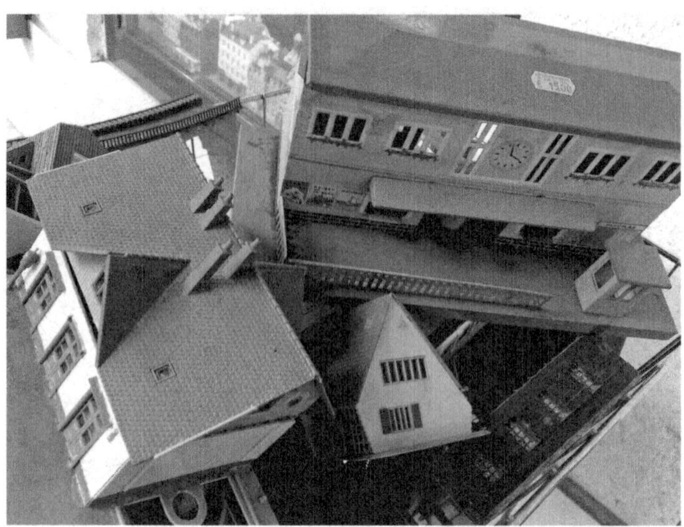

Abb. 10: Modelleisenbahnhäuschenramschkiste

Berlin-Steglitz, eine stille Seitenstraße. Hier gibt es ein Fachgeschäft für Modelleisenbahnbaubedarf. Im Schaufenster: Fensterschachteln mit all den vertrauten, überwiegend ausrangierten Lokomotiven und Waggons aus dem Fuhrpark des Unternehmens, das Mensch und Staatshaushalt so viel Kummer bereitet. Einen ICE sah ich in diesem Fenster nicht. Modell, Modul, kauf- und handhabbare Bau- und Schaltungseinheit, wenigstens in diesem Format Herr über eine Schaltungseinheit sein – ein Wunsch, den sich manche (etymologisch eine Pluralbildung zu Mann) hier erfüllen. Es gibt eine unheimliche Erzählung von Burkhardt Spinnen, in welcher sich in den Häusern auf solchen aus Pappmachée geformten, mit Granulat gefärbten Flechten und buntem Sägemehl bestreuten Geländen, in dieser Bau- und Schaltungseinheit für jene, die Übersicht brauchen, minutiös ausgearbeitete Morde und Gewaltverbrechen ereignen.[99] Vor dem Fachgeschäft in Steglitz steht eine Kiste auf Beinen, ein Wühltisch, darin bereits fertig zusammengeklebte Modelleisenbahnhäuschen. Ich ließ mir von einem Mann erklären, dass man so etwas niemals fertig kauft. Es geht doch gerade darum, das Modell nach Anleitung mit Modellkleber selbst zusammenzukleben. Ein *Machen*, das nicht einfach billig zu *haben* ist, was auch ein Vergleich der Preisschildchen der Fensterschachteln mit den Bauteilen und jenen auf den Unterseiten der Fertighäuschen beweist.

Weiter im Bild, aber ohne Bild, und keinen Schritt, wir sind noch im siebten, doch das Gewicht verlagert sich allmählich nach vorn. Ich kenne einen Bildhauer, der einen Zwillingsbruder hat. Dem äußeren Erscheinungsbild des Bildhauers nach dürften beide Brüder große, starke Männer sein. Der Zwillingsbruder ist beruflich ungefähr so erfolgreich wie der Bildhauer, er entwickelt Baueinheiten – Module – in industriellen Fertigungsabläufen. Er hat wie sein

Bruder ein Alkoholproblem. Seit er abstinent lebt, bastelt, nein, fertigt er Bootsmodelle, beispielsweise von teuren Jachten, die deutlich größer als Modelle, aber auch etwas kleiner als echte Boote sind. Für den Transport zu einem Gewässer wird ein Anhänger fürs Auto benötigt, aber auf dem Gewässer kein Bootsführerschein. Wäre der Zwilling des Bildhauers kleiner als er vermutlich ist, könnte er drinsitzen und übers Wasser flitzen.

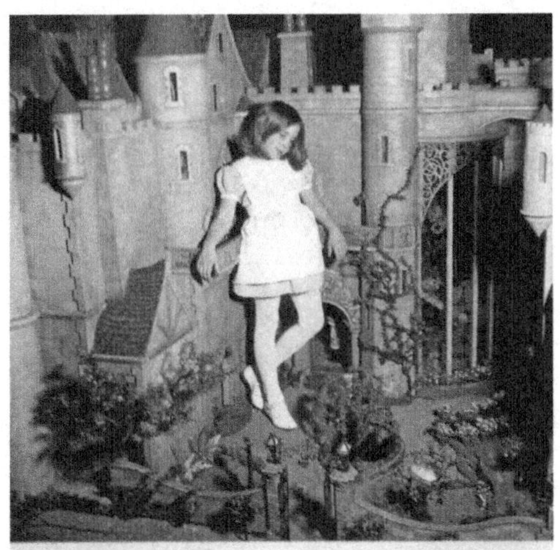

My seven-year-old granddaughter, Alice Hargrave, a third-generation fairy-tale enthusiast, demonstrates the dimensions of the castle.

Abb. 11: Enkelin im Puppenhaus

Der rechte Fuß hat schon aufgesetzt, die Ferse des linken hebt sich. Wir sehen die Enkelin Colleen Moores in jenem *doll house*, das die Großmutter, einst eine berühmte Stummfilm-schauspielerin, einem Team von Kunsthandwerkern in Auftrag gegeben hatte. Das Haus, ein Märchenschloss, ist groß genug für eine Enkelin in Innenhof, doch die Gemächer bleiben ihr aufgrund ihrer Größe verschlossen. – Die Zeiten des Stummfilms waren vorüber, eine Ehe gescheitert, weitere Träume zerbrochen; das Märchenschloss bot Obdach für Schmuck und Memorabilien des alternden Hollywoodstars; die Präsente der Vergangenheit hausten darin, hinzu kamen Sammlerstücke und kostbare Monographen. Gegenwart und Zukunft – die heranwachsende Enkel – waren schon etwas zu groß dafür. *Tout-fait*?

> *„Mehrere hundert Mitarbeiter waren sieben Jahre lang damit beschäftigt, ein Puppenschloss zu konstruieren, das, sowohl was seine Größe als auch die Kostbarkeit einer Ausstattung anbelangt, alles bislang Dagewesene in den Schatten stellen sollte: das fertige Schloss bedeckte eine Fläche von mehr als zehn Quadratmetern und war*

aus den edelsten Materialien – Gold, Silber, Perlmutt, Marmor, Alabaster, Seide und Brokat – gefertigt. Die Baukosten betrugen am Ende fast 500 000 Dollar."[100]

Ein weiteres Museum, selbst (vermittels Geld durch andere) verwirklicht. Tragbar ist es nicht, doch in ein Buch gewandert, ein gedrucktes Museum für das Museum, das, so verstehe ich das Impressum, wiederum mit dem Geld der Auftraggeberin gedruckt worden ist[101], und schon vor dem Buchstadium durch seinen Geldwert der Frage enthoben, wozu es als Modell gut sein könnte. Bei Marcel Duchamp sind (nicht nur) die Größendimensionen umgekehrt.

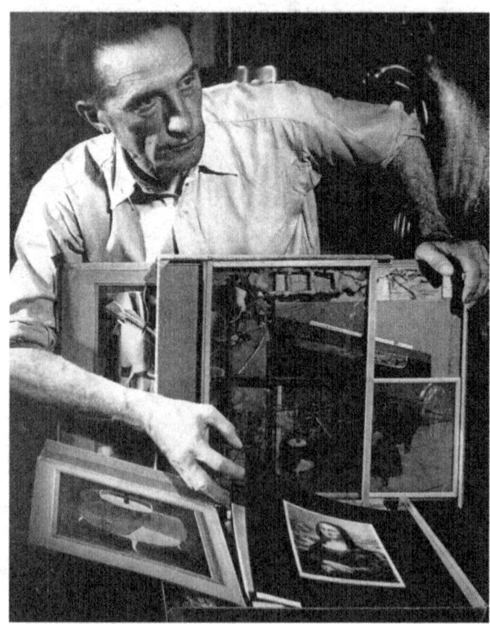

Abb. 12: Marcel Duchamp und seine Schachtel

Acht. Perfekt

Die Schachtel im Koffer lässt sich am Henkel nehmen und wegtragen. Im Volksmund fehlt allein dieser Henkel einem misslungenen oder defekten Gerät zum Wegwerfen und somit innerhalb dieser Wendung zur Perfektion. Diesen Volksmund gibt es nicht mehr, der *mainstream* spricht von Sollbruchstellen, doch die Schachtel im Koffer ist perfekt: vollkommen, ausgebildet, gültig zu lat. perficere, vollenden, vollendete Gegenwart zu lat. perfectum, vollendete Zeit. Nur Duchamp unterscheidet in seinen Briefen nicht zwischen einem Urinal und dem Modell eines Urinals (das Henri Roché zur Finanzierung des Projekts als Zwischenhändler für 100 Dollar erwirbt); es geht nicht darum, was genau geschieht, sondern, dass es geschieht, um die

„Achtung für das Ereignis. Es gehört zu den Grundkonstellationen abendländischer Metaphysik und den aus ihr hervorgehenden Ethiken, sich dieser Achtung verweigert zu haben. Indem sie durchweg das ‚Was' (quid) privilegiert, lässt sie das ‚Daß' (quod) als nichtig erscheinen. Ihr inheriert die Miß-Achtung von Ex-sistenz."[102]

Die *Ex-sistenz* eines Kunstwerks, vgl. lat. ex-sistō, heraus-, hervortreten, emportauchen, zum Vorschein kommen, sich zeigen, sich ergeben ist in den Begriffen einer Ästhetik des Performativen[103] die das Vergangene mit dem Zukünftigen verbindende Verwirklichung seiner Idee. Ein fotografisches Selbstportrait, das *Marcel Duchamp at the Age of Eighty-Five*[104] (einmal mit, einmal ohne Brille) zeigt, ex-sistiert faktisch, obwohl der Künstler im Alter von einundachtzig Jahren verstorben ist. Und eine Schachtel voller Miniaturen in einem Koffer nahm aus der Hand des Künstlers ihren Weg in die Museen der Welt. Dieses Modell enthält sich selbst – zur Zeit seiner Entstehung nicht weniger als jetzt, da es verwirklicht ist.

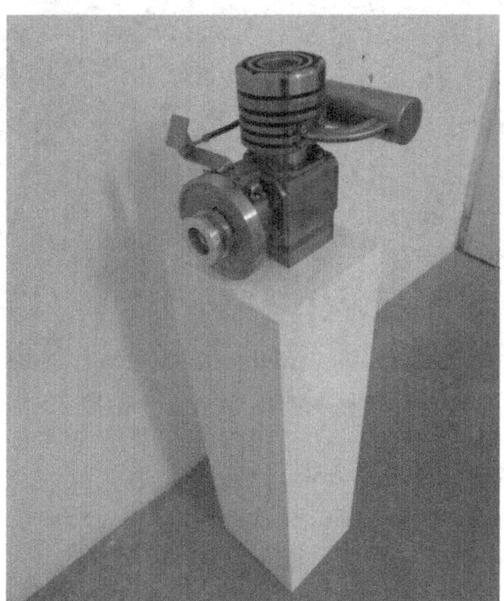

Abb. 13: Modell für…

Der Student Jannik Frank, der sich lange fragte, ob er Kunst oder Architektur studieren solle (beide Aufnahmeverfahren waren geglückt) und die Architektur sein ließ, zeichnete gern Pläne, baute Dinge aus Pappe, fischte ein Modell aus der Tonne und ließ sich ein anderes von einem Freund schenken, der das Seingelassene als Fach gewählt hatte. Dieses Geschenk stellte er aus, vielmehr, er trug es herein und nach zwei Stunden wieder heraus, damit es einem anderen Artefakt Platz machen konnte, dass wiederum zwei Stunden später ersetzt wurde.

Diese besondere Ausstellung bestand nur aus ihrer Vernissage und einer spiegelgleich choreographierten Finissage.[105] Gezeigt wurden im Tanz des jeweils zweistündigen Wechselspiels Dinge, die die Studierenden gemacht hatten und denen sie sich jetzt aus Zeitgründen nicht mehr widmen konnten, Dinge, die sie von Verwandten oder Freunden bekommen hatten und die in deren Augen Kunststatus hatten sowie Dinge, vielmehr: Platzhalter, Modelle? für Dinge, die sie gerne gemacht hätten, hätten sie nur die Zeit dazu gefunden: das adoptierte Architekturmodell, ein realistisch gemaltes Landschaftsbild, einen rätselhaften Apparat, einen merkwürdiger Patchworkpullover, eine mit Bleistift auf Notenpapier geworfene Komposition: *looking into the sky from a forest*. Was, wenn nicht das wäre eine vollendete Gegenwart?

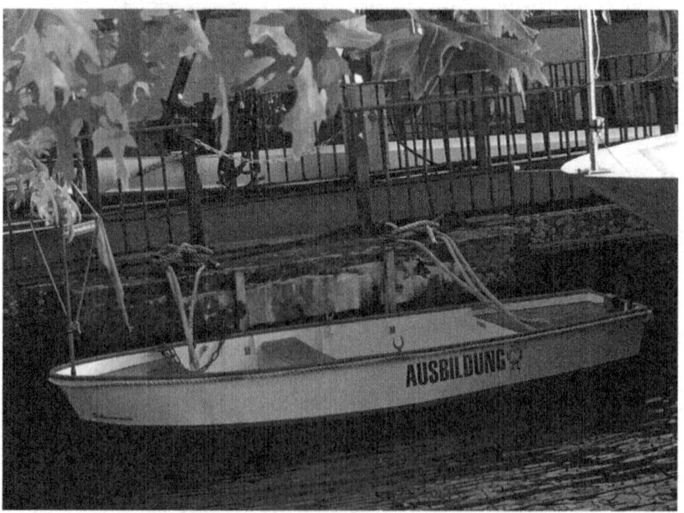

Abb. 14: Das Boot Ausbildung

Neun. Heimkehr? Abschied? Ankunft?

Wozu mag das Fahrzeug aus weichem, später gebranntem Ton gut gewesen sein? Was mag es transportiert haben? Eine Idee für ein neuartiges Gefährt? Einen Beweis für die Augen der Götter über eine erfolgreich gelöste Aufgabe? Eine Seele vom Diesseits ins Jenseits, oder sollte es selbst Gefährte auf diesem Weg sein? Ich will und kann hier keine Kundigkeit vortäuschen. Es hat meinen Blick auf sich gelenkt, weil ich es fand, wo ich nicht suchte: in einem Buch über keramische Werkstoffe und Glasuren,[106] in dem es lediglich gezeigt, nicht expliziert wird – und genau das ist es, wofür ein Modell einstehen muss. Ginge es in Worten oder einen anderen Zeichensystem, wäre aus der Perspektive einer *bildenden* Kunst keines nötig. Ich nahm mir kein Modell für eine Idee, ich baute auch keins, es ließ sich *ready made* finden und ich folgte ihm, oder fand es mich am Weg stehen und nahm mich einige Schritte mit?

Zurück zum Bruder des Bildhauers und zurück nach Berlin. Im Treptower Hafen, Schiffsanleger genannt, liegt die Flotte der Ausflugsschiffe. Es gibt verschiedene Baureihen, volkstümliche, zweckmäßige, elegante. Die Namen baugleicher oder –ähnlicher Schiffe sind alliterierend oder semantisch miteinander verbunden. Neben dem Bug der mondänen Belvedere (ihre Verwandten heißen Sanssoucis und Brasil) tanzt ein kleines Ruderboot an der Kette. Es heißt Ausbildung (oder dient es ihr tatsächlich?) und ist kein Modell, sondern – *echt*? Wer in der Ausbildung sitzt, kann sich mit eigener Kraft fortbewegen, stromaufwärts, stromabwärts, ans andere Ufer, vom Ufer an ein anderes Boot oder ein größeres Schiff, dort kann er aus-, um- oder einsteigen, sie hinter sich lassen (vielleicht für andere?) und seiner Wege ziehen. Das *echte* Modell wäre nun jenseits der Vergnügungsangebote Berlins Ernstfall, weil der Einzelne etwas mit ihm machen muss und es etwas mit ihm macht. Seine Existenz ist – auch in der Sprache einer Ästhetik des Performativen – Ereignis.[107] Kein Ereignis kehrt wieder und keines lässt sich ungeschehen machen, doch jedes wird vom Zeitpunkt seines ersten und einzigen Eintretens von jenem, für den es eintrat, mitgetragen, bewusst oder nicht, und dieses Ereignis leitet sich nicht vom Eigenen, sondern zunächst dem Eräugnen her; hier hat sich aus mhd. eröugen, vor Augen stellen, zeigen das nhd. Ereignen im Sinn von Geschehen entwickelt; ein Ereignen, das erst durch das Auge zu etwas Eigenem werden kann – wir erinnern uns: com-prehendō: erfassen, begreifen, verstehen, in sich fassen, auch: liebend umfassen; das Kind erblickt etwas, nimmt es in die Hand und steckt es in den Mund. Hinterher weiß es mehr.

To other mimesis

„Jeder Redner hatte vier Minuten Zeit, um seine Thesen darzulegen. Das war ohnehin viel, wenn man bedenkt, dass 198 Referate aus 64 Staaten angemeldet waren. Um das Beratungstempo zu steigern, musste jeder die Referate selbständig vor der Sitzung durchstudieren; der Vortragende aber sprach ausschließlich in Ziffern, die auf Kernstücke seiner Arbeit verwiesen. Stanley Hazelton aus der Abordnung der USA schockierte sofort das Auditorium, denn er wiederholte nachdrücklich: 4, 6, 11 und somit 22; 5,9, ergo 22; 3, 7, 2, 11 und demzufolge wiederum 22!!! Jemand erhob sich und rief, es gebe immerhin 5, allenfalls auch 6, 18 und 4; diesen Einwand wehrte Hazelton blitzartig ab; so oder so ergebe sich 22! Ich suchte im Text seines Referats den Codeschlüssel und entnahm ihm, dass die Zahl 22 die endgültige Katastrophe bezeichnete.“[108]

Ich zitierte aus dem Buch „Der futurologische Kongress“ von Stanislav Lem. Seiner Vision folgend könnten wir auch hier Zeit sparen, indem wir Zahlen aneinanderreihen, die für bereits formulierte Sätze stehen – eine Praxis, die sich beim Schreiben von Modulhandbüchern längst durchgesetzt hat. *Warum neue bilden. Das ist die erste Frage* für heute.

Lems Text handelt von der endgültigen Katastrophe und wurde im Jahr 2013 von Ari Folman verfilmt; in den Hauptrollen: Robin Wright und Harvey Keitel. Das Filmen wird schon länger mit dem Erzählen gleichgesetzt. Seit kürzerem wird ein *neues Erzählen* ins Feld geführt, das den Kinofilm abgelöst hat. *Was das neue Erzählen ausmacht, wird als zweite Frage* kurz zu klären sein.

Gegenwärtig wird demnach viel erzählt, aber nicht mehr in Sätzen und auch nicht mehr an einem Stück. *Was wir davon haben*, wenn wir über Bildung nachdenken, die dritte.

Das Nachdenken über den Begriff *Erzählung* beginnt für heute noch einmal mit der Lektüre eines vertrauten Textes, der Erzählung *Das falsche Geldstück* von Charles Baudelaire. Der Text findet sich in der Umschlagklappe des Buches *Falschgeld. Zeit geben I* von Jacques Derrida,[109] damit man ihn am Rande des Blickfelds neben sich weiß, während man *Falschgeld* liest. Baudelaires Text handelt von zwei Freunden, die aus einem Laden kommen. Einer von beiden sortiert sein Geld. Er gibt einem Bettler eine Münze. Der andere zeigt sich überrascht von der Höhe des Betrags. Der Spender sagt: Es war das falsche Geldstück. Dann passiert eine Weile lang nichts. Dann fügt er hinzu: Es ist ein Vergnügen, jemandem mehr zu geben, als er erwartet. Sein Freund zeigt sich moralisch erschüttert.

Der Text lässt eine zentrale Frage offen. Wie (oft) man ihn auch liest, Passagen wiederholt, Sätze gegeneinander ausspielt, ihre Übersetzbarkeit erprobt und bezweifelt – die Textgestalt gibt nicht preis, was wirklich passiert ist. *Keine* Textgestalt *kann* es zeigen, das Bild muss im Kopf des Lesers entstehen, aber diese hier hat anderes im Sinn und wirft jeden, der versucht, sich das Geschehen vorzustellen, auf den Wortlaut der Sätze zurück; *aber hier steht doch geschrieben...*

Die Interpreten der Erzählung (darunter Jacques Derrida, Boris Groys[110] und Dieter Mersch[111]) begegnen dem Problem in Variation mit zwei Fallunterscheidungen, nämlich einer zur Beschaffenheit der Gabe (War die Münze nun echt oder falsch?) und einer zum Wahrheitsgehalt der Aussage des Freundes über die Beschaffenheit der Gabe (Hat er gelogen oder nicht?). Sie evozieren dabei ihrerseits Metalepsen, das sind Sprünge (das sind Sätze) zwischen den Wirklichkeitsebenen, die auf Buchseiten ausgehandelt werden können. Metalepse: Der Leser wird von einer der Personen des Romans ermordet, den er gerade liest, vorausgesetzt, er hat sich auf den Kontrakt eines *willing suspense of disbelief* eingelassen. Dann darf er aber nicht dauernd dazwischenrufen: Aber ich lebe doch noch! Sonst kommt er aus dem Takt, der begriffsgeschichtlich mit der These (Behauptung, Lehrsatz, Leitsatz) und der Thesis (dem Setzen, auch metrisch, dem Setzen betonter Silben) zusammenhängt.

Der Leser Gérard Genette hat ein Buch über dieses Problem geschrieben. Seine These: Wenn Nichtsprachliches in Sprache umgesetzt wird, hängt alles von der Beziehung zwischen Sender und Empfänger ab. Sie können sich darauf einigen, eine Mimesis-Illusion hinzunehmen, müssen aber nicht. Mimesis ist ein Grundbegriff der Künste. Er kann sich auf das Verhältnis von vorgegebener und dargestellter Wirklichkeit beziehen; dann bezeichnet er ein Repräsentationsverhältnis. Kopie und Kontakt, Mimesis ist beides.[112] Der Begriff kann auch die Kopie bzw. Nachahmung einer Wirklichkeit bezeichnen, die selbst nicht gegeben ist. Mimesis ist ein Grundbegriff der pädagogischen Anthropologie. Das liegt an der frühen Geburt des Menschen. Er ist eklatant unfertig und muss sich das zum Überleben Notwendige schnellstmöglich durch Nachahmung aneignen. Mimesis bedeutet: sich ähnlich machen. Denen, die wir werden sollen. „Mimesis – das ist die Kunst, ein anderer zu werden: the art to other. [Du wirst es sein.]“ schreibt die Lyrikerin Monika Rinck – den (seit Hegel geführten, postkolonial durchschauten und jetzt verschärften) *othering*-Diskurs mit ihrer eigenen Bezeichnung durchkreuzend.[113] Wir werden darauf zurückkommen.

Der Begriff *Erzählung* ist eine der ältesten Denkfiguren der künstlerischen Bildung. Carl-Peter Buschkühle setzt den Begriff in eine *Welt als Spiel*[114] und leitet ihn aus einem den Avantgarden des 19. und 20. Jahrhunderts zu dankenden Paradigma des 21. Jahrhunderts her, der Montage, die wir jetzt *sampling* nennen. Ich zitiere:

„Wie die Montage in der Kunst ist sie [die Erzählung] als eine Gestaltung anzusehen bzw. anzustreben, deren Zusammenhänge aus der ausdrücklichen Differenzierung [ihrer] Teile erwachsen. Solche Zusammenhänge sind keine zwanghaften Homogenisierungen, sondern können [...] in der Konfrontation von Unvereinbarem, Kritischem, Problematischem entstehen. Wie in der künstlerischen Montage [entstand] die prekäre Form aus der Heterogenität der Teile, die darin einerseits zu ihrem Recht [kamen] und andererseits in der Bewegung des Ganzen platziert [wurden].“[115]

(Bitte lesen Sie flüssig weiter; setzen Sie notfalls noch einmal an) „Wir mussten jedoch feststellen, dass es ein unendliches System von Zusammenhängen [...] überhaupt nicht mehr gab; das scheinbar Feste wurde darin zum durchlässigen Vorwand für viele Bedeutungen, das Geschehende zum Symbol von etwas, das vielleicht nicht geschah, aber hierdurch gefühlt wurde, und der Mensch als Inbegriff seiner Möglichkeiten, der potentielle Mensch, das ungeschriebene Gedicht seines Daseins trat dem Menschen als Niederschrift, als Wirklichkeit und Charakter entgegen. Im Grunde fühlte er sich nach dieser Anschauung jeder Tugend und jeder Schlechtigkeit fähig, und dass Tugenden wie Laster in einer ausgeglichenen Gesellschaftsordnung allgemein, wenn auch uneingestanden als lästig empfunden werden, bewies ihm gerade das, was in der Natur allenthalben geschieht, daß jedes Kräftespiel mit der Zeit einen Mittelwert und Mittelzustand, einem Ausgleich und einer Erstarrung zustrebt [...]“,[116]

montiert Andreas Gursky. Die vier Tafeln der Serie *Untitled*, die, glauben wir seiner Galeristin, seine *wirklichste* und persönlichste ist, sind Wort für Wort aus Robert Musils Roman *Der Mann ohne Eigenschaften* abfotografiert und schreiben den Text in Sätzen, die Musil nie gebildet hat, weiter. Gursky setzt [oder sätzt] mit diesem Erzählmodell, das auch die Methode seiner anderen Arbeiten prägt, eine neue Tatsache. „Woraus bemerkenswerter Weise nichts hervorgeht?“[117] Die ersten Seiten dieses Buches entfalten bekanntlich den Begriff des Möglichkeitssinns in Abgrenzung vom Wirklichkeitssinn, auf den sich, gelesen oder ungelesen, Künstler_innen und Pädagog_innen seit Generationen beziehen.

Buschkühles Erzählbegriff ist in diesem Kontext eng mit der Idee eines als Gestaltungsaufgabe aufzufassenden, heterogen fragmentierten Lebens verknüpft. Ihn aus dem Montagebegriff herzuleiten, macht die Montage zur Handlungsanweisung. Ich montiere noch einen etwas umständlichen Aufsatztitel des Psychoanalytikers und Kunstdidaktikers Karl-Josef Pazzini aus dem Jahr 1986 dazu: Collage. Eine Art - wenn nicht die Art – zu leben, zu fühlen, zu denken, wahrzunehmen, zu handeln.[118] Pazzinis Text handelt davon, dass wir letztlich aus Fertigteilen zusammengesetzt sind und gut daran tun, das Wissen darum in angemessen komplexen Darstellungsformen zu reflektieren. Eine solche wäre, zum Beispiel, die Montage/

Collage, weil sie die Zurichtung des Auges durch die Zentralperspektive über Bord wirft. Montagen (das sind wir) sollen sich in Montagen über sich selbst äußern. So einfach ist erzählt, wenn erzählen montieren ist. Dazu brauchen wir keine neuen Sätze bilden.

Oder doch. Halten wir mit Buschkühle fest: Dahinter stand der Gedanke der Herstellung einer prekären Form aus der Heterogenität der Teile, „die darin einerseits zu ihrem Recht [kommen] und andererseits so in der Bewegung des Ganzen platziert [werden], dass sie zugleich etwas über dieses Ganze aussagen."[119] – Eine solche Operation bedarf der Grammatik, der Kunst des Sätzebauens, die zu holpern begann, als ich Gurskys konstruierte Einlassung in der dritten Person an Buschkühle hängte, der nun fortfährt:

> *„Die Erzählung ist die entscheidende Form existentieller Bedeutungskonstitution durchs Subjekt. [...] Als solche ist sie die Aussageweise der Kunst und des künstlerischen Selbst, [das] fähig sei, von sich selbst und seinem Leben eine neue Beschreibung anzufertigen, die nicht überlieferte, vorformulierte oder aufoktroyierte Erzählungen wiederholt und sich darin verliert."*[120]

Nicht oder nicht? Das ist eine Frage des Satzbaus, Frage eins für heute. Der Takt macht die Musik. – Ich habe den Verdacht, dass Buschkühles Erzählbegriff überwiegend metaphorisch kolportiert wird.

Ich möchte deshalb das vielleicht altmodische Herstellen einer solchen als „eigene" bezeichneten Form im Gegenzug als Ereignis untersuchen und dabei ihr performatives Potenzial in den Blick nehmen. Dabei beziehe ich mich auf Genette, der sich streng formalistisch fragt, wie sein Gegenstand *funktioniert*. Ohne Zögern gibt er seinem Forschungsinteresse den Namen *Poetik*. Es betrifft die *poiesis*, das Hervorbringen von etwas, als wichtigste begriffliche Antagonistin zur Mimesis, von der er schreibt.

Das poetologische Werkzeug Genettes sind drei Begriffe: Erzählung oder *narrativer Diskurs*, Erzählraum oder *Diegese* und Erzählakt. Der Diskurs generiert sich aus Raum und Akt.[121] Bei Genette hat dieser narrative Akt ein changierendes Moment. Er meint zum einen die reale oder fiktive Situation, in der er erfolgt, zum anderen den Akt des Erzählens inmitten der Lebensgeschichte des Autors selbst, die, so sah es Genette, unbefragt bleiben muss. In unserem Kontext, hier, heute, interessiert er, weil der Geschichtenerzähler ebenso wie jeder Lehrer die Situation von „Stillstand und Bewegung, in der das weit entfernte in ein Jetzt und Hier überführt wird",[122] verkörpert. Jenseits dessen kehrt mittlerweile jeder seine Lebensgeschichte nach außen und direkt ins Netz, das frisst die Zeit der Diegese. Dafür werden auch keine neuen Sätze benötigt. Es reicht, die vorhandenen zu nummerieren. Genettes Diskurs als Anspruch der Form ist somit in Gefahr geraten, seine Existenz ist prekär.

Die Form war bis vor kurzem noch ein Anliegen künstlerischer (Aus)Bildung. Die hier untersuchte Form, der narrative Diskurs als Tatsache, muss – dazu brauchten wir Pazzini - keine aufgeschriebene Erzählung sein. Das ist ein Sonderfall, dessen Sonderfall die Literatur ist. Der Diskurs kann sich auf der Couch entwickeln. Das ist ein Sonderfall, dessen Sonderfall die Psychoanalyse ist. Der Diskurs kann auch ein innerer Monolog sein. Der Drang, innerlich zu monologisieren, hat oft einen imaginierten Adressaten (Analytiker, Mentor, Lehrer, Freund, Objekt einer Verliebtheit). In diesem Fall, der kein Sonderfall ist, bilde ich selbst meinen Anderen. Wenn Mimesis *the art to other* ist, dann könnte ihre Weiterentwicklung in einer formalen Metalepsis des Diskurses liegen. Der Diskurs kann sich natürlich auch im Angesicht eines vorhandenen Anderen entwickeln. Oder vieler anderer, und alle bilden andere. Zum Beispiel in einem Seminar. Hier wollte ich einem Text, der Baudelaires Falschem Geldstück an diskursiver Aufarbeitung kaum nachsteht, den Raum geben, sich selbst als Ereignis zu enthüllen. Meine Hoffnung war, dass dieser Text handeln, also Tat/sachen schaffen würde. Er konnte den Anwesenden sagen, was zu tun sei. Es waren immerhin ausgewachsene Kunststudent_innen. Ich ging davon aus, sie würden nicht tun wie ihnen geheißen, und hieß sie, den Text Bartleby der Schreiber von Hermann Melville abzuschreiben. Er enthält den unübersetzbaren Satz *I would prefer not to* und handelt von einem Schreiber, der sich weigert, Texte abzuschreiben. Zur Abtötung des Anreizes erhielt jeder einen billigen Kugelschreiber, einen hässlichen, gebrauchten Leitz-Ordner und einen dicken Packen vergilbtes Formularpapier. Wer fertig ist, kann gehen. – Ich hatte mich auf mehrere Szenarien vorbereitet, war auf eine Diskussion des Textes eingestellt, auf das Spiel mit seinem Wortlaut, *aber hier steht doch geschrieben*, auf eine Rahmendiskussion zur Situation, über Pädagogik, Negativität, Verweigerung und Anorexie oder auch darauf, allein im Raum zurückzubleiben und seine Leere bis zum Ablauf der Sitzungszeit zu dokumentieren, um im Fortgang dieses Seminars über *Das Nein und das Nichts* damit zu arbeiten. – Ich wartete. Ich hörte Kritzelgeräusche. Sonst nichts. Keiner schrieb nicht. Nach 90 Minuten packten sie ihre Sachen und gingen. Manche nahmen den abgeschriebenen Text mit, andere ließen ihn liegen.

> *„Was ihn seitdem nicht mehr losließ, war die Verbindung zwischen Involviertsein in den behandelten Text, in praktisches Tun und dabei die Zeit gehabt zu haben, all die medialen Verschränkungen zu denken. Angewandtes künstlerisches Tun. Kunst durch Kunst lernen. Das Setting war eine Einladung, keine direktive Aufforderung. Man konnte, wenn man wollte. Aber das Müssen, das war verbannt. An der Innenseite der Eingangstür des Büros seiner Dozentin klebte ein Zettel. In kleinen Arial-Lettern stand dort ‚Eine Gelegenheit klopft an die Tür.' Darum ging es. Einen Rahmen für das Unerwartete schaffen. Und es dann begrüßen. Man muss es nicht mögen, es geht auch wieder vorbei“,*[123]

lese ich in einem Heft, das mit der Post gekommen ist, ohne Absender, damit der Text selbst mir sagt, von wem er ist. Er ist von zweien, die häufig durch die beschriebene Tür ein und ausgegangen sind. Der Zettel klebte schon da, als ich das Büro bezog. Ich sah, dass er klüger ist als ich und ließ ihn hängen.

Ich lese nun außerdem, dass es an jenem Tag im Mai vor einem Jahr in der Mensa wieder mal den berüchtigten Kiwi-Pudding gegeben hat. Und, dass einige übers Abschreiben gewaltig Luft abgelassen haben. Nie wieder! Man zöge es also vor, solches zumindest beim nächsten Mal, das es nie geben würde, lieber nicht zu tun. Und zuletzt habe ich einige verwackelte Fotos erhalten. Eine Studentin aus der Kiwi-Runde feiert eine Kiste. Nein, zwei. In einer leuchten die Worte *Ich bin schuld*, in der anderen *Ich möchte lieber nicht*. Die beiden Leuchtkisten können bei der Künstlerin ausgeliehen werden. Man soll etwas damit machen. Und ein Bild davon.

Im Kontext Bildung ist der mit anderen geteilte Erzählraum also kein vergangener und abgeschlossener. Wer sich darin aufhält, kann Protagonist, Gegenspieler, Nebenfigur, Zuschauer, Zuhörer, Autor, Erzähler und Leser sein. Das changiert. Die Position im Raum soll wechseln, gewechselt werden, in die Hand genommen von einem, ich zitiere noch einmal: „Selbst, [das] fähig [ist], von sich und seinem Leben eine neue Beschreibung anzufertigen."[124] Genette fragt: Wer sieht? Wer spricht? und differenziert die möglichen Konstellationen im Raum. Die Kunst besteht darin, souverän mit ihnen zu spielen. Das gilt auch für uns. Wenn Nichtsprachliches in Sprache umgesetzt wird, hängt alles vom Kontakt zwischen Abzubildendem und Abbildendem ab: Die der Diegese vorgelagerte Erzählebene, also zum Beispiel die Rahmenhandlung, nennt Genette *extradiegetisch*. Die Ebene, auf der tatsächlich die Figuren handeln, ist die *intradiegetische*. Wenn in die Intradiegese Binnen-Erzählungen eingelagert werden, sind wir auf der *metadiegetischen* Ebene. Ist der Erzähler gleichzeitig eine Nebenfigur der Handlung, ist die Erzählerposition *homodiegetisch*. Ist der Erzähler die Hauptfigur, ist die Erzählposition als Sonderfall der homodiegetischen Position *autodiegetisch*. Kommt der Erzähler in der Handlung selbst nicht vor, ist seine Position *heterodiegetisch*. Ein Erzähler, der auf der extradiegetischen Ebene autodiegetisch erzählt, kann innerhalb der *Intradiegese* wiederum eine Geschichte erzählen (*Metadiegese*), in der er aber nicht vorkommt, also auf intradiegetischer Ebene ein heterodiegetischer Erzähler der metadiegetischen Ebene sein.[125]

Anders als der soeben zitierte *Genettiker* (sein Reich heißt Wikipedia) habe ich nicht vor, jeden mit anderen geteilten Raum und die daraus hervorgegangenen Erzählungen unter diesem gewiss vorzüglichen Begriffsraster verschwinden zu lassen. Interessanter wird es, wenn Raster und Rahmen auf ihr Funktionieren hin reflektiert werden: „Mimesis und poetische Sprache leugnen nicht das Thetische: sie streifen seine Wahrheit (Bedeutung, Denotation), um sodann über diesen Streifzug die Wahrheit zu sagen", zitiert Monika Rinck Julia Kristeva.[126]

Das wäre Poetik auch im Sinne Genettes. Re-flektiert heißt: Eingefangen und weitergedacht. Flektieren: Ein Wort in seinen (grammatikalischen) Formen abwandeln (beugen, deklinieren, konjugieren). Das können wir jederzeit tun.

Auch der Diskurs lässt sich flektieren, dazu gleich mehr. Hierzu lohnt es sich, bevor wir zum *neuen Erzählen* kommen, einen Blick auf das *alte* zu werfen. Die Philosophin Karen Gloy[127] kommt auf der Basis einer Analyse der ältesten Zeugnisse menschlichen Erzählens zu einer einfachen Formel: Erzählen, das ist Zählen, was von einem für alles Folgende bedeutungsvollen und somit als Anfang gesetzten Punkt an alles hinzugekommen ist. Jeder Anfang ist eine Setzung. Zum Zählen wiederum sei vermerkt: Die Bildungsprozesse von Zeit und Zahl sind nicht unabhängig voneinander zu denken. Sie verdeutlichen eine immer noch vorgängige Abstraktionsleistung. Mathematisch gesehen ist jede Zahl eine synthetische Einheit aus gleichartigen, gleichwertigen und gleichberechtigten Einheiten, aus denen durch Hinzufügung einer weiteren gleichartigen, gleichwertigen und gleichberechtigten Einheit die nächste Zahl hervorgeht.[128] Und so weiter. Ursprünglich aber handelte es sich bei Zahlen um *Gestalten.* Eins ist der Ursprung, zwei die nicht immer gleichberechtigte Paarigkeit und drei die höchst ungleichartige und ungerechte Trias Vater-Mutter-Kind. Und nicht so, sondern noch einmal anders weiter. Jeder zählt anders und anderes, weil er anders und anderes wahrnimmt.

Sie erinnern sich an den Anfang. Wir haben *Das falsche Geldstück* gelesen. Die Textdiskussion in einem Seminar über *Zeit und Gabe* streift zunächst die oben genannten Fallunterscheidungen und greift notgedrungen nach dem Wortlaut, *hier steht doch geschrieben, Folgendes muss also passiert sein*, nimmt aber bald einen unerwarteten Verlauf. Erzählmotive der Wahl und des Wünschens werden ein- und vor allem durch/ein/ander gebracht, ich gebe wieder,

A sagt: Es erinnert mich an den Fischer und seine Frau, sie haben einen Ring, der Wünsche erfüllen kann. Der Ring wird ihnen gestohlen, doch sie merken es nicht einmal, denn sie verwahren ihn unter dem Kopfkissen und erarbeiten sich alles, was sie sich wünschen, selbst, um die Wünsche nicht zu verbrauchen, und führen ein glückliches Leben. Der Ring wurde ihnen inzwischen unbemerkt von einem Freund gestohlen –

B sagt: nein, sie fangen einen Karpfen, und der sagt, er könne Wünsche erfüllen. Der Fischer geht nach Hause und erzählt seiner Frau davon, und die schickt ihn natürlich gleich wieder los, sie will Gold und schöne Kleider haben und König werden und Kaiser und Papst und der Fischer sagt immer *Min Fru die Ilsebil, die will nicht so wie ich es will.*

C sagt: Was mich am meisten beeindruckt: dass die Hütte im Märchen ein *Pissputt* ist,

D sagt: In Lessings Ringparabel ist es ja auch so, dass es ein Original und zwei Duplikate gibt; keiner weiß, wer den echten Ring hat, aber einer *hat* ihn!

E sagt: Nein, nein, der wird doch eingeschmolzen und

A ist noch bei der ersten Geschichte: der Freund spielt Gott. Er wünscht sich Geld und wird von dem Geld erschlagen, es wird über ihm ausgeschüttet. Der Ring wird auch verschüttet.

F wirft ein: Ich habe mir aufgeschrieben: Von einem Wertesystem abweichende Spuren bleiben unsichtbar, solange sie integrierbar sind, und hilft somit
G auf Baudelaire zurückzukommen: Mir fiel auf, wie er sein Geld sortiert: für die rechte Tasche nimmt er sich mehr Zeit, also für die Münze, die er später herausgibt.
Was frei erfunden ist; ich habe es soeben noch einmal am Text überprüft.
H hakt ein: aber kann er sich denn irren, wenn er es vorher so sorgfältig sortiert hat?, und
F nutzt seinen Platz auf der Rednerliste, um zu sagen: Das Potential des Falschgeldes ist es, den Kreislauf des Warentauschs zu durchbrechen. Es zeigt die Absurdität der Zirkulation, indem es sie jederzeit stoppen kann. (*Er liest ab*) „Zu den irreduziblen semantischen Werten der Ökonomie gehören das Gesetz der Verteilung, der Besitz, der Tausch, die Zirkulation und die Rückkehr; sie hat eine odysseische Erzählstruktur, die sich als Kreisfigur beschreiben lässt. Eine Gabe ist nur möglich, wenn sie nicht zu zirkulieren beginnt. Gelingt sie, unterbricht sie den Kreis,“[129]

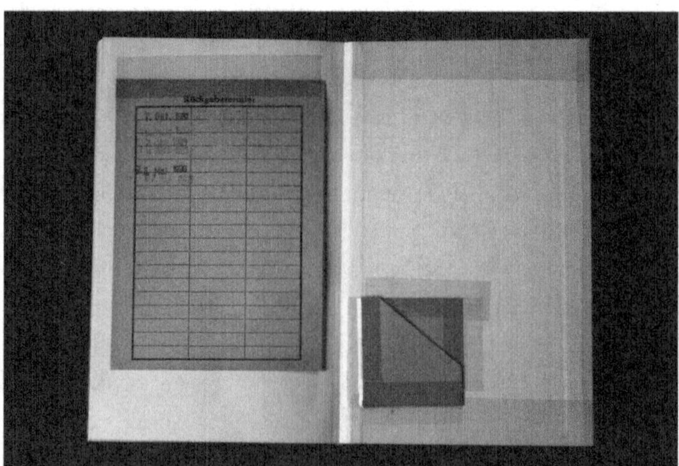

Abb. 15: Buch mit Tasche für das Kärtchen

und dieses Buch, das Sie hier abgebildet sehen, Sonderfall der Gabe aus einer Bibliothek, hat seit vierundzwanzigeinhalb Jahren nicht mehr zirkuliert. Bücher in Bibliotheken fehlen, wenn sie ausgeliehen sind. Sie sind dazu da, zu fehlen. Ich wusste nicht, dass es das überhaupt noch gibt: Auf die Karteikarte, die hinten im Buch klebt, wird das Rückgabedatum gestempelt. Auf die Karteikarte, die hinten im Buch in einer Extra-Tasche steckt, ebenfalls. Diese Karte kommt bis zur Rückgabe in den Karteikasten der Bibliothekarin; das Buch macht sich auf die Reise und hat einen Platzhalter in der Bibliothek.
Wir waren bei der Frage nach alt und neu, nach altem und neuem Erzählen, und die Ring- und Fischdiskussion führte mitten hinein. Sie wurde zur Wunschdiskussion. Manche hatten rote

Backen und rauften sich in der Anstrengung zwischen Vergegenwärtigung und Weitergabe die Haare, andere fingerten an ihren Empfangsgeräten und lasen Sätze, die passen könnten, von kleinen Bildschirmen ab. Wie überall. – Wir waren bei der Frage, warum erzählt wird und haben geklärt, dass Erzählfragen Zählfragen sind. Und, dass jeder anders und anderes zählt. Bei drei Wünschen kann zumindest der dritte Wunsch den Unsinn der ersten beiden aufheben;[130] in der Einwunschvariante führt der Aufschub bis zum Tod zu einem glücklichen, weil selbstmächtig geführten Leben. Freud wendet das Wahlmotiv am Beispiel der Kästchenwahl[131] – die Kästchen sind natürlich Frauen; aus der Wahl der Frau zwischen drei Bewerbern wird die Wahl eines Mannes zwischen drei Frauen, die dritte aber, die Gute und Richtige, ist der Tod – in eine der Umkehrungen, die wir vornehmen, um das Unerträgliche erträglich zu machen: Den Tod wählen wir nicht, er ist gewiss.

Aber warum wird erzählt? Es wird erzählt, um sich die Zeit zu *vertreiben*, sagen manche. Es wird erzählt, um Zeit zu *gewinnen*, sagen andere. Weil der Tod gewiss ist. Scheherezad erzählt Tausend und eine Nacht lang die Geschichten aus Tausend und einer Nacht, um ihre Hinrichtung um Tausend und eine Nacht lang und darüber hinaus auszusetzen. Ihre Situation ist prekär.

Warum wird erzählt.

> *„Fast alle Künste haben eine Affinität zur erzählenden Gestaltung [...]. Die narrative Affinität so vieler Künstler kommt nicht von ungefähr. Sie hat ihren Ursprung in der narrativen Disposition des Menschen. Handelnde sind von Natur aus Erzählende. [...] Das Erzählen ist eine universelle, anthropologisch fundierte Praxis, die in der Herstellung und Aufnahme künstlerischer Erzählungen sowohl eine Fortführung als auch eine Brechung erfährt“,*

schreibt Martin Seel.[132] Byung-Chul Han würde einwerfen: Wir sind keine Handelnden mehr, wir sind Fingernde.[133], aber Seel fährt fort:

> *„Durch Erzählungen machen Menschen sich selbst und anderen verständlich, was in Geschichte und näherer Gegenwart geschehen ist oder in Zukunft geschehen könnte. Sie stellen Beziehungen zwischen Zuständen und Ereignissen her, die verdeutlichen, wie und warum es zu Vorkommnissen und Veränderung [...] kam – oder hätte kommen können.“*[134]

Warum wird also erzählt. Erzählend handeln wir, indem wir auf der Grundlage eigener Geistesgegenwart Sätze bauen, die Beziehungen zwischen relevanten Einzelheiten herstellen – mit dem Effekt verstärkter (Geistes)Gegenwärtigkeit, auf die Scheherezad mit der Aussicht, ihren Kopf zu verlieren, keinen Augenblick lang verzichten konnte. Gertrude Stein bringt es auf den Punkt, ohne ein Komma zu setzen: „Erzählung ist was jeder über irgend etwas das auf irgend eine Weise geschehen kann geschehen ist geschehen wird auf irgend eine Weise zu sagen hat.“[135] Und sie schreibt:

> *„[...] ungefähr alle hundert Jahre wurde sich jeder der Sache bewußt daß jeder dahin gelangt war andere Dinge zu tun das heißt dahin gelangt war die gleichen Dinge auf eine andere Art zu tun auf eine Art die so anders war daß ein jeder dahin gelangen konnte diese Sache zu wissen wissen daß es eine wirklich andere Art war und daher natürlich eine andere Art die gekommen war um zu bleiben.“*

Das Zitat wird ohne Nachweis einem Reader über das *neue Erzählen* vorangestellt,[136] und ist es nicht eigenartig, dass der *reader*, ein zusammengeschusterter Texthaufen, im Wortlaut ja auch und nichts anderes als die Person des Lesers ist? Der Leserin, die hier nur steht und etwas wiedergibt. Das neue Erzählen ist dem *reader* nach (der nicht ich bin) erstens das Expandieren der neuen Erzählformate. Das sind die Serien von *Six Feet Under* und *Mad Man* bis zu ihren Wiederaufnahmen mit der übernächsten Generation oder der Jugend eines der ältesten Protagonisten, Explorationen eines größeren Erzählraums, der durch einen schützenden Schirm ins eigene Wohnzimmer geholt wird. In der Entwicklung der Erzählung können solche Formate sogar auf die Wünsche der Zuschauer reagieren. Serienfiguren sind wie Freunde und Verwandte, deren Lebensweg man ohne Anstrengung begleitet. Zweitens sprechen wir von den Mikroerzählungen im Netz, die ihre *user* und deren Lebensformen mit den visuellen und auditiven Formen der alltäglich benutzten Medien untrennbar verbinden. *Social media storytelling* heißt: ein intimer Akt der Selbsterzählung wird öffentlich. Privat hieß früher: Was die Öffentlichkeit nichts angeht. Neuere Befragungen haben ergeben, dass es für Jugendliche etwas anderes heißt, nämlich: Was die die Eltern nichts angeht. Aber alle anderen.

Ein soziales Medium ist ein den Aus/Tausch ermöglichendes und zugleich gestaltendes technisches Gefüge. Diese Gefüge provozieren ihren permanenten Gebrauch. Sie fordern dazu auf, an andere zu schreiben, Bilder und *sounds* zu verschicken und die der anderen wahrzunehmen. Ein in jeder Hinsicht grenzenloser Erzählraum will betreten werden, indem man das, was man gerade tut, in erzählerische Materie überhöht und alles, was andere erzählen, kommentiert. „Eine Erzählform des eigenen Lebens ist entstanden, eine, die sich anderen zuwendet, die Gleiches mit ihrem Leben tun.“[137] Der Soziologe Marco Ries sieht darin Selbstermächtigung in einer Öffentlichkeit, die so noch nie zur Verfügung stand.[138] Die Ekstasis im *storyversum* besteht darin, dass jemand eine Kamera aufstellt und sein Leben nacherzählt. Ries nennt das ein Heraustreten, ich würde eher sagen: ein passives Herauskippen „aus ihr, also aus der Stasis, ohne dass nun diese Existenz eine außergewöhnliche würde. Man hat [...]

den Eindruck, als ob ihr Etwas-Sein erst durch ihre Veröffentlichung auch eine Etwas-Kontur gewinnt."[139]

Halten wir erneut fest: Der narrative Diskurs muss kein aufgeschriebener literarischer Text sein. Etwas mehr Kontur im Sinn von reflektierter Form könnte allerdings der Schlüssel zu den Potenzialen einer *expanded narration* in künstlerischen Erkenntnisprozessen sein. Wir waren bei der Erzählung vom falschen Geldstück, die vom Fischer und seiner Frau handelt, nein, von einem Freund, der Gott spielt und vom Geld erschlagen wird, nein, vom Tauschwert einer unbemerkten Gabe. Zeit verging. Die Student_innen realisierten Projekte über die Zeit und die Gabe. Einige präsentierten diese Projekte zum Entsetzen anderer in ihren eigenen Wohnräumen. Durch Bildschirme schauen wir gern in fremde Zimmer, und vielleicht verändert sich gerade etwas: Die physische Begegnung war manchen in diesen Zonen der Ununterscheidbarkeit zwischen Ding und Zeichen, zwischen Einrichtungsgegenstand und Artefakt, zwischen privat und öffentlich zu nah, *was darf ich denn jetzt sehen und was nicht*, will einer wissen, *gehört die Zahnbürste dazu?* und stellt im Kontext einer Ausstellung die Frage nach dem fiktionalen Kontrakt. Wer es fertigbrachte, sein Projekt angemessen reflektiert zu dokumentieren, bekam einen Schein dafür. Ich bat um Zusendung der Dokumentationen, digital oder analog, und stellte mir darunter Portfolios aus Bild und Text vor, damit das eine in die Löcher springt, die das andere offen lässt.

Rose (sie hat mir erlaubt, den Namen zu verwenden) bestand darauf, ihre Dokumentation persönlich abzugeben, und bat um einen Termin hinter der Tür mit dem Zettel, der klüger war. Sie klopfte an, trat ein, stellte eine Kiste auf den Tisch und war sichtlich nervös, eine etwas angestrengte Plauderei entspann sich. Die Plauderei streifte Themen wie die Urlaubsfotos anderer, die man lieber nicht sehen wollte, aber da sei es auch schon passiert. Ich versprach ihr, den Inhalt der Kiste genau zu untersuchen. Soll ich auf etwas besonders achten? – Sei mutig, sprach Rose und ging. Es wurde schon dunkel, ich war müde. Ich öffnete die Kiste, fand Folgendes darin, hielt die Kamera darauf, verwahrte den Sand im Büro, nahm den Rest mit nach Hause und hatte keine Zeit mehr dafür.

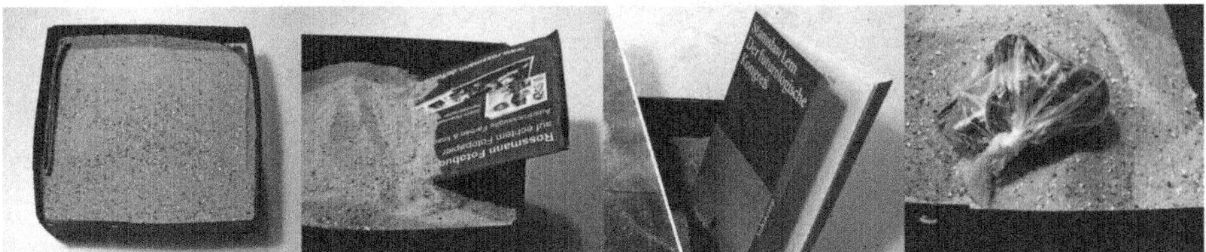

Abb. 16 - 19: Folgendes in der Kiste

Eine Woche später sah ich Rose wieder, im Seminar, sie wirkte etwas mitgenommen. Nach der Sitzung packte sie ihre Sachen besonders langsam ein und fragte, als der letzte gegangen war, ob ich mir ihre Dokumentation denn schon angesehen habe. Ich sagte ja, schämte mich dafür, schlug einen Besprechungstermin vor und sah ein Aufleuchten in ihren Augen, das sich mit jeder Seite, die ich im Kalender umschlug, mehr in blankes Entsetzen verwandelte. Also klappte ich ihn zu und setzte den nächsten Morgen als Termin an. Blieb ein Abend, eine Nacht zur Durchsicht, die zum Morgen wurde, bis ich endlich vor der Kiste saß, das Schlüsselbund als solches erkannte, Ding, nicht Zeichen, *benutze mich*, nicht *deute mich*, daran den mit Leuchtfarbe markierten USB-Stick, darauf der Film *The Congress* von Ari Folman und eine Word-Datei, die nur einen Satz enthielt: Sieh dir alles genau an. Wenn du fertig bist, ruf an. Was ist alles? Jedes Urlaubsfoto im Umschlag, auch jede Rückseite, jede Person vornedrauf und jeden möglichen Abgrund dahinter? Jede Seite im Buch und jede Rückseite, reicht sehen oder gilt nur lesen? Und fotografieren war nicht mal sehen. Jede Einstellung im Film, einem Film über den durch ein Gas außer Kraft gesetzten fiktionalen Kontrakt. Jeder Schlüssel am Bund oder alles, was hinter den Schlössern wartet, die damit zu öffnen sind? Als da waren Fahrrad-, Haus- und Wohnungs- und Briefkastenschlüssel. Und ein blauer Chip, an dem mit Sicherheit eine große Verantwortung hing. Als da gewesen wäre: Alles (natürlich nicht alles), was ihr gerade im Kopf herumgeht (der Film, das Buch, eine Reise an die See) und alles (natürlich nicht alles), was sie vor Augen hat. Mir war die Diegese einer anderen zur Verfügung gestellt, so komplett wie möglich, aber ohne ihre Sätze, ihre Verknüpfungen. Wo hört das alles auf?

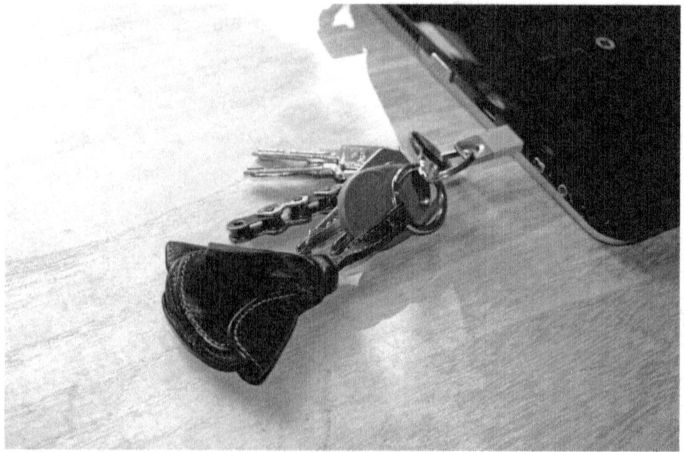

Abb. 20: Alles

Um nicht in Gefahr zu laufen, mir ihre Verknüpfungen zu liefern, hatte Rose mehr als eine Woche im Exil verbracht und das Leben einer Wohnungslosen mit Studentenausweis geführt. Schlafen mit dem Kopf auf dem Tisch in der Bibliothek oder zusammengerollt auf dem

Treppenabsatz vor der eigenen Wohnung, Duschen in der Schwimmhalle, Wärme in der Vorlesung, Internet überall. Ihr Mobiltelefon hat sie nach reiflicher Überlegung doch nicht in die Kiste gepackt, um auf meinen Anruf zu warten, auf das Signal, dass ich Figur und Grund, Ding und Zeichen richtig geschieden und mir meinen eigenen Reim auf das Gegebene gemacht habe. Die Umkehrung hatten wir vorhin: Aber *geschrieben steht doch...*
Vor allem wartete sie auf ihren Schlüssel, auf das Ende der selbst gewählten Unbehaustheit, darauf, dass ihr Raum wieder frei ist, frei von der Anderen, die sie gern hineingelassen hätte, damit diese sieht, was sie sonst vor Augen hat, es sich anverwandelt, ähnlich wird. Andert. Die Differenz herstellt. Und wieder geht, ihren Platz räumt, damit sie wieder einziehen kann. Die Pronomina für die dritte Person haben sich gerade übereinander geschoben. Fakt ist, dass die Zeit nicht reichte und mir so die Entscheidung, wie weit ich gegangen wäre, abnahm. Sie reichte gerade noch, alles wieder zusammenzuraffen und dem Besprechungstermin entgegen zu eilen. Rose stand bereits vor meiner Bürotür, und ist es ein Zufall, dass der blaue Chip am Schlüsselbund die Tür zum Büro das pädagogischen Anthropologen Christoph Wulf an der FU in Dahlem geöffnet hätte? Darin die Bücher, die er dort in Vorfreude auf seine Emeritierung allmählich in Kisten schichtete. Oder schichten ließ, von seiner Tutorin Rose. Die mir kurz darauf noch einen Scan aus einem dieser Bücher mailte, *„der könnte doch für alle interessant sein"*,

> *„Wenn sich die mimetische Aneignung auf sprachliche oder bildliche Erzeugnisse bezieht, sie selbst in einem mimetischen Verhältnis zu anderen stehen, sind diese Prozesse besonders komplex. Bei allen kulturellen Produkten ist dies der Fall, bei denen es keinen ‚Nullpunkt' gibt und bei denen die Referenzpunkte durch mimetische Prozesse erzeugt und verschoben werden."*[140]

Halten wir demgegenüber fest: Das Setzen von Nullpunkten misslingt grundsätzlich. Ihre *Definition* hingegen ist eine Herausforderung, der sich Kunst und Bildung immer wieder von neuem stellen müssen. Einmal definiert, kann der nächste Setzungsversuch unternommen werden. Roses nächste *artistic research* führte auf ein Festival mit dem Titel *Her mit dem schönen Leben* in Prora auf Rügen, drei Tage Schlamm, wummernde Bässe und verkleidete Menschen, und als Dokumentationsleistung für den Schein zog sie ernsthaft in Erwägung, Geld zu investieren und mir ein Ticket für das nächste Festival zu kaufen. Roses Schachtel-Setzung hat mich gelehrt: Das *neue Erzählen* setzt nicht beim Nachmachen einer Praxis aller an, sondern beim auch von Genette an den Anfang gesetzten Mimesis-Begriff selbst und packt ihn an den Wurzeln, die für Kunst und Bildung die gleichen sind. Mit Walter Benjamin sitzt der *Zwang, ein anderer zu werden* am Anfang des Denkens, das „wie ein Theater wäre, wie eine Anordnung von Übungen am Objekt in einem anderen Raum."[141] – Dazu ist es nötig,

„dass ein Mensch seine Grenzen durchbricht und sich die Anderheit überstreift, gleichsam um auszuprobieren, ob die Größe passt.“[142]

Ich bin gleich fertig. Warum erzählen. Warum erzähle ich das alles. Vielleicht auch wegen dem Kärtchen im Buch vorhin, das in eine Tasche gesteckt wurde. Das Buch ist von einer Autorin, an der mir liegt, Ursula Krechel, und ihr Buch lag bei mir, weil sie mich auf einem Kongress, auf dem sie einige Kunstpädagog_innen bei der Arbeit sah, mit der ihr eigenen, etwas spitzfingrigen Neugier fragte, was denn eigentlich das epistemische Interesse dieser Disziplin sei und wie darin Erkenntnis generiert werden könne. Krechels epistemisches Interesse zum Beispiel, das wissen die Leser der Romane *Shanghai fern von wo*[143] und *Landgericht*[144], gilt den zerrissenen Schicksalen der Emigrantengeneration. Sie gibt ihnen ihre Zeit, sehr viel Zeit!, um in Archiven ihre Spuren zu sichern, mit ihren verbliebenen Verwandten zu sprechen und den Fragmenten eine Sprache zu geben. Und eine Zukunft. Ihnen die Ihre zu leihen. Und ihre Augen. Durch ihren Kopf und ihre Hände in die Welt.

Ich gab ihr eine Antwort, mit der ich nicht zufrieden war – *Diskurskritik und Empirie, wie anderswo* – und formulierte im Nachgang die heutige, die ich ihr wiederum nicht vollumfänglich geben kann, sonst müsste sie erfahren, dass eines ihrer Bücher in irgendeiner Bibliothek vierundzwanzigeinhalb Jahre lang nicht ausgeliehen worden ist (und auch vorher nicht oft). Existieren heißt, wenn ich Dieter Mersch ein Wort aus dem Mund nehmen darf, Antwortenmüssen. Meine heutige Antwort, auch auf Frage eins, Frage zwei, Frage drei würde lauten: Dem Deinen zum Verwechseln ähnlich. Es geht um die Weiterentwicklung einer mimetischen Anstrengung. Mimesis, schrieb Walter Benjamin, war Nachahmung und Berührung, war Kopie und Kontakt. „Mimesis“, schreibt Monika Rinck (die sich Michael Taussig, der sich Benjamin einverleibt hat), „das ist die Kunst, ein anderer zu werden.“[145] Rinck lässt den Emigranten Benjamin – wie alle, die in der Fremde sein müssen – englisch sprechen und kopiert ein Substantiv aus neueren Diskursen, um es als Verb gegen seinen eigenen Gebrauch zu wenden, *the art to other*,[146] und ich montiere, dann ist es geschafft, noch einmal den Anfang an das Ende: *the art to other mimesis*.

Gefüllte Brust

[n]ach der Größe der Brust nimmt man
[S]emmeln zur Fülle, reibt die Rinde ab, s[chneidet]
[...]et sie würflig, brennt sie mit 8 Dkg
[...]d Speck ab, wenn man etwas Peter-
[silie]kraut anlaufen läßt, feuchtet sie mit
[E]ier u. etwas Milch an, würzt sie mit
[Salz] u. etwas Muskatblüth u. füllt die M[asse]
[z]wischen die vorsichtig untergriffene Hau[t]
näht sie zu u. bratet die Brust unter
[B]egießen u. Bespritzen mit Butter weich.

Eingemachtes Kalbfleisch

[Da]s fleischige Rippenstück wird im ganz[en]
mit etwas Butter u. Gewürzen u. mit
wenig Suppe gedünstet, dann aus dem [...]
[her]ausgelegt, mit welchem man den
[Ein]brennsauce aufgießt, dann gibt m[an]
das zu Stücken zerlegte Fleisch wieder
hinein, läßt es dann noch kochen u.
den Saft über das Fleisch. Mit Nockerl[n]
u. Nudeln zu Tisch.

Paprika Fleisch

[...]etwas Schmalz mit Zwiebel geröstet, [...]

Ungehorsame Vokabeln[147]

Siegen

Was geht, was bleibt? Wie werden wir denken? – Siegen war meine erste kunstpädagogische Tagung. Wenn wir einander von solchen Ereignissen erzählen, setzen wir häufig den Namen des Ortes *pars pro toto*. Er bildet die Diegese, aus der geschöpft wird, um in einem narrativen Akt den Diskurs (die Erzählung selbst) zu generieren.[148] Siegen war zugleich die letzte Tagung innerhalb einer Reihe von Zusammenkünften zur *FrauenKunstPädagogik*.[149] Ihr Titel lautete *Rahmen aufs Spiel setzen*.[150] Siegen ist, nebenbei, ein Verb, das impliziert, dass jemand gewinnt und jemand verliert.

Lassen Sie mich aus Siegen erzählen. Über ein damals noch mit Papierlisten arbeitendes pazifistisches Netzwerk fand ich einen Übernachtungsplatz bei freundlichen, mir fremden Menschen, indem ich einen Brief schrieb, per Mail eine Antwort erhielt und bei Ankunft aus einer Telefonzelle anrief, um nach dem Weg zu fragen. Ich erinnere außerdem graues Wetter und die gewundenen Straßen Siegens. Im abgedunkelten Tagungsraum sprachen unter anderem Stefanie Marr, Angela Ziesche, Maria Peters, Marie-Luise Lange, Adelheid Sievert und Helga Kämpf-Jansen, die in der Kaffeepause mit Blick auf die lange Schlange vor der Damentoilette eine Bemerkung über den Penisneid machte und eine egalitäre Nutzung der Herrentoilette anzettelte, welche ansonsten exklusiv ein Ort für Joachim Kettel gewesen wäre. Zu den auf der Tagung verhandelten Begriffen gehörten Anthropanorama, Ei, Bild, Verrückung, Erinnerung, Performance, Umwelterfahrung, Lara Croft und Mädchenzimmer. Eier in Mädchenzimmern.[151] Für die Mittagspause wurde eine lokale Spezialität angekündigt, Reibekuchen, das Wort ließ mich auf einen Kartoffelpuffer warten, tatsächlich aber wurde ein sehr leckeres Kastenbrot gereicht, das geriebene Kartoffeln, Eier und Speck enthielt. Wir schrieben das Jahr 1999. Ich meine, mich zu erinnern, auf dieser Tagung mein zweites kunstpädagogisches Buch gekauft zu haben: *Ästhetische Forschung*.[152] Das erste war kurz zuvor die *Ästhetische Bildung der Differenz* gewesen. Ich werde die Frage *Was bleibt?* wiederholt mit diesen beiden Büchern verknüpfen und dabei auch auf den Ungehorsam zu sprechen kommen. Zu sprechen? Im Augenblick schreibe ich; dieser Zusammenhang wird ebenfalls berücksichtigt. Mit Kämpf-Jansen und Maset begann meine fachspezifische Lektürebiographie. Lesen heißt von sich selbst und vom gewohnten Blick auf die Dinge mit ihren bisherigen Benennungen absehen, sich in die Melodie anderer Gedanken einhören und allmählich eine Sprache erlernen, die feinere Differenzierungen trifft als die eigene.

„Ich nehme wahr, indem ich unterscheide, und ich unterscheide, indem ich wahrnehme.“[153]

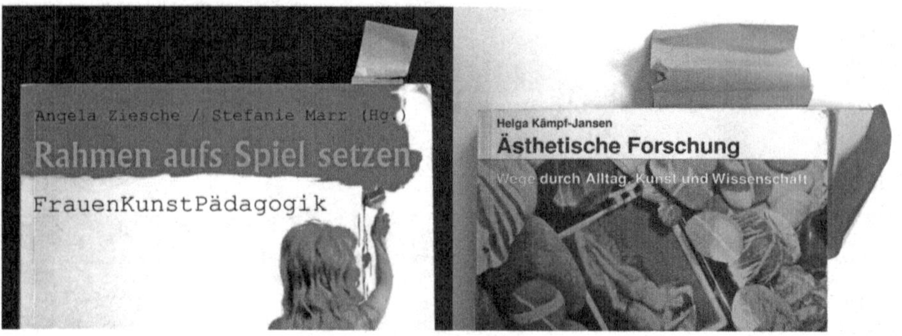

Abb. 21 & 22: LekTüren

Lesen

Siegen, siebzehn Jahre später, ein Seminarraum im alten Brauhaus, ein Kreis aus orangefarbenen Kunststoffschalenstühlen, Zettel an den Wänden. Herzlichen Dank für die Einladung zur Ringvorlesung. Differenz bedeutet unter anderem Zeitsprung. Siebzehn Jahre sind ein junges Erwachsenenleben und stellen das heute erwünschte Studieneingangangsalter dar. Was kann ich Studierenden heute und jetzt von diesen beiden Büchern erzählen? Was spricht dafür, sie überhaupt noch zu erwähnen? Was bleibt daraus, was bleibt allgemein, was kommt, wie werden wir denken? Die Reichweite (kunst)pädagogischen Handelns darf mit rund hundert Jahren angesetzt werden.[154] Wer im Jahr 2016 ein Lehramtsstudium mit dem Fach Kunst aufgenommen hat, ist, wenn er[155] alles so gemacht hat, wie das System es wünscht, 1998 geboren, hat 2016 die Hochschulreife erworben und sich sogleich um einen Studienplatz gekümmert. Das Studium wird er voraussichtlich im Jahr 2022 mit einem Master of Education abgeschlossenen haben. Vielleicht ist er inzwischen sie, und sie wird nun das Referendariat durchlaufen, um spätestens 2024 in den Schuldienst eingestellt zu werden. Die Pensionierung ist für 2065 vorgesehen. Legen wir vorsichtshalber drei Jahre drauf. Ihr Körper ist dann im Durchschnitt zehn Jahre alt. Das siebte Skelett ist fast vollendet, der fünfte Dünndarm im Werden, der achte Magen und bei guter Führung die dreiunddreißigste Leber. Verbrauchsmaterialien wie rote Blutkörperchen haben sich alle vier Monate komplett ausgetauscht, das hebt den organischen Altersdurchschnitt, vom Herzen werden sich maximal vierzig Prozent erneuert haben und die Zellen des zentralen Nervensystems befinden sich auch dann noch nah an ihrem Urzustand. Der zehnjährige Durchschnittskörper[156] wird nach rund fünfzig Jahren *KunstPädagogik* unter anderem Gleichaltrige unterrichten; Zehnjährige. Das Wissen, das diese zur Teilhabe an der Gesellschaft befähigen soll, wird ein anderes sein, die Kunst, falls es sie noch gibt, wird anders aussehen, erst recht die Welt. Was bleibt, wären zum Beispiel

„die abgeschmolzenen Polkappen, der umgeleitete Golfstrom, ausgetrocknete Flüsse, überschwemmte Küsten, zugemüllte Seen, vergiftete Meere. Wir haben massenhaft Tiere ausgerottet, Öl verschwendet, Antibiotika wirkungslos gemacht, Politiker für ihre tröstlichen Lügen gewählt – alles nur, weil wir an unserem bequemen Lebensstil festhalten wollten. [...] [Wir, CG] haben uns das alles selbst eingebrockt, mit jedem Barrel Öl, das wir verbraten haben. Ich und meine Generation haben uns sinnlos vollgefressen im Restaurant der Reichtümer der Erde und die Zeche geprellt, obwohl wir – trotz allen Leugnens – genau wussten, dass wir unseren Enkeln eine Rechnung hinterlassen, die sie nie werden bezahlen können."[157]

Zitiert wurde soeben eine Stimme aus dem Jahr 2043. Es ist die (Erzähl)Stimme von Holly Sykes, Jahrgang 1968. Holly Sykes ist die Protagonistin des Romans *Die Knochenuhren* von David Mitchell aus dem Jahr 2016. Im Roman lernen wir Holly in den Jahren 1984, 1991, 2009, 2015 und 2043 nacheinander als Tochter, Schwester, Geliebte und Ungeliebte, Schulverweigerin, Gastronomieangestellte, junge Mutter, Schriftstellerin, verwaiste Mutter und alleinerziehende Großmutter kennen. Sie ist mehrfach eine Andere geworden, und in diesem Wortsinn sprechen wir von einem Schicksal, das wir einst geteilt haben werden.

Das Futur II wird aus der Vergangenheit gebildet. In Hollys Jahr 2043 ist das Öl fast ausgegangen und der Strom knapp, Flugverkehr und Internet sind so gut wie zum Erliegen gekommen, aber mit Sehnsucht belegt im kollektiven Gedächtnis verankert. Die Umwelt ist verseucht und Großbritannien mitsamt Irland eine chinesische Kolonie, in der für die Sicherheit des Einzelnen, insbesondere, wenn sie eine Frau ist, nicht mehr garantiert werden kann. Man spricht eine Mischung aus Mandarin und Englisch. Holly schiebt nun einen uralten Kinderwagen zum Markt im Dorf, dort tauscht sie die Eier ihrer Hühner gegen Plastikplane und einen A4-Block, aus dem sie Schulhefte für die Kinder nähen will. Insulin für ihr Findelkind, einen sechsjährigen Bootsflüchtling aus Marokko, kann sie weder selbst herstellen noch auf dem Markt bekommen, es folgen Explosionen und Schießereien, die Lage spitzt sich zu – mehr darf ich nicht verraten, nur den Titel *Knochenuhren* löse ich noch auf. Das sind natürlich wir, die wir altern, gnädiger klingt mir: uns (ver)wandeln, und im Roman werden wir von einer skrupellosen Elite so genannt, die dieses Schicksal nicht teilt und natürlich dem Reich der Fiktion angehört.

Rahmen[158]

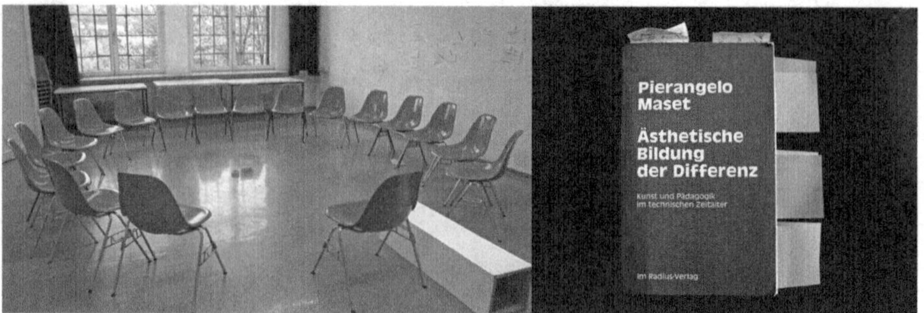

Abb. 23 & 24: Stuhlkreis und Zettel

Zurück nach 2016. Die Frage *Was geht, was bleibt?* ist eine retrospektive Wette auf die Zukunft. (M)eine Erzählung, die durch diese Frage veranlasst wird, nimmt Ort und Zeitpunkt der Frage zum *point of view*. Von hier aus gilt es, eine Diegese zu durchmessen, die zunächst vor und außerhalb des mit den Zuhörern, später: Lesern geteilten Erfahrungsraums liegt, mit dem Ziel, gemeinsam einen größeren zu etablieren, der die vorherigen in sich aufnimmt. In diesem neuen Raum beginnt die Zukunft. Im Kontext Bildung wäre – dies ist meine These – ein solcher mit anderen geteilte Erzählraum kein vergangener und abgeschlossener. Wer sich darin aufhält, kann vielmehr jetzt und künftig Protagonist, Gegenspieler, Nebenfigur, Zuschauer, Zuhörer, Autor, Erzähler und Leser sein. Das changiert. Die Position im Raum soll wechseln und aktiv gewechselt, von den Anwesenden selbst in die Hand genommen werden. Eine in diesem Sinn emanzipatorisch verstandene (Erzähl)Raumauffassung halte ich bezogen auf konkrete Lehrlernsituationen für möglich; in besonderem Maße für das Fach Kunst. Ich habe Helga Kämpf-Jansens Textkonvolut *Ästhetische Forschung* stets als eine Aufforderung dazu gelesen, sich im kommunizierten Abgleich individueller mit kollektiven Perspektiven handelnd und recherchierend „Wege durch Alltag, Kunst und Wissenschaft“ zu bahnen. Man beginnt gemeinsam, schwärmt aus, kehrt zurück, trägt Dinge und Begriffe zusammen, vergrößert so den gemeinsamen Wortschatz bzw. Erfahrungsraum und tritt darüber in einen sich zunehmend ausdifferenzierenden Diskurs. Es geht um ein lebendiges Befragen von real existierenden Gegenständen – an jedem einzelnen hängt ein gesellschaftliches Anliegen! – mit Hilfe ihrer spezifisch ästhetischen Qualitäten, um davon ausgehend neue Verknüpfungen zu erstellen: zu den Möglichkeiten der Kunst und zum Anschluss an wissenschaftliche Diskurse der Vergangenheit und Gegenwart. Ich sehe in der emanzipatorischen Dynamik ästhetisch generierter (Erzähl)Räume außerdem die Kultivierung einer notwendigen Differenz zu Technokratie, Effizienzwahn und postdemokratischem Unterwerfungsverhalten.[159] Helga Kämpf-Jansen hatte andere Worte für dieses Anliegen und seine Unabgeschlossenheit:

„Dieses Buch handelt von den Dingen des Alltags und von den Objekten der Kunst. Es handelt von den Erfahrungen der Menschen und den Diskursen, die darüber verfasst werden. Ein schwieriges Unterfangen. Muss man doch davon ausgehen, dass die Dinge sich ständig verändern, die Subjekte sich neu entwerfen und die Diskurse [...] sich augenblicklich neu entfalten. Daraus kann eigentlich kein Buch werden – höchstens eine Text-Endlossschleife oder der Entwurf für ein Stück mit Protagonisten, die sich – kaum erfunden – in performativen Akten sogleich wieder von dannen spielen. Ich erlaube mir dennoch mit diesem Buch den Lauf der Dinge ein wenig anzuhalten, mich ihnen gelegentlich auf ganz altmodische Weise zu nähern, so als gäbe es sie wie in früheren Zeiten, als sie noch schwer waren und rund, purpurrot oder grasgrün."[160]

Hören

Und muss die *Differenz* noch einmal ausgelegt werden?[161] Ich fürchte, heute erst recht. Das frz. Verb différer bedeutet sowohl sich unterscheiden, abweichen als auch auf- und verschieben, verzögern. Um diese zusätzliche zeitliche Dimension geht es Jacques Derrida,[162] der den Begriff und seine Abwandlung geprägt hat; différence ist Bewegung, doch „ihr historisch-semantisch aufgeladenes Wortumfeld führt noch andere Bedeutungen mit sich, so z.B. die der Andersheit, der Verschiedenheit, des Streits."[163]

Die Andersheit, die konstruktive Ausdeutung von Verschiedenheit und der kultivierte Streit als Beziehungsangebot sind augenblicklich in Gefahr. In den Wortlaut des Begriffs injizierte Derrida sein Motto, indem er das kleine *e* in différence durch ein *a* ersetzte:

„Der Unterschied zwischen diesen beiden Schreibweisen ist nicht zu hören, nur die Schrift bringt zu Tage, dass es sich um zwei verschiedene Begriffe handelt. In dieser minimalen aber höchst bedeutsamen Vertauschung steckt das Programm Derridas: Das Programm der Dekonstruktion des Logo- und Phonozentrismus."[164]

Die Theorie der Koppelung des abendländischen Vernunfttypus an den Wortlaut und damit an das, was durch das Ohr unseren Geist erreicht, mag mittlerweile durch wiederum rund siebzehn Jahre[165] *pictorial turn* neu relationiert sein – Masets Import des Derrida'schen Spiels in das Projekt einer ästhetischen Bildung hat deswegen an Brisanz nichts verloren. Differenz praktizieren heißt ungehorsam Sprache sehen, heißt sichtbar machen, was jemand gesagt hat und wie, heißt Blickkontakt herstellen zu den Worten selbst, die oft vorauseilend gehorsam und zugleich getrieben von Machtkalkül gesetzt wurden. Was hängt daran? Welches Ding und welche Idee treiben diesen Begriff? Ist der Anhang tragbar? Bisweilen ist es nötig, einen Strich durch die Gleichungen normbildender Cliquen und ihrer Sprachregelungen zu ziehen und eine Sub/Version[166] herzustellen. Auf diese Weise kann der paradoxe Vorsprung, den der irritierende Aufschub der gesehenen Schrift gegenüber dem Gehorsam einräumt, im Zeichen der Freiheit genutzt werden. Bisweilen handelnd. Dann ist praktizierte Differenz Geistes- und Leibesübung, ein Bewegungsspiel, das aus der Sprache ins Leben selbst springt. Das wird nötig sein in einem Kinderwagen, der zwischen Mandarin und Englisch durch gespenstisch verunreinigte Landschaften rollt, vielmehr: eiert.

Sprechen

Es ist kein Zufall, dass wir Holly Sykes erstmals im Jahr 1984 begegnen, als man Musik, zum Beispiel *Talking Heads*, noch von Audiokassetten[167] hörte, deren Bänder sich verheddern konnten. Diesen so genannten Salat behob man, indem man das Band mit einem Filzstift manuell in die Kassette zurückspulte und ggf. mit Tesafilm reparierte. Es ist kein Zufall, weil David Mitchell Schriftsteller ist. Er bezieht sich auf eine ältere Schriftstellerstimme, an der er sich misst. Für das Jahr 1984 ist George Orwell zuständig, und Orwell hat bereits 1948, als er an seinem Roman *1984* arbeitete, eine fiktive Zielvereinbarung für das Jahr 2050 ausgegeben:

> *„Es war geplant, dass, wenn Neusprech ein für allemal angenommen und Altsprech vergessen worden war, ein ketzerischer Gedanke [...] buchstäblich undenkbar sein sollte, insoweit wenigstens, als Denken an Worte gebunden ist. [...]. Dies erreichte man zum Teil durch die Erfindung neuer, hauptsächlich aber durch die Eliminierung unerwünschter Wörter und indem man die verbleibenden Wörter aller unorthodoxen und soweit wie möglich überhaupt aller Nebenbedeutungen entkleidete. Neusprech sollte den Gedankenspielraum nicht erweitern, sondern einengen.“*[168]

Sprech, nicht Sprache, die Laut und Schrift wäre, zumal *phono* ohne *logos*. In ein Sprech nach Orwells Definition kann kein kleines *a* eingeschmuggelt werden. Ich möchte heute jenen Teil des Denkens in den Blick rücken, der nur dazu an Worte gebunden ist, um sich von ihnen zu lösen, denn Wort für Wort hat phonetische und visuelle Qualitäten; letztere wiederum enthalten sowohl materielle als auch immaterielle, und in ihrem Wechselspiel mit dem und den Hörenden hat das Bildende seinen Ort;

„Eins und Uneins sind – ist Alles: Wort-Für-Wort habe zwei Enden im Gebände, das Bild*ende* und das Hör*ende* (etwa: Laut und Licht): dasjenige, wovon wir absehen [...].“[169]

Wer beide Enden hört und sieht, ist zweisprachig. Zweisprachigkeit ist eine Grundvoraussetzung kunstpädagogischer Praxis. Wir sehen Bilder, die von der jeweils nächsten Generation hergestellt, ausgetauscht oder eingesetzt werden, und sprechen darüber. Zum Handwerkszeug eines Übersetzers gehören Wörterbücher.[170] Ein Wörterbuch sollte jeweils den aktuellen Stand einer Sprache erfassen und gleichzeitig dabei helfen, wenigstens einen Teil ihres Werdens zu verstehen: den *bekleideten* Teil der Wörter, unorthodox und voller Nebenbedeutungen, denn das

Ziel der neuen Sprechregelungen[171] war die Kontrolle der Bevölkerung, hätte Orwell fortfahren können. Ich behalte für einen Moment sein Präteritum bei: Wörter wurden ihrem Bedeutungsgehalt reduziert und funktionalisiert, sie verloren jeden herrschaftsfreien, jeden poetischen Gehalt. Die Sprache der Ökonomie zum Beispiel galt als Fachsprache, die schon im Jahr 2016 jeder sprechen musste, aber gleichzeitig keiner verstehen durfte. Die Folgen für die Wirtschaft wären unabsehbar geworden, hätte jemand zum Beispiel ein Wort wie *facebook* übersetzt, denn „schließlich formt die Sprache, die wir sprechen, den Menschen, der uns ausmacht.“[172] Wer hat mir die Wörter, die gehörten, durch das Öhr in den Mund geschoben? Gehören sie jetzt mir, nur weil ich sie gehört habe? Wem gehorche ich, wenn ich sie gebrauche? Wem gehörten sie vorher und wozu hat der Vorbesitzer sie gebraucht? Sie sind gebraucht, so viel ist sicher.

Enden

Als (Kunst) Lehrende sind wir in der Pflicht, unsere Worte abzuwägen, denn offenbar bewirken sie etwas. Wenn wir sie in jüngere Ohren setzen, gelten sie als von diesen gehört, und sie werden zwischen diesen zwei Ohren mit Erfahrungen – Sinneseindrücken und Erinnerungen, daran knüpfen sich Emotionen und Gedanken und daraus folgen Handlungen – relationiert, dass die nicht die unseren sind. Die Verantwortung für Flöhe in Ohren wird kein Ende nehmen, und Wort für Wort hat wiederum, wie erwähnt, zwei. Jedes Ende ist gemeingerm. das vor uns Liegende. Verwandte Bildungen sind das griech. antios, das Gegenüberliegende und die lat. antiae, Stirnhaare; außerdem der altind. antya-h, der Letzte. Als äußerster Punkt wird Ende schon früh auch zeitlich verstanden, und vielfach bezeichnet es zugleich das letzte Stück, ein Ende Brot, und *last but not least* gehört die Endung auch der jeweils vorliegenden Verlaufsform, die vom Hörenden mitgehört wird. Schon seit einer oder zwei Seiten schreibe ich darüber, was ich denke, wenn ich sehe, dass wir sprechen. *Dass ich sprech?*[173] Ein anderer Begriff dafür war Differenz praktizieren, denn der Gedanke lief über die Schrift, die enthält, was man sehen, aber nicht hören kann.

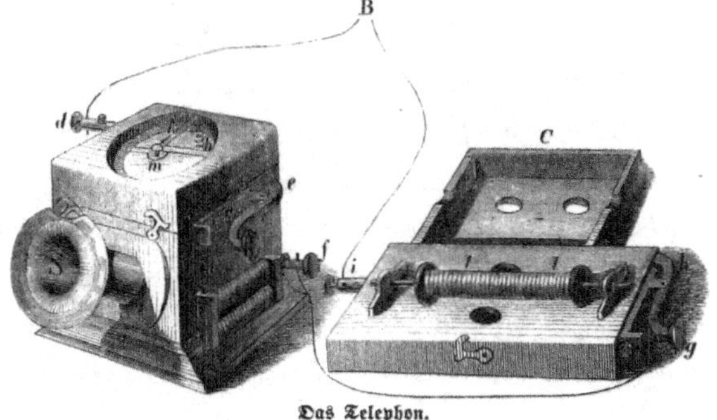

Abb. 25: Telephon

Gleichen

Wir sehen heute im Alltag wieder viel Schrift und sehen sie doch nicht, denn wir sehen sie, als würden wir telephonieren und anstatt zu telephonieren. Schrift spart Zeit. Das Telephon (griech. phone, die Stimme) war dazu da, über weite Entfernungen hinweg zwei Menschen am Gehör arbeiten zu lassen. Das Gerät, das heute bedient wird, heißt nicht mehr tele-; eher schon smart-, salopp für hübsch, elegant und dabei gewandt und durchtrieben, intelligent zu engl. smart gleich beißend scharf, schneidig geputzt, pfiffig und schlau im negativen Sinn. Das Adjektiv ist eine Ableitung aus dem gleichlautenden Verb für schmerzen und büßen. Das -phon, das heute bedient wird, heißt oft einfach I-,

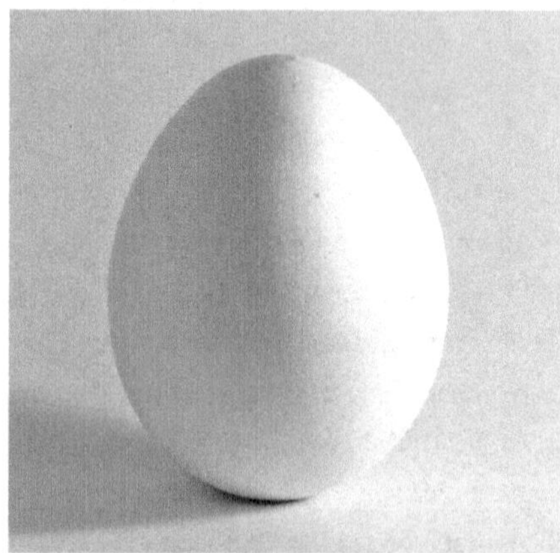

Abb. 26: Ei

also ich. Ich phone. Ich kann nicht allzu vielen anderen zur gleichen Zeit zuhören, wenngleich einer zu vielen sprechen kann, aber allen meinen Freunden kann ich gleichzeitig Schriftzeichen schicken und sie lesen sie (das mhd. Verb lesen geht mit verwandten Wörtern auf die gemeingerm. Wurzel *les- für verstreut Umherliegendes aufnehmen und zusammentragen, sammeln zurück) oder liken sie gleich, ohne sie zu lesen. Like heißt gleich, gleich wie, und to like, dt. liken heißt mögen (ich like, du likst, er likt, wir liken, ich sag ich mag, aber eigentlich: ich auch), und hören Sie das? Wenn ich im öffentlichen Raum unfreiwillig anderer Leute Gespräche belausche, sagen diese Leute dauernd: it's like, it's like, es ist wie, das ist ein Verg*leich*. Der *itslikende* ist nicht (gegen)wort(s)fähig, er hat kein Wort für einen Gegenstand und will vor allem kein eigenes dafür haben, schließlich ist alles wie etwas anderes, also gleich, und der *likende* mag alles unter seinen Fingern Gleitende, aber nur, um von möglichst vielen anderen wahrgenommen werden, tatsächlich aber werden sie registriert. Das Zählwerk läuft mit.

Die soziale Maschine, deren Zählwerk unerbittlich läuft und deren Namen man ungehorsam mit Gesichtsbuch übersetzen könnte, hat keinen Magichnichtknopf, einerseits. Mögen hält die Kommunikation im Gang, indem es einen Kommunikationsvorgang ohne Ansehen des Gegenstands multipliziert. Das Gesichtsbuch behauptet: Der Gegenstand wird geteilt (was eine Division wäre). Das Zählwerk läuft auf jeden Fall weiter und an den Rändern der Aufmerksamkeit fließt Geld, viel Geld. Das Gesichtsbuch löscht aber auch keine Hassbotschaften, andererseits, obwohl es das versprochen hat. Hassbotschaften nötigen zur Reaktion. Einige liken sie, die gleichen teilen sie auch, aber andere können sie so nicht stehen lassen und setzen etwas dagegen, vielmehr: dazu. Das Produkt (Ergebnis einer Multiplikation) wird gleich noch einmal verdoppelt.
Im Gleichen steckt wie im liken die Leiche, eine Zusammensetzung aus germ. *ga und *lika; ursprünglich: denselben Körper, dieselbe Gestalt haben. Nur das Leben fehlt, dieses ins Wort gehüllte Wissen steckt uns noch in den Knochen, aber wir sehen es nicht mehr. Aus der Verwendung von gleich zum Ausdruck der Übereinstimmung in Raum und Zeit entwickelte sich im Deutschen der adverbielle Gebrauch im Sinne von eben, gerade, sofort. „Ich habe eine Frage“, meldete sich ein Student in einer Vorlesung. – „Gleich“, sagte der Dozent, er heißt Byung-Chul Han, und führte zuerst seinen eigenen Gedanken zu Ende. Gerade hatte er vom Gleichwerden (Leiche werden) im Schwarm des Digitalen gesprochen und von der Austreibung des Anderen:

> *„Die Negativität des Anderen gibt dem Selben Gestalt und Maß. Ohne sie kommt es zur Wucherung des Gleichen. Das Selbe ist nicht identisch mit dem Gleichen. Es tritt immer gepaart mit dem Anderen auf. Dem Gleichen fehlt dagegen der dialektische Gegenpart, der es begrenzen und formen würde. So wuchert es zur formlosen Masse. Das Selbe hat eine Form, eine innere Sammlung, eine Innerlichkeit, die es dem Unterschied zum Anderen verdankt. Das Gleiche ist dagegen formlos. Da ihm die dialektische Spannung fehlt, entsteht ein gleich/gültiges Neben/ein/ander […],“*[174]

dem in aktuellen Diskursen ein höchst spannungsgeladenes *to other* gegenübersteht. Wortbildungen, dazu gehört die Konversion, sind nötig, wenn neue Gegenstände aufgetaucht sind, die es zu beschreiben gilt, oder wenn es angebracht ist, einen alten Gegenstand in einem neuen Licht zu sehen. Konversion heißt außerdem Glaubenswechsel und zeitigt Wortwechsel. Wenn die gebrauchten Worte zu alt sind, werden die neuen Worte zu dringend gebrauchten. Für das im Englischen zum Verb konvertierte Adjektiv gibt es im Deutschen noch keinen adäquaten Begriff; eindeutschend substantiviert wurde dafür VerAndern angeboten, auch FremdMachen. Es geht dabei um die zweifelhafte Kunst, einen anderen zum Anderen zu machen, um die Distanzierung der Gruppe, der man sich zugehörig fühlt (*ingroup*) von anderen Gruppen (*outgroups*) auf der Basis eines Vergleichs, bei dem dieser andere schlecht wegkommt.[175]

Andern

Das gemeingerm. Für- und Zahlwort mhd., ahd. ander, got. anthar, engl. other, aisl. annar beruht mit verwandten Wörtern in anderen idg. Sprachen auf einer alten Komparativbildung, und zwar entweder zu der idg. Demonstrativpartikel *an-, dort, oder aber zu einem idg. Pronominalstamm, aus dem auch jener kommt; in beiden Fällen geht es um den Hinweis auf etwas Entfernteres als dieses Eine hier. Der Andere ist eine Steigerung des Einen und von eins. Als Ordnungszahlwort ist ander durch die junge Bildung zweite (vgl. zwei) verdrängt worden, und an der Zwei hängen alle unter zer- bekannten Präfixbildungen, kurz: alles, was zer- und aus/ein/ander geschnitten wurde, in ein und ander.

Ich nehme wahr, indem ich unterscheide, ich trenne das eine vom einen, und wenn daraus dieses und jenes wird, ist eins näher da und eins weiter entfernt, doch wenn ich nicht aufpasse, hält der von anderem vorgeprägte Wortgebrauch sie mir für gleich (Vergleich), als ob das wahr wäre. Das ist einfacher, eins und eins.[176] Erst, wenn ich eins und anderes sehe, eins und zwei und den Schnitt dazwischen, zähle ich selbst mit, und das gemeingerm. Pronomen mhd. selp, ahd. selb, engl. self ist etymologisch nicht geklärt. In der einfachen Form erscheint selbst heute noch in ugs. der- bzw. dieselbe und umgangssprachlich (umnetzschriftlich) selber. Das Pronomen selbst hat sich aus selb/ständig zusammengezogen, das wiederum seinen Weg über frühnhjd. selbstand für Person und spätmhd. selbstende, für sich bestehend nahm. Die Substantivierung des Selbst folgte deutlich später; in der Bedeutung *das seiner selbst bewusste Ich* wird es im 18. Jh. nach englischem Vorbild, the self, generiert. Wir folgen heute erneut dem englischen Vorbild mit dem Diminutiv –ie in selfie, und indem selbstand einst für eine Person galt, zu der sie aus dem Selbstenden wurde, macht es eine Steigerung möglich, die eine Wiederbelebung verdient: selbander, ein altes Wort für zu zweit (mhd. selbe ander, selbst und der Zweite). Selbander macht spürbar, wie das überbewertete Selbst nach der Hand des Anderen greift und ihm zuhört;

„selbander: wir beide/ein verlorenes Wort (selbander: a twosome/ and a word lost)/einander verglichen/geht es mit uns fort (like unto like/we carry on).“ [177]

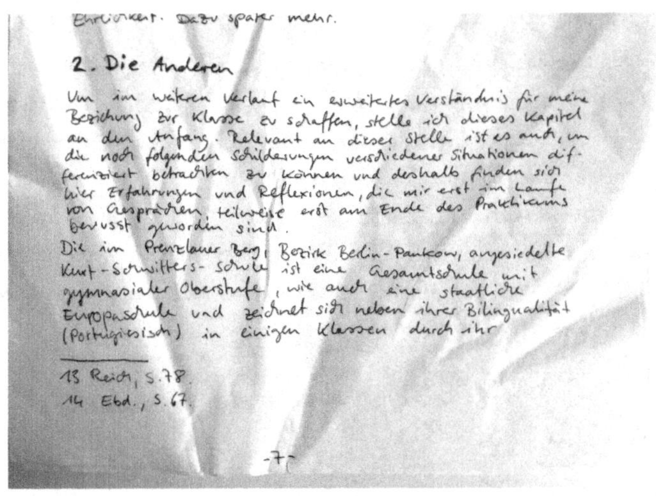

Ehrlichkeit. Dazu später mehr.

2. Die Anderen

Um im weiteren Verlauf ein erweitertes Verständnis für meine Beziehung zur Klasse zu schaffen, stelle ich dieses Kapitel an den Anfang. Relevant an dieser Stelle ist es auch, um die noch folgenden Schilderungen verschiedener Situationen differenziert betrachten zu können und deshalb finden sich hier Erfahrungen und Reflexionen, die mir erst im Laufe von Gesprächen, teilweise erst am Ende des Praktikums bewusst geworden sind.

Die im Prenzlauer Berg, Bezirk Berlin-Pankow, angesiedelte Kurt-Schwitters-Schule ist eine Gesamtschule mit gymnasialer Oberstufe, wie auch eine staatliche Europaschule und zeichnet sich neben ihrer Bilingualität (Portugiesisch) in einigen Klassen durch ihr

13 Reich, S. 78.

14 Ebd., S. 67.

-7-

Abb. 27: Die Anderen

Schreiben

An eines der beiden Enden meiner Antwort auf die Eingangsfrage möchte ich ein Beispiel sub/versiven Hörverstehens – eine eigenwillig gelöste Gehorsamsübung? – aus unserem Berufsfeld stellen. Die Studentin Charlotte Pohle schreibt einen Praktikumsbericht. Das Schulpraktikum verlangt Studierenden ein gehörig Maß an Unterordnung ab, und der Bericht über diesen Exkurs ist im Allgemeinen ein stark standardisiertes Textformat, das wie ein Raster benutzt wird, in welches lediglich neu zu anonymisierende Namen und Zeitangaben einzusetzen sind. Es erfüllt die meisten der Orwellschen Neusprech-Kriterien, darunter – „die Erfindung neuer, hauptsächlich aber […] die Eliminierung unerwünschter Wörter“ sowie die Entkleidung der „verbleibenden Wörter aller unorthodoxen und soweit wie möglich überhaupt aller Nebenbedeutungen.“[178] Die Gliederung ist vorgegeben, die Syntax kann aus älteren Vorlagen übernommen werden, fast alle Substantive stehen fest und ihre Kürzel scheinen niemanden mehr zu verwundern. Aus anderer Leute Kinder wurden *die SuS*. Die Substantive und ihre Kürzel gilt es durch vordergründig politisch korrekte Adjektive abzupolstern, und auch die Setzung der Verben ist keine lexikalische Herausforderung; es gibt genug Vorgaben für das, was im Unterricht zu tun und zu lassen ist. – Frau Pohle hat sich offenkundig vorgenommen, keiner Worthülse zu trauen. Sie überschreibt das Pflichtkapitel zur *Lerngruppe* mit „2. Die Anderen“ (untergliedert in: „2.1 Die Anderen und T., 2.2 Die Anderen bei Herrn W. und 2.3. Die anderen und ich“).[179] Ungeschönt berichtet sie von der Fremdheit, die sie zwischen sich selbst und dieser achten Klasse wahrnimmt. Sie nimmt sich viel Zeit und Raum für den Zweifel daran, ob das lange und intensive Unterrichtsprojekt – der aufwändige Bau eines fahrtüchtigen Floßes, das schließlich auf der Havel zu Wasser gelassen wird und die ganze Klasse trägt – daran etwas geändert hat. Zur Rahmung des Projekts: Charlotte Pohle hat, das Scheitern als Arbeitsbegriff im Gepäck, ihr Praktikum als Reise durch Alltag, Künste (Was hat der Bau eines Floßes mit Kunst zu tun?) und Wissenschaften (vom Floß der Medusa bis hin zur Werkstoffkunde) angetreten; [180] wie ihre Kommilitonen ist sie mit einem Buch ausgestattet, das noch davon ausgeht, dass die Dinge bisweilen Widerstand leisten. In seinem Vorwort wird das „Andere der Vernunft" in den Blick genommen und der Wunsch geäußert, „lineare Strukturen, hierarchisch angelegte Denkmuster [und, CG] polare Systeme zu verlassen."[181] Warum kommt mir das heute so weit weg vor, so unendlich weit und deshalb so erstrebenswert?

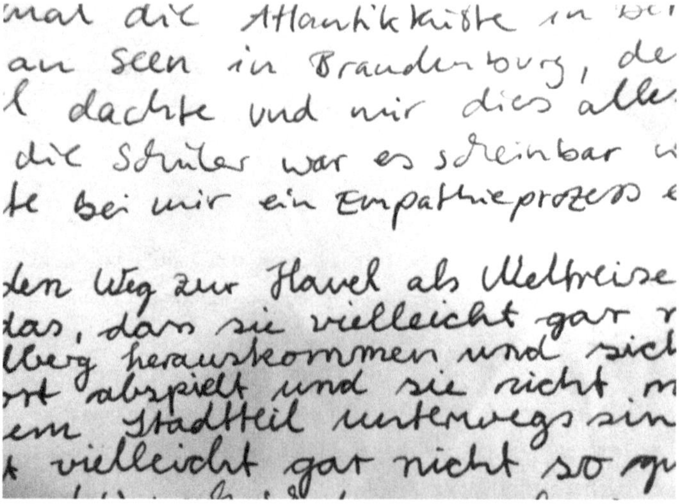

Abb. 28: Schriftwechsel

> *„Für die Schüler war es scheinbar weit. In diesem Moment setzte bei mir ein Empathieprozess ein: Wenn also die Schüler den Weg zur Havel als Weltreise empfinden, dann heißt das, dass sie vielleicht gar nicht so oft aus dem Prenzlberg herauskommen und sich ihr Leben hauptsächlich dort abspielt […], dass sie ihre Heimatstadt vielleicht gar nicht so gut kennen wie ich als Zugezogene."*[182]

In diesem Moment verändert sich nach einem Absatz die Schrift der Berichtenden; die federführende Hand besinnt sich einer in den 1990er Jahren in Oberschwaben erlernten Kurrent und fühlt sich in einen mit dem Erwachsenwerden abgestreiften Bewegungsablauf ein, der die Form der Einzelbuchstaben der Regel unterordnete, ein Wort möge aus einer Linie gezogen sein. Es ist hier nicht der Ort, das Verschwinden der Schreibschriften,[183] der Körper und der Physiologie des Denkens im Kontext medialen Wandels ausführlicher zu würdigen.

Für einen kurzen Moment spürt man im Akt der Lektüre dieses handgeschriebenen Textes auf gelblichem Papier, wie fern ihr Fließen selbst für Charlotte Pohle, die sich so bewusst und hartnäckig analog verhält, gerückt ist, die nun beinahe erleichtert wieder zum etwas flüchtigeren Setzen und Verbinden von Buchstaben nach eigener Maßgabe übergeht:

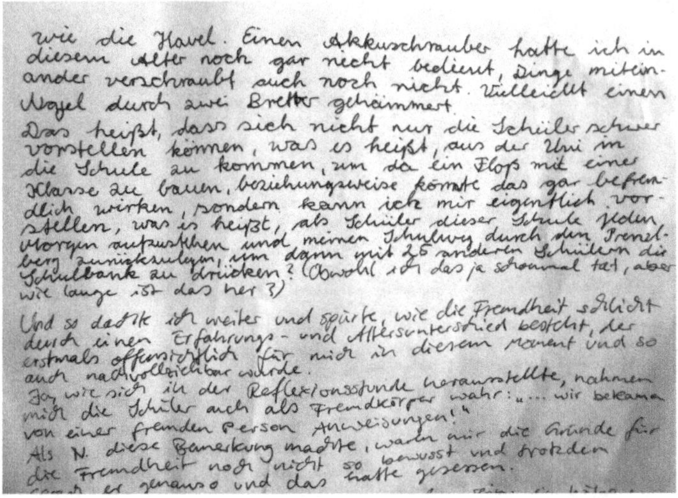

Abb. 29: Weiter

„Und so dachte ich weiter und spürte, wie die Fremdheit schlicht durch einen Erfahrungs- und Altersunterschied besteht [sic!] […]. Ja, wie sich in der Reflexionsstunde herausstellte, nahmen mich die Schüler auch als Fremdkörper wahr: ‚Wir bekamen von einer fremden Person Anweisungen!'"[184]

Quellen

Ich möchte noch einmal auf den Anfang der Erzählung zurückkommen, einer Erzählung, die vor meiner Zeit mit Derrida beginnt, „Ich werde also von einem Buchstaben sprechen,"[185] um ein Spiel in Gang zu setzen, das sich dem Gehorsam entzieht; übertragen auf die Kunstpädagogik: das die Enge der jeweiligen Verhältnisse nicht abbildet, das dem Wortlaut der Vorgaben nicht gehorcht, sondern ihren Buchstaben selbst *sieht*, ihn bisweilen mit Ab*sicht* vertauscht, um der vermeintlichen Enge der Verhältnisse ihr tatsächliches Bildungspotenzial zu entlocken. Im Raum stand die Frage *Was bleibt?* und ich habe mich um eine Antwort bemüht, die zu jedem Zeitpunkt der Erzählung ihre Perspektive offen legt; zwei Ohren, zwei Augen, ein Feld, kein Anspruch auf Vollständigkeit. Zwei Bücher, von diesen Augen gelesen, indes sich im Akt des Lesens einerseits ein Klang einstellt, der *sound* einer Autorin und eines Autors, die unterschiedlicher nicht hätten sein können, und der so ganz anders ist als jener, der mir heute in den Ohren schallt, wenn ich Fachliteratur lese, und dazu kommen andererseits Bilder, die die Bedeutungshöfe der jeweils verwendeten Begriffe mit farbigen Gegenständen füllten und füllen. Beide Bücher wurden im Jahr 2012 neu aufgelegt,[186] das mag ein Beleg dafür sein, dass meine Augen und Ohren nicht fehl gingen.

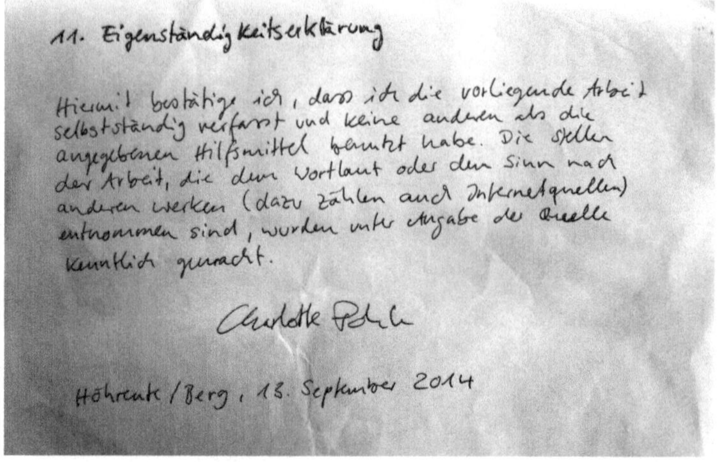

11. Eigenständigkeitserklärung

Hiermit bestätige ich, dass ich die vorliegende Arbeit selbstständig verfasst und keine anderen als die angegebenen Hilfsmittel benutzt habe. Die Stellen der Arbeit, die dem Wortlaut oder dem Sinn nach anderen Werken (dazu zählen auch Internetquellen) entnommen sind, wurden unter Angabe der Quelle kenntlich gemacht.

Charlotte Pohle

Höhreuth / Berg, 13. September 2014

Abb. 30: Eigenständigkeitserklärung

> *„Hiermit bestätige ich, dass ich die vorliegende Arbeit selbständig verfasst und keine anderen als die angegebenen Hilfsmittel benutzt habe. Die Stellen der Arbeit, die dem Wortlaut oder Sinn nach anderen Werken (dazu zählen auch Internetquellen) entnommen sind, wurden unter Angabe der Quelle kenntlich gemacht.“*[187]

Mit diesen Worten endet der Bericht von Charlotte Pohle. Die Formel, in Variationen dem Regelwerk der jeweiligen Hochschule zu entnehmen, macht aus einer studentischen Hausarbeit eine Prüfungsleistung. An ihrem Wortlaut hat selbst Charlotte Pohle nichts geändert. Stattdessen hat sie ihn wörtlich genommen und den Bericht eigenhändig verfasst, mit Füller und schwarzer Tinte auf schwerem Papier, sich nachträglich verbessernd und zur Rettung der Syntax, die den Gedanken trägt, immer wieder neue Volten ersinnend. Das Schriftstück erreichte mich mit gehöriger Verspätung in Form einer Flaschenpost, die per Paket am inzwischen gewechselten Wohn- und Hochschulort zugestellt wurde: vierundfünfzig handbeschriebene Blätter in einer holzverzapften Ballonflasche, ein Ereignis.

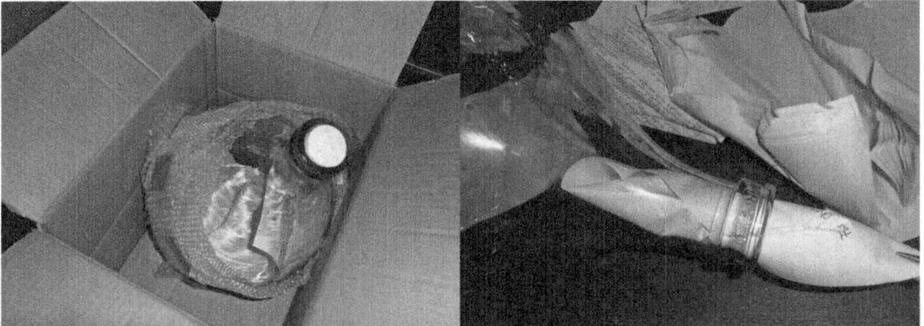

Abb. 31 & 32: Flaschenpost

Der Geist musste aus der Flasche. Mir lag daran, die Absenderin wissen zu lassen, wie sehr ich ihr *post* (lat. u. engl. nach, hinter) und den betriebenen Aufwand wertschätze, und machte mich mit Drahtschlingen, Essstäbchen, Stricknadeln, Salatklammer und Schnabelzange daran, die Post aus der Flasche zu holen. Diese Ballons aus meist minderwertigem Pressglas zerspringen gern schon auf ein Fingerschnippen hin. Ich übermittelte der Absenderin elektronisch eine Dokumentation meines Vorgehens – mit dem Ergebnis, postwendend gerügt zu werden: Sie sei fest davon ausgegangen, ich werde die *Ei-des-Kolumbus*-Methode anwenden, um ihr Schriftstück zu schonen; statt dessen präsentierte ich ihr hier einen zerknitterten Text und eine heile Flasche. – Ei des Kolumbus? Bekanntlich soll der Seefahrer, bei Tisch (heute liefe das im Netz) mit der Abwertung seiner Leistung konfrontiert, die Aufgabe an die Anwesenden ausgegeben haben, ein gekochtes Ei auf seine runde Spitze zu stellen. Das geht ganz einfach, man braucht nur die Schale zu ruinieren; „der Unterschied ist, meine Herren, dass Sie es *hätten* tun können, ich hingegen *habe* es getan!“[188] Ich hatte die Wahl zwischen Schrift(stück) und Ding, zwischen Maset und Kämpf-Jansen, das war mein I des Kolumbus. Ich habe das eierschalenfarbene Papier nicht geschont, und trotzdem ist mir daraus die *differance* erschienen. Obwohl ich nicht allzu dingversessen bin, wird der Ballon seither achtsam verwahrt. Er hat mittlerweile schon wieder einen Hochschulwechsel mitgemacht; den Umständen geschuldet ruht er augenblicklich, auf Holzwolle gebettet, in einem historischen Gewölbekeller. Solange er heil ist, singe ich ein Lob auf den Ungehorsam. Sollte er mir einmal versehentlich zerspringen, fege ich achtsam die Scherben zusammen, aber sollte ich merken, dass ich mich hier in etwas verrannt habe, werde ich lustvoll sein Zersplittern zelebrieren und Charlotte einen handgeschriebenen Bericht von diesem Er/Ei/gnis übermitteln.

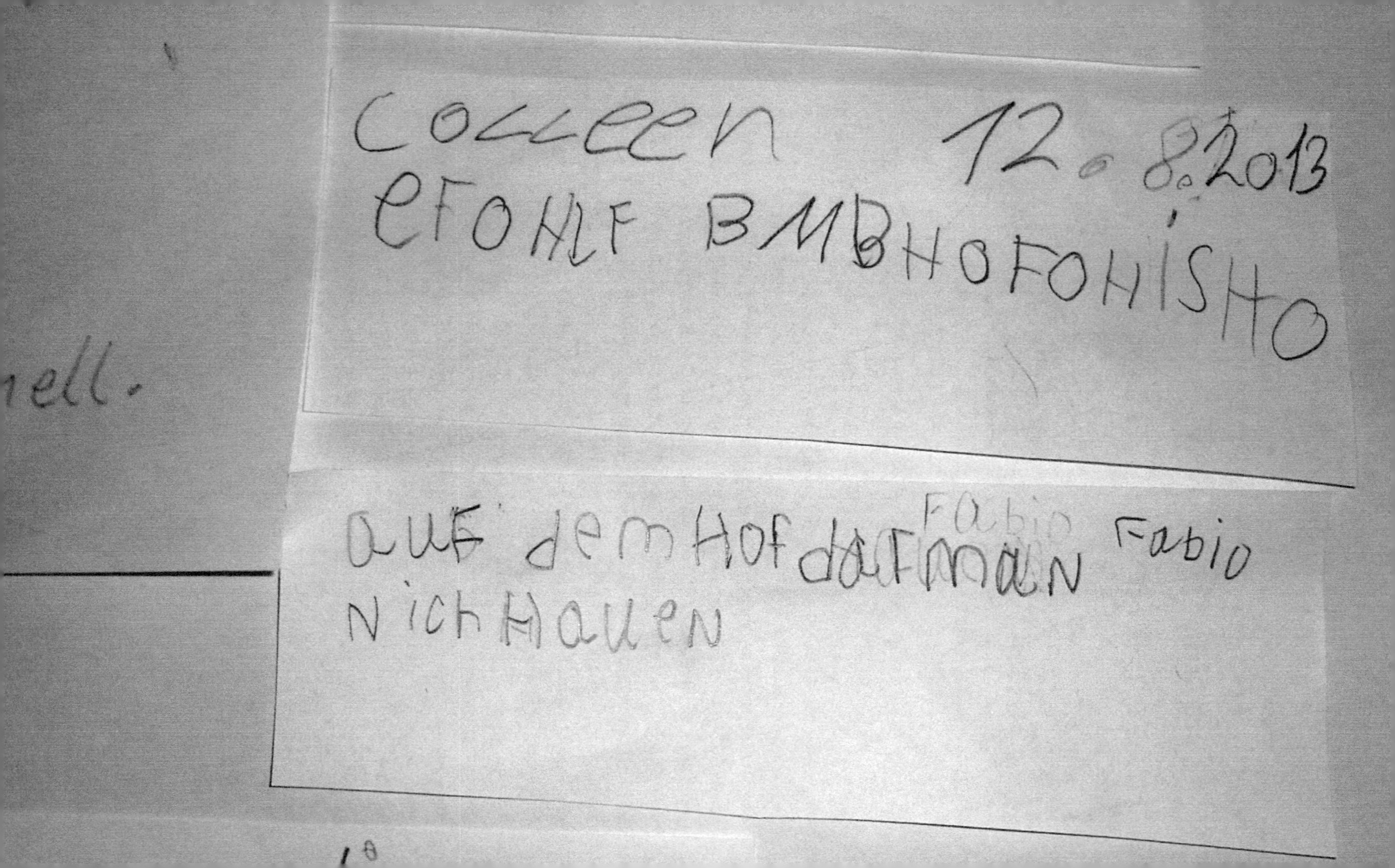

Colleen 12.8.2013

eFOHLF BMBHOFOHISHO

auF dem Hof darF man Fabio

nich Hauen

Zeitfenster Schulkorridor

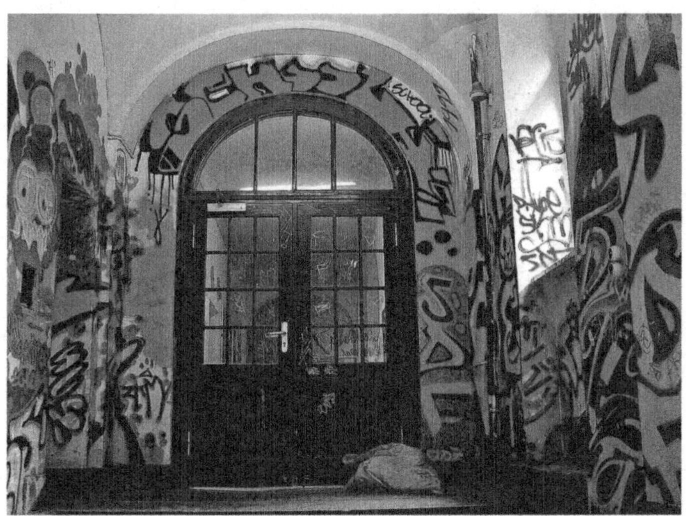

Abb. 33: Eingang zum Kunsttrakt

„Dem Schwierigkeitsgrad des Einfachen kennen, heißt nicht, ihm gewachsen zu sein, eher ihn ausloten bis in seine empfindlichsten Teile, Rhythmus, Tempo-Empfinden, die Überlappungen mit dem Schwierigen.“[189]

Denken wir *Schule* und denken wir dabei nicht *Institution* oder *Lebensabschnitt*, sondern *Gebäude*, stellt sich fast unvermeidlich das Bild langer Flure ein. Zu beiden Seiten gehen Türen ab, die meisten sind geschlossen, gab es irgendwo Fenster, Erinnerungen stellen sich ein, die Bilder werden sortiert, da war diese und jene Lichtsituation, sie hing mit den Farben der Wände zusammen, dem Bodenbelag, Linoleum, Terrazzo, Dielen, Teppich, genoppter Gummi. Daran knüpfen sich Gerüche und Geräusche, vielstimmiges Rufen, Kreischen, Lachen, Pöbeln, hallend oder gedämmt, dazu Schritte, Straßen- oder Hausschuhe, eher weich, darüber vereinzelt das Knallen von Absätzen, die Erinnerung an eine bestimmte Lehrerin wird wach, ein Hauch von ihrem Parfüm schwingt mit, sie wusste das derbe Umfeld mit eigenwilliger Eleganz zu beleben. – Denken wir *Schule* und denken wir *(künftiger) Arbeitsplatz*, verschwinden wir hinter einer dieser Türen und die Verbindung zum eigenen Weg bis hierher ist gekappt. Was wird von mir verlangt, *was soll ich mit den Kindern machen?*, auch den größeren; die vorwärts und an einen abstrakten Imperativ gerichtete Frage macht viele blind und taub. Ich, soll, machen. (Sagen Sie es mir). Verschwunden ist auf einmal jeder Sinn für die Umgebung und die Umgebenden. Was wäre, wenn aus dem Ich ein Wir, aus dem Soll und Muss ein Kann, ein Könnte und aus dem Machen ein heiteres Wechselspiel aus Geschehen und Lassen würde? Gelassenheit wäre die Freiheit, sich von der Umgebung sagen zu lassen, was zu tun sein könnte, aber nicht muss.[190]

> *„Am Kopfende des Raumes ist die Tafel angebracht, auf der ich [...] ein Beuyssches Versprechen finde: Der Raum befindet sich im kreativen Prozess. Ich hoffe, dass es so ist. Der barbarische Kunstraum kann ja auch Vorteile haben. Vielleicht bietet gerade die ‚Nicht-Gestaltung' [...] auch das Potenzial, selbst mit dem Raum arbeiten zu können."*[191]

Wenn ich sehe, wo ich bin, und wenn ich sage, was ich sehe, kann ich im Gesagten sehen, was hier möglich ist. „Könnte man nicht der Meinung sein, das Leben sei ein ständiges nachträgliches Abfragen von Kenntnissen über den Raum, von dem alles ausgeht?"[192] – Es bedarf einer gewissen Achtsamkeit beim Sehen, beim Sagen und bei Wiederhervorholen, Verwandeln und Weiterverwenden des Gesagten. Der Blick auf eigene, erste Versuche, andere etwas zu lehren, ist ein vorausschauender Blick auf ein konkretes Geschehen und auf dessen Abhängigkeit von nicht minder konkreten Bedingungen. Diese generieren das Denken aus dem Blickwinkel, der auf sie eingenommen wird. Es macht einen Unterschied, ob ich für das Vorgefundene diesen oder einen anderen Begriff wähle. Oft erweist sich das vorausschauende Potenzial dieses, und nicht jenes Begriffs, der gewählt wurde, erst im Rückblick.

> *„Als erstes fiel mir sofort der singende und klingende Baum auf, den die Kinder mit Wunschkarten geschmückt hatten. Ein wohltuender und beruhigender Klang ging von den Klangstäben zwischen den Ästen aus und führte mich weiter über die geschwungenen Wege. Überall Bäume, Büsche, Grasflächen und – Müll. Ich begann die Reste aufzulesen. Ein paar Schätze verbargen sich auch darunter – eine Kinderzeichnung und ein kleiner, platter Fußball."*[193]

Wie fassen wir das Räumliche, wie das Zeitliche, wie das beobachtete Handeln in einer noch unvertrauten Umgebung, in der wir bald selbst handeln sollen? Die Konzentration auf die aristotelischen Einheiten ist für sich nichts weiter als eine grundlegende Technik, vergangenes und künftiges Geschehen darzustellen. Daraus kann ein einfacher Denkansatz für künstlerisches Lehren in Schulen hergeleitet werden, der von der Beweglichkeit und Gestaltbarkeit der Beziehungen zwischen den Orten und Zeiten der Lernenden und Lehrenden und zwischen Letzteren untereinander ausgeht. Dieser Ansatz hat seinen Ort und seine Zeit: Die Ausbildung von Lehramtsstudierenden[194] in einem künstlerischen Studiengang und die Notwendigkeit, ihnen in den sich durch die trotz der Missgriffe der jüngsten Reformen[195] erneut verengenden Studiengängen (-korridoren?) Lernräume offen zu halten, in denen sie ihrer Lebendigkeit nicht verlustig gehen. Lebendigkeit sei hier wiederum so einfach wie möglich umschrieben mit dem auf der Basis bereits erlangter Fähigkeiten und Fertigkeiten gebildeten Vertrauen in eigene Wahrnehmungen, Verknüpfungen und Reflexionen sowie die Möglichkeit ihrer Äußerung ohne Furcht vor Sanktionen. Die Koordinaten dieses Konzepts sind auf andere Räume und Zeiten übertragbar.

„Der Schulhof ist ähnlich verwinkelt angelegt wie das Schulgebäude und bietet damit viel Platz zum Austoben, Verstecken und Spielen.“[196]

Ausgangssituation

Schüler wie Lehrer passen sich den Häusern an, in denen sie lernen bzw. lehren. Der Begriff „Gehäuse“ trifft diesen Umstand ganz gut, und lebendige Organismen richten sich unterschiedlich darin ein. Eine Gymnasiallehrerin mit zwei Fächern und vollem Deputat wechselt von Stunde zu Stunde den Raum; kaum ist eine Tür zugefallen, muss die nächste geöffnet werden, in größeren Gebäudekomplexen ist das kaum im vorgesehenen Zeitmaß zu bewältigen, die verhetzte Ortlose tritt überdies auf das Territorium einer bereits versammelten Gruppe. Bisweilen trifft sie auf eine vor verschlossener Tür wartende, dann ist sie durch ihr Schlüsselbund mit einem kleinen Vorzug ausgestattet. Einzelne Fachlehrer hingegen haben ihr eigenes Reich, die biologische Sammlung, den Physiksaal, einen Materialraum für den Kunstunterricht. Wenn sie nicht aufpassen, sind sie vom sozialen Geschehen im Lehrerzimmer abgeschnitten; manche sind froh darum.

„Das Gebäude ist eher in die Breite als in die Höhe konzipiert und entspricht demzufolge meinen Vorstellungen von einer kindgerechten Grundschule.“[197]

Ein Grundschullehrer schließlich verbringt die meiste Zeit mit seiner Klasse in einem Raum, der auch etwas wohnlicher ausgestaltet wird; es gibt Zonen des Miteinanders, der Vereinzelung, thematisch gestaltete Ecken, Erholungsbereiche und bei allem Wandel doch meist ein Pult, in dem er eigene Sachen aufbewahren kann und einen Stuhl, der seiner Körpergröße entspricht. So viel zur Anpassung. Einmal in Worten freigelegt, könnte sie durchaus erste Linien in der Skizze eines Gestaltungsvorschlags zeichnen. Vordergründig aber ermöglicht Anpassung Routine. Im Begriff stecken die Route und die Fähigkeit, in Kenntnis der gängigen Wege von hier nach dort den besten einzuschlagen.

„Und so irrte ich im Gebäude umher und war zunächst nur mit der Orientierung beschäftigt. Die Schule ist nämlich so aufgebaut, dass jeweils vier Schulwände den Schulhof umrahmen, was zunächst das Gefühl von einen ‚Eingekesselt-sein‘ suggerieren könnte. Dieses Gefühl hatte ich komischerweise nicht. Ich orientierte

mich an dem Auto, das unter einem Dach in der Mitte des Schulhofes stand (es stellte sich heraus, dass es das Auto des Hausmeisters war, der anscheinend über besondere Rechte verfügt). Je nachdem, welche Stellung es zu dem Hof einnahm, ob es von hinten oder von der Seite zu sehen war, wusste ich, wo ich mich gerade befand. Allein, dass ich diesen Anhaltspunkt herausfand, um mich der Schule zu nähern, freute mich sehr, da ich zu räumlicher Orientierungslosigkeit neige."[198]

Studierende, die ein Praktikum machen, haben im Lehrberuf noch keine Routine. Die Operationen ihrer Ausbildung gleichen indes zunehmend dem Einbau eines GPS, eines Routenplaners, der in Imperativen zu ihnen spricht, alles über sie weiß, diese Daten höchstwahrscheinlich irgendwo speichert, gar veruntreut und auf der anderen Seite das Aufmerken und Hinschauen, die Bildung innerer Landkarten und das eigensinnige Herstellen von Zusammenhängen unterbindet. Schnell stellt sich Pseudo-Routine ein. Sie manifestiert sich im Gebrauch einer Sprache, die sich in alle Vorgaben einschmiegt, ihre Raster annimmt und somit die Enge der Verhältnisse reproduziert. Eine andere Sprache mit selbst gefundenen, durchdrungenen und weiter entwickelten Begriffen könnte hingegen ihr differentielles Potential freilegen.

„[...] ich hatte den Eindruck, dass eine spezifische abgelichtete räumliche Situation im Erdgeschoss sich so gut wie gar nicht von einer im Obergeschoss auf der gegenüberliegenden Seite des Hofes unterschied: Farbe gleich, Raum gleich, Boden gleich, Wand gleich, Decke gleich, Luft gleich, Geruch gleich, Akustik gleich, Licht etwas anders aber ebenfalls von der Wandfarbe geschluckt. Ähnlich repetitiv wie dieser Satz erschloss sich auch das Innere des Schulgebäudes."[199]

Versuchen wir eine positive Wendung: Ein Studium ist Transitraum, ein Noch-Nicht, und ein Praktikum ist das zu-Gast-sein in einer Lebensform, in der man noch nicht endgültig angekommen ist und auch nicht sein muss. Eine gewisse Anpassung wird von den Gastgebern erwartet, umgekehrt sind viele von ihnen sehr aufgeschlossen für die Neuigkeiten, die die Gäste (wie einkehrende Reisende seit alters her) mitbringen. Im Idealfall sprechen wir von lebendigen temporären Beziehungen, die sich gestalten lassen und die davon profitieren, dass alle Beteiligten sich auch wieder zurückziehen dürfen, um in Ruhe über das gemeinsam Erlebte nachdenken zu können, und sich dann, vielleicht, eines Tages fester in die Arme zu schließen. Die Ausgänge stehen offen, die Polyvalenz zumindest auf vielen Papieren. Vor den Eingängen indes müssen Praktikanten bisweilen warten, bis sie gemeinsam mit den Schülern eingelassen werden, sie haben keine Schlüssel, und unter dem Türrahmen verwandeln sie sich in jemanden, der gleich ein Bild abgeben wird. In diesem Bild sollte noch Spiel sein dürfen.

M. zum Beispiel hat einen Nachnamen, der oft falsch ausgesprochen wird. Außerdem war er im Praktikum seines zweiten Fachs (Geschichte) mit der Forderung konfrontiert, ein Lehrer habe jeden Tag gleich zu sein; ein Offizialkörper ohne persönliche Regung. Er entwickelt daraufhin eine Kunstfigur, die *Herr Notsch* genannt wird. Herr Notsch ist sehr höflich und zurückhaltend. Er trägt an jedem Unterrichtstag ein gestärktes, weißes Hemd und eine maßgeschneiderte Anzugshose. – Die Schülerinnen sagen „Frau… äh, Frau Charlotte!", warum denn nicht, und manche nehmen zu allem Überfluss den Unterrichtsversuch nicht als Unterricht war. Sie fragen ihren Lehrer, warum denn dauernd für dieses Projekt mit Frau Charlotte der Kunstunterricht ausfallen müsse, und Frau Charlotte selbst steht vor der Frage, ob im Kunstunterricht Kunst unterrichtet wird, ob sie diese Kunst nun gegen eine andere verteidigen soll, ob sie genügend Begriffe und Argumente für diese Diskussion parat hat oder aber die Nerven, zu warten, bis das Projekt für sich spricht, zu ihr selbst und den Schülern. So viel Zeit muss sein: Wann, wenn nicht jetzt? Es lohnt sich, diese (Zeit)Zone als Zwischenraum zu erforschen und dabei den Ort ebenso wie das Fach zu befragen. Praktikanten, das ist ihr besonderes Vermögen, fehlt die Routine, sie sehen nicht nur den Weg, sondern auch seine Ränder, oft, weil sie nach Anhaltspunkten zur Orientierung suchen.

> *„Altbau und Neubau stoßen direkt aneinander, die Fassaden stehen stilistisch in starkem Kontrast. Wo der viergeschossige Altbau ein großes Dachgeschoss besitzt, weist der Neubau ein fünftes und sechstes Stockwerk auf. Der Neubau nimmt knapp zwei Drittel der Fassadenfläche ein. Von innen dominiert eindeutig der Neubau, nicht nur, weil sich hierin der Eingang sowie wichtige zentrale Räume wie Sekretariat, Lehrerzimmer und Aula befinden, sondern auch, weil die Flure einschließlich sämtlicher Türen des Altbaus im Zuge einer Modernisierung dem Neubau angeglichen wurden, sodass ich die ersten beiden Wochen davon ausging, den Altbau noch gar nicht betreten zu haben und mich schon fragte, was sich in diesem eigentlich befände. Erst als ich einen Kunstraum im Altbau betrat, dämmerte mir beim Anblick der alten Sprossenfenster, wie die architektonische Logik funktionierte."*[200]

Sich vom Umgebenden gesagt sein lassen, was zu tun ist

Der Blick vom Rand des Geschehens aus wird mit dieser Perspektive zum ersten Schritt in ein Denken in eigenen Begriffen. Ich ermunterte Studierende[201] zur Erkundung des Ortes, an dem sie bald selbst als vorläufig Lehrende tätig werden sollten, und bat sie, die Frage *nicht* mitzunehmen, was hier später mit den Schülern zu *machen* sei. Es gab keinen Arbeitsauftrag der Art *entwickeln Sie ein ortsspezifisches Unterrichtsprojekt*.

Der Ortstermin wurde durch einen Laufzettel vorbereitet.

„Ort: Kurt-Schwitters-Oberschule, Gymnasium Tiergarten, Moltke-Grundschule, Regenbogen-Grundschule, andere, Zeit: 2-4 Stunden in eigener Planung nach einem Kennenlerntermin mit dem zuständigen Kunstlehrer. – Was tun? Einfach da sein. Nicht in den Unterricht gehen, nicht sich herumführen lassen (das kann natürlich vorher geschehen sein), nicht sich alles erklären lassen (das hat vorher oder nachher seine Zeit), sondern das ganze Schulhaus und seine Außenbereiche in Ruhe erkunden. Für sich. Es ist eine seltene Gelegenheit, in einem Schulhaus zu sein, ohne etwas leisten zu müssen. Sie sind nicht aufgeregt, weil sie gleich Unterricht halten müssen und auch nicht müde, weil sie gerade Unterricht gehalten haben. Sie haben Zeit, einfach da zu sein und Ihren Wahrnehmungen zu folgen: Gerüchen (immer der Nase nach, vom Keller bis zum Dachgeschoss). Gar dem Geschmack (vielleicht ein echtes Pausenbrot dabei haben, wie früher). Dem Gehör folgen (einzelne Geräusche ausmachen und ihnen auf den Grund gehen). Dem Tastsinn (verputzte Wand, gedielter Boden, warm und kalt, grob und fein). Und natürlich den Augen (allen Details, die ein von außen Kommender wahrnimmt, ein Lehrer, der durch seinen Alltag hetzt, aber nicht). Vielleicht folgen Sie einer selbst festgelegten Spur: von einem roten Gegenstand zum nächsten. Von einem Papierschnipsel zum nächsten. Von einer Zimmerpflanze zur nächsten. Vielleicht sammeln Sie etwas. Vielleicht lassen Sie sich gleich oder nach einer Weile irgendwo nieder und sind einfach anwesend. Vielleicht versuchen Sie, an Orte zu kommen, die normalerweise verschlossen sind: Dachboden, Keller. Vielleicht versuchen Sie auch, Erinnerungen wachzurufen. Auf der Schaukel, dem Betonklotz im Pausenhof, auf einem Schülerstuhl in einem leeren Klassenzimmer, in den Toiletten (bitte Umsicht und Taktgefühl). Was spielen die Kinder im Hof, worüber reden die Sekundarschüler? Vielleicht suchen Sie auch nach extremen Perspektiven: nah am Boden, von oben, durchs Fenster hinaus, durch ein Fenster herein. Was ist für Sie heute und jetzt das Besondere an diesem Ort? Dieses konkrete Schulgelände ist ein Raum, dessen Struktur, Sinn und Unsinn Sie jetzt und heute freilegen. – Vielleicht sichern Sie etwas, zeichnen, schreiben, in ein Heft? ein Skizzenbuch?, vielleicht fotografieren oder filmen Sie (bitte erneut mit Takt: keine identifizierbaren Personen), vielleicht haben Sie ein Diktiergerät dabei. Jedes Medium beeinflusst den weiteren Wahrnehmungsweg auf seine Weise, macht Sie zu Suchenden, zu Forschenden. Vielleicht wollen oder können Sie sich nicht entscheiden und wandern durch mehrere Medien. Und was immer Sie tun – tun Sie es zu diesem Termin allein, auch, wenn Sie gemeinsam eingetroffen sind."

„Als ich Ende November 2013 das erste Mal die Regenbogen-Schule besuchte, war es kein leichter Gang. Bei kaltem Wetter und grauem Himmel ging ich zu Fuß die Strecke vom S-Bahnhof die Hermannstraße entlang bis zum Rollbergviertel, in dem die Schule

liegt. Vielleicht lag es am anstehenden Winter, doch mir kam die Gegend, in der die Schule liegt und in der ich mein Praktikum absolvieren werde, recht trist vor. Auch das Gebäude, das ich mir daraufhin anschaute, machte auf mich keinen sehr einladenden Eindruck, da es mir eng und dunkel vorkam [...]. Dieser Eindruck entstand wohl vor allem, weil die Schule schon fast kinderleer war [...]."[202]

Die Auswertung dieser Erkundung ist ein offener Erzählraum; jeder wählt selbst die Form, niemand wird genötigt, aber außer jenem, der gar nicht erst loszog, möchten alle etwas berichten und etwas hören und sehen, die nun Ortskundigen ergänzen sich und machen sich immer wieder gegenseitig auf gewählte Formulierungen und gezeigte, aber selbst nicht gesehene Details aufmerksam. – J. ist Fotograf, und alles, was er dem Ort beim Erstkontakt abgewinnen kann, sind Fotografien von schwarzem, kahlem, tot wirkendem Astwerk vor grauem Himmel. M. hat ein Forschungsheft geführt, erste Seite: *Wandertag. Die Erklimmung der 12. Schule (Gymnasium) Mitte durch [...] am 5. 12. 2012 ab 11. Temperatur: Außen Minusgrade, Innen: Mollig warm (auch auf den Korridoren).* S. und H. haben entdeckt, dass es in ihrer Grundschule einen Tierschutzraum gibt; dort hängen auch Regeln, wie man mit einem Tier umgehen soll, wenn es in der Schule ist (leise sein, ihm nicht wehtun, wenn anfassen, dann vorsichtig); wir fragen uns, um welche Tiere es sich hier handeln könnte. Insekten? Haustiere? Frösche, Igel, Ratten?
„Die hölzernen Spielgeräte sind zum Teil in Tierform, sodass man zum Beispiel auf dem Rüssel eines Elefanten in die Sandkiste rutscht."[203]
N. hat mit Kamera und Blick fürs Detail dokumentiert, was alles gestapelt wird, Schule, das sind immer zu viele, Schule, das ist wenig Platz, Schule ist Materie, die komprimiert und verstaut werden muss, Bücher, Pappschachteln, Schülerzeichnungen, Druckplatten, Lithosteine, Klausuren, Hefte. U. hat nur Brandschutz gesehen, Regeln für den Brandfall, Brandmauern, Feuermelder, Feuerlöscher, Brandschutztüren, Fluchtwege, nichts an den Wänden (Feuergefahr), nichts im Weg (wegen dem Brandschutz), keine Garderoben, keine Kinderschuhe (aus feuerpolizeilichen Gründen), diese Schule ist nicht für Menschen, sondern für den Brandschutz gebaut. H. und S. legen außerdem ein Feld aus ihren Fundstücken: der platte Fußball, verlorene Handschuhe, ein Stofftier. M. zeichnet Schüler- und Lehrerfrisuren und notiert: Man *könnte meinen, wer zeichnet, hat keine Ohren.* A. führt ebenfalls ein Heft, ein liniertes Schulheft, Titel: *Mein erster Schultag*, und lässt sich von verschiedenen Schülern den Weg zum Kunstraum erklären. Sie zeichnen ihn auf, keine Route ähnelt der anderen. W. ist ihrer Nase gefolgt. Zur Auswertung kommt sie ein wenig zu spät: Die *Pastéis de Nata*, die sie als Ergebnissicherung ihres Besuchs an der deutsch-portugiesischen Europaschule mit Bio-Kantine für uns gebacken hat, brauchten ihre Zeit im Ofen. Außerdem hat sie ein Stück Gummi dabei, das genau wie der Turnhallenboden riecht. Es war nicht leicht, im Baustoff-

handel ein Stück Gummi mit genau dieser Duftnote ausfindig zu machen. Zuletzt reicht sie im Asservatenbeutel einen Zigarettenstummel herum, der vor Ort selbst mitgenommen werden konnte und der so riecht wie überall. G. zeigt ein Foto von einem Schild, das neben der Eingangstür einer Sekundarschule angebracht ist: *Wir arbeiten mit dem Polizeiabschnitt 33 zusammen.*

Exkurs: Korridore

Was beim Erzählen, beim Ansehen der Zeichnungen, Bilder und Filme, beim Anhören einzelner Geräuschaufnahmen auffällt, aber nicht weiter verwundert: Meist befinden wir uns in den Außenräumen oder auf den Gängen; Transitzonen werden präferiert. Nur wenige Türen werden geöffnet, keine scheint schon hinter einem Erkundenden ins Schloss zu fallen, die Erkundenden sind noch unterwegs und nehmen deutlich wahr, was es heißt, durch eine Umgebung manipuliert zu werden.

> *„Betritt man das Schulgebäude, so wandelt man auf grau marmoriertem Fliesenboden. Eine weiße Kassettendecke drückt auf die niedrige Eingangshalle, und orangene, dicke Säulen unterteilen sie brachial. Biegt man nach links, um die Treppe zu Sekretariat und den Unterrichtsräumen hinaufzugehen, so zieht sich an der Wand eine brutal orange geflieste Fläche das Treppenhaus hoch. Sie dient als Hintergrund für einen sperrigen, mehrstöckigen 80er-Jahre-Hänge-Leuchter, der das Treppenhaus mit seiner Präsenz erfüllt. [...] Auch an anderen Stellen im Eingangsbereich warten orangene Fliesen auf. Ist man tiefer in die Schule gestiegen, so ist die dominierende Farbe Taubenblau. Viele Flure sind großflächig in einem dunklen Taubenblau gestaltet. Die Dominanz des Orange im Schulhaus überrascht mich. Sie wurzelt in der gleichen Zeit wie der Lüster. In Eva Hellers umfassender Zusammenstellung ‚Wie Farben wirken‘[204] lese ich: Orange ist die unbeliebteste Farbe. Es steht für billig, Plastik, billige Künstlichkeit, orangefarbene Plastikgriffe in der Küche, Mülltonnen (BSR), oft Straßenbahnen und Omnibusse, weiterhin für Aufdringlichkeit und Extrovertiertheit. Eignet sich eine solche Farbe für die Raumgestaltung?“*[205]

Brutal, brachial, mit Lüster. Der Korridor ist, seit der Begriff verwendet wird, ein machtstrukturierender Raum.[206] Ein Korridor (ital. correre, lat. currere ‚laufen‘) war ursprünglich ein Weg auf oder neben Festungsmauern. Später wurde der *corridóre* zum Weg innerhalb eines Gebäudes; geläufig ist er uns als Gang, als Flur zwischen zwei Zimmerfluchten und als Verbindungselement verschiedener Gebäudeteile. In jüngerer Zeit gewinnen territoriale und geopolitisierende Interpretationen des Begriffs an Bedeutung; wir wissen um Kriegshandlungen um schmale Gebietsstreifen, die durch das Hoheitsgebiet eines fremden Staates

führen[207] und verfolgen die Proteste von Bürgerinitiativen gegen Luftkorridore, die überall, aber nicht über dem eigenen Haus lang führen dürfen. Der relationale Aspekt verstärkt sich, wenn räumliche Konnotationen beiseite gelassen werden; es gibt Währungs- und Gehaltskorridore und in temporalen Arrangements auch Zeitkorridore (das sind temporal flexible Vereinbarungen).[208] Zeit und Geld wiederum werden gern in Anlageprodukten zusammengeführt; es gibt Kupons und Bonuszertifikate, die den Korridor im Namen tragen und für die sich Zeitfenster öffnen und schließen. Diese verkommende Raummetapher wiederum lässt sich allenfalls über ihre diagrammatische Darstellung mit einem Vorstellungsbild in Verbindung bringen; wir schauen nicht durch ein Zeitfenster aus dem Raum, der uns begrenzt.
Zurück ins Bild. Die Türenfluchten, die einen Korridor im Gründerzeitbau zu beiden Seiten strukturieren, haben mit der Flucht nur über die Linien zu tun, die sie bilden und die zu einem Punkt führen, den es nicht gibt. Real führen sie in die Falle, es schließen sich zellartige Einheiten an. Zur Veranstaltung von Disziplin nach klösterlichem Vorbild wurde der Korridor-Zelle-Komplex in Krankenhäusern, Gefängnissen und Kasernen im 18. und 19. Jahrhundert generiert209 und von dort, teilweise mitsamt dem Vokabular, auf den Wohnraum (Mietskasernen) und in die Schulhäuser (Lehranstalten) übertragen.

> *„Auffällig sind im ganzen Gebäude die ungewöhnlich breiten Türen. 1940 wurde die Schule zu einem Notfallkrankenhaus umgebaut, und der moderne Anbau wurde dieser Funktion offensichtlich angepasst. In dieser Funktion könnte ein Grund für die nüchterne Wirkung des Gebäudes liegen. Da die Belegschaft […] sehr groß ist, ergibt sich alles in allem eine eher kühle und unpersönliche Gesamtwirkung."*[210]

Zahlreiche Berliner Schulen wurden und werden zeitweise als Krankenhäuser, Kinder- und Obdachlosenheime genutzt; außerdem für Menschen auf der Flucht, die man unterbringen und kontrollieren möchte (und die darin um ihr Leben fürchten). Viele dieser Gebäude stammen aus der Zeit der vorvergangenen Jahrhundertwende; es gibt Musterbücher für ihre Planung, organisiert durch die Anlage der Gänge, von denen zu beiden Seiten Türen abgehen; darüber schwebt eine Idee von Kontrolle als Kontrolle der Zwischenräume:

> *„Ein leerer Flur signalisiere, dass alle in ihren Büros arbeiten: Amtskorridore sind deshalb aus der Perspektive eines reibungslosen Organisationsablaufs idealerweise verwaiste Räume […]. Wenn niemand zu sehen ist, ist alles in Ordnung."*[211]

Hinter den Türen spielt sich Unterricht ab; hier bilden sich eigene Sphären des Lernens und Lehrens in mehr oder weniger friedlicher Koexistenz. Natürlich ist das Bild vom Gründerzeitbau mit seinen hohen, hallenden Gängen längst nicht mehr einfach mit Schule gleichzusetzen; es gibt andere architektonische und organisatorische Entwürfe, das System verändert sich. Einige dieser Türen sind heute offen, andere geschlossen, und beides soll hier nicht gegeneinander aufgewogen werden. Mancher ist bisweilen auch froh darum, im Schutz einer geschlossenen Tür in Ruhe arbeiten zu können, denn verordnete offene markieren einen nicht weniger beklemmenden Wandel von Disziplinar- in Kontrollgesellschaften.[212]

> *„Als wir vor dem Lehrer_innenzimmer standen, um unseren Besuch für den kommenden Tag anzukündigen, trat ein kräftiger, schnäuzbärtiger Mann vor uns und fragte, was wir denn von ihm wollten. Seine aggressiv-unfreundliche Art setzte sich auch am nächsten Tag gegenüber den Schüler_innen im Unterricht fort. In souverän-autoritärem Frontalunterricht wurde zuallererst die Prüfungs- und Abgangssituation am Ende der 10. Klasse erläutert. Dabei wurde immer wieder explizit auf bestimmte Schüler_innen Bezug genommen, denen ‚Faulheit, Schulmüdigkeit und Nichtstun' bescheinigt wurde […]. Mit verschmitztem Lächeln wurde eine Anekdote aus dem zurückliegenden Elternabend erzählt, in dem im begrifflichen Einvernehmen über einen dunkelhäutigen Schüler als ‚Fifo' gesprochen wurde. Dies sei keineswegs rassistisch, es sei lediglich ein gemeinsam gefundener Name, ‚von dem alle wüssten wer gemeint ist.' Sprachlos folgten wir bei diesen Ausführungen einem in ‚Knasttattoo'-Manier gestochenen Panzermotiv auf seinem gestikulierenden Unterarm."*[213]

Vereint unter dem Begriff *Schule* kommen nach wie vor die unterschiedlichsten Menschen für gewisse Zeiten in bestimmbaren Gebäuden zusammen, auch wenn längst nicht mehr alle zur gleichen Zeit und am gleichen Ort das Gleiche lernen.[214] Dass sie es heute auch zu anderen Zeiten und an anderen Orten tun,[215] ist nicht gänzlich unabhängig von ihrem zeitweisen Zusammenfinden zu sehen, und ein gewisses Vertrauen in das Nachleben des gemeinsam oft nur Angedeuteten birgt Gestaltungspotenzial für die Zeitfenster edukativer Koexistenz. Diese Gestaltungsvorgänge sind insbesondere diesseits eingefahrener Routinen noch immer nicht ortsungebunden zu denken.

> *„Meine ursprüngliche Idee, mit den SuS im Verlauf unserer gemeinsamen Wochen eine sich schrittweise erweiternde Wandinstallation mit Fotos zu entwerfen, scheiterte allerdings am Mangel weißer Wände."*[216]

Wir[217] versuchten deshalb auch im weiteren Vorlauf des baldigen Gast-Spiels als Lehrende, uns selbst und den anderen achtsam zuzuhören, um die sich einstellenden Ideen soweit als möglich aus den begrifflichen und tatsächlichen Strukturen eines vorauseilenden Gehorsams zu lösen, und *à propos* Gehorsam, *was soll ich machen, wenn die Schüler mir nicht folgen?*

(Sagen Sie es mir). – Es galt nun noch die Hierarchien aufzulösen, die in Begriffen wie *Ordnung* und *Struktur* vorgegeben scheinen, und aus ihnen selbst ein Werkzeug zu machen. Wie ordne ich ein künftiges Geschehen, an dessen Gestaltung ich maßgeblich beteiligt sein werde? Welches Maß lege ich auf welche der vorgefundenen Kategorien an?

Den Rahmen dynamisieren

> *„Im Kunstraum erinnere ich mich an Gunter Ottos Pflanzen auf dem Meeresgrund, da die Wände mit verschiedenen grünen Testflecken bemalt sind. Ein homogener grüner Anstrich durch die Schüler soll noch folgen.“*[218]

Ob die Lernräume nun offen oder geschlossen sind – eine Sphäre ist die Gestaltungsaufgabe all jener, die sich darin aufhalten.[219] Das Geschäft eines Lehrenden könnte mit der Annahme der Verantwortung über nachhaltig sinnreich verbrachte Zeit anderer umschrieben werden. Das Geschäft eines Kunst[220] Lehrenden könnte es sein, dieses Vorgehen mit einer ästhetischen Mentalität[221] zu kreuzen. Künstler müssen mit Blick auf ein Außen, mit den Blickwinkeln und Blickwünschen Anderer denken, um mit ihrer Arbeit wahrgenommen zu werden. Lehrer denken ohnehin von diesem Anderen (man sagt auch gern: vom Kind) her, wenn sie sich etwas (aus)denken. Die Formulierung dürfte deutlich gemacht haben, dass die Denkrichtungen der Künstler und der Lehrer einander nicht diametral entgegenlaufen.

> *„Für mich hat jede künstlerische Handlung, die offen und sinnfrei mit dem Außen spielt, das Potential zur Partizipation. Offenheit und Sinnfreiheit sind gleichzeitig Merkmale des kindlichen Spiels. Ein Zusammentreffen dieser Spielformen erzeugt einen besonderen künstlerischen Prozess, der durch Mitdenken, Sich-Einmischen, Mitgestalten oder gar durch kollektives Handeln geprägt ist. Es entsteht eine gesellschaftlich engagierte Kunstform – die partizipatorische Kunst.“*[222]

Ein Teil der schon erwähnten Verantwortung könnte darin bestehen, sie wiederum zu teilen und die Anwesenden zu Mitgestaltern zu machen. Das setzt eine sensible und achtsame Wahrnehmung ihrer Äußerungen innerhalb der vorgefundenen und von nun an temporär geteilten Bedingungen voraus. Daraus resultiert eine ant/wortende (responsive) Haltung.[223]

Einen in seiner klaren Schlichtheit betörenden Ansatz, die Bedingungen eines gemeinsam ausgestalteten raumzeitlichen schöpferischen Prozesses mit bildendem Potenzial zu denken, stellt der Künstler Stefan Us vor. Gegeben seien

1. eine Idee, eine Frage,
2. ein dynamischer Prozessrahmen, in dem sie sich realisiert
3. eine Äußerung, in der sie sichtbar wird.[224]

Einziges Kriterium für die Idee ist, dass sie „offen und sinnfrei mit dem Außen auf mehreren Ebenen spielt."[225] Es ist gut möglich, dass sie nicht am Anfang der Vorbereitungen steht, sondern im Feld erst gefunden wird. Der dynamische Prozessrahmen ergibt sich ganz von selbst aus den Koordinaten Räume, Zeiten, Menschen. Us verbindet sie durch zwei Relationen: Form und Kommunikation. Die Äußerung schließlich kann materiell und immateriell, in analogen oder digitalen Medien, temporär oder dauerhaft, lokalisiert oder ortlos überall (im Netz, in der Wolke, in den Köpfen) funktionieren, „selbst die einfache Erzählung über das Werk könnte die Äußerung sein."[226] Ihr Kriterium: Durch diese Äußerung wird das Werk als Werk erkennbar.

„[…] Glück wäre, am Ende in einem Haufen von Fotografien auf Tischen an Wänden die vergangenen Wochen beziehungsreicher Arbeit mit Schüler_innen gespiegelt zu sehen."[227]

Der Vorteil dieses einfachen Strukturwerkzeugs ist, dass es sich der Sprache bedient, in der wir normalerweise Begriffe bilden, Gedanken zum Ausdruck bringen und um das Verstehen, die Antworten der anderen werben. Sein Gegenteil sind Planungsraster und Entwurfsvorlagen, bei denen zum Beispiel jede Handlung in einen anzunehmenden dreiwertigen Kompetenzzuwachs, den sie befördern soll, übersetzt werden muss, bevor die so aufgeschlüsselten Handlungsfragmente mit angelegter Zeitleiste auf 45, 60 oder 90 addiert werden. – Als Gast in einer Schule kann man nicht gleich das System aus den Angeln heben; *Ich kann so nicht arbeiten!* ist eine Äußerung, zu der Kunststudenten aus naheliegenden Gründen neigen; alles scheint hier vorgegeben, die Zeit ist zu knapp, die Räume zu voll, und was *durchgenommen* werden soll, ist auch schon vorbestimmt? Das Werkzeug von Stefan Us lässt die Stellschrauben sichtbar werden, an denen gedreht werden kann:

Die Gewichtung der Komponenten ist flexibel; das Gesamtgefüge bleibt bestehen. *Frage* und *Idee* haben Aktivpotenzial im Unterschied zu einem passiv interpretierten *Thema*. Es gibt Rahmen(lehr)pläne, gut, die Frage ist eher: Diktieren sie wirklich, was ich zu tun habe, oder benutze ich sie, um meine Einfälle raumzeitlich ein wenig in Ordnung zu bringen?

„Der Kunstraum meines Mentors […] glich mit seiner betonten Atelieratmosphäre einer Wunderkammer: Die Wände voller Fundstücke, die, falls sie nicht bereits zuvor Kunst waren, hier zu Kunst wurden. Die Regale voller potentieller Arbeitsmaterialien für praktisches Arbeiten: Pinsel, Farbtuben, Farblaugen, Papiere, Magazine, Kunstbände und vermeintlicher Abfall stellten eine überaus arbeitsmotivierende Stimmung her und vermittelten das (wenn auch vielleicht konservative) Bild einer künstlerischen Produk-

tionsstätte: Hier befand man sich eindeutig in einem (Kunst-) Ermöglichungsraum, dessen Zauber ich beim ersten Besuch erlag. "[228]

Räume, Zeiten, Menschen: Auf den ersten Blick kann sich ein Lehrer keines der drei aussuchen. Aber wie ein (Kunst)Raum aussieht, ob Akzente gesetzt werden, sie für sich sprechen, ob Tische und Stühle da sind und wenn ja, wie angeordnet etc.,[229] ob alles immer im gleichen (Kunst)Raum stattfinden muss oder aber der Korridor, der Keller, Dachboden, Hof, der nahegelegene Park einmal für sich sprechen, ob sich nicht gerade die außerschulische Alltagsumgebung der Schüler hereinholen lässt, das alles ist verhandelbar.
Den Zeitrahmen geben die Ferienpläne der Bundesländer, zentrale und schulinterne Prüfungstermine und natürlich die Stundenpläne vor. 45 Minuten können für Kinder und Gelangweilte sehr viel sein; für jemanden, der etwas fertig bekommen will, sind sie fast nichts. Aber Zeitfenster lassen sich manchmal tauschen oder zusammenführen, und was sich nicht ändern lässt, wird, einmal wahrgenommen, selbst zur Anregung: Die Uhrzeit kann eine erste Antwort auf die Frage sein, was zu tun ist.[230] Was ist gut für frühe Morgenstunden, damit die Aura geschützt bleibt, was hilft noch, wenn es außer dem Heimwärtsdrang nichts mehr gibt, was halten könnte – vielleicht etwas, was sich selbst und andere trägt, weil es einen Rhythmus hat? Vielleicht sind Ferienpausen gut, um etwas (oder Gedanken) zu sammeln, ruhen, trocknen oder reifen zu lassen, vielleicht sind sie sogar nötig, weil in dieser Zeit etwas (von jedem etwas anderes) erlebt wird, worauf man Bezug nehmen möchte, und nicht zuletzt – wie kann die Zeit selbst zum Thema werden? – Und natürlich kann ein Lehrer sich seine Schüler nicht aussuchen, wohl aber die Gedankenwelten, die sie mitbringen, als Potenzial zur Kenntnis nehmen und das Geschehen im Raum als Interaktion gleichberechtigter Intelligenzen[231] lesen. Hier kommen die Relationen *Form* und *Kommunikation* ins Spiel; wer mit und wie nah bei wem wie lang in welchen Rhythmus laut oder leise schnell oder langsam hier oder dort. Das Wort *Sozialformen* ist noch im Gebrauch.

„Wie möchte ich als Gestalter der Situation gemeinsam mit der Klasse Zeit verbringen? Bin ich nicht Kurator eines herzustellenden Raums, in dem etwas passieren kann, und wie und wodurch wird es möglich, in diesem Raum Bildungsprozesse für alle Beteiligte zu ermöglichen? "[232]

Auf welchen Ebenen kann ich selbst in eng abgesteckten Verhältnissen etwas gestalten; wo kann ich dabei Verantwortung teilen, gar abgeben? Jederzeit gefragt werden, wer wann mit wem wie viele und welche der Entscheidungen darüber trifft, was wann wo und vielleicht womit getan wird. Auf diese Weise werden Teile des Systems zugunsten anderer, vor allem aber: zugunsten der Lust am Geschehen selbst entlastet.

Voraussetzung: -petere, zu erreichen suchen

Die Fähigkeit, ohne Routine das baldige Geschehen beim Wort zunehmen, ist ohne eine eigene, fundierte künstlerische Ausbildung nicht zu denken. Ein kompetenter Sprecher verfügt über die Elemente des betreffenden Sprachsystems (Wortschatz) und über die Regeln für ihre Verknüpfung (Grammatik). Er kann von endlichen Mitteln unendlichen Gebrauch machen. Kompetenz ist eine Größe, die nicht autonom vom Sprachbenutzer gedacht werden kann. Sie enthält eine kreative Komponente, die zur Folge hat, dass eine Sprache mehr ist als die Summe sämtlicher bisher in ihr vorliegender Äußerungen. Ein kompetenter Sprecher verfügt über die Elemente des betreffenden Sprachsystems sowie über die Regeln für ihre Verknüpfung und weiß sie dynamisch einzusetzen (Performanz). Das Erlernen der Sprachen der Künste bedeutet, im Studium in eigenständig organisierten und selbstverantworteten Lernprozessen unternommene Schritte dieses Spracherwerbs einer kritischen Öffentlichkeit (Plenum) zu präsentieren und ihre Wirksamkeit zu erproben. Auch ein Kind erfährt über Jahre hinweg über die Erfahrung von *respons* bzw. deren Ausbleiben, ob seine Kommunikationsbeiträge wirksam sind. Niemand würde diesem Vorgang absprechen, dass hierbei die ganze Persönlichkeit involviert ist, die sich anstrengen muss (in der Kompetenz steckt lat. petere ‚zu erreichen suchen, streben nach, begehren, verlangen‘). Das hergestellte und rezipierte Bild als operatives Verfahren ist als konnotatives System stets die Synthese mehrere Intentionen (jener, die sich in ihm manifestiert und jener der Betrachter). Die Handlungsfähigkeit innerhalb dieser Ambiguität in Relation ist also in einem angemessen komplexen Selbst- und Sachverständnis begründet.

Vorraumerkundungen im Praktikum

Die mit Stefan Us skizzierte Konstellation, eine Idee für einen bestimmten Personenkreis mit dem Potenzial der raumzeitlichen Bedingungen, in denen man ihn antrifft, zu entwickeln, mag mit Blick darauf, dass Schule etwas mit menschlicher und raumzeitlicher Koaktivität zu tun hat, banal klingen. Befragt man indes Studierende auf ihre pädagogische Expertise und Studienerfahrungen mit Praktika, so wird weiterhin von stoischem Hospitieren mit Anwesenheitskontrolle, aber ohne Bezug zur eigenen Projektplanung, von exemplarischen Lerngruppen auf Papier, Unterrichtssimulationen, Videodokumenten aus fernen Zeiten und Räumen und didaktischen Modellen (manchmal ihrerseits aus fernen Zeiten und Räumen), von Strukturbäumen und Planungsformeln berichtet. Didaktisches Denken für das Fach Kunst hingegen lokalisiert sich an einer höchst lebendigen Verknüpfung zwischen dem gesellschaftlich relevanten Phänomen Kunst, der Gesellschaft selbst und der Theorie darüber, wie diese Verknüpfung gelingen könnte.

„Liam Gillick [...] sagt: ‚Meine Arbeit ist wie das Licht im Kühlschrank: Sie funktioniert nur, wenn Menschen die Tür aufmachen.' Es geht bei der Beschäftigung mit Kunst meiner Meinung nach immer auch um eine (visuelle) Reflexion über und die Ausgestaltung des Miteinanders, um die gezielte Steuerung von Energien und die Ermöglichung von Bildungserlebnissen – hier überschneiden sich Kunst und Unterricht bereits in ihrer originären Struktur.“[233]

Zum Schluss seien einige Szenarien der Einlassung skizziert, die sich aus den Erkundungen der Studierenden entwickelten. Methodisch wurde das responsive Vorgehen der Studierenden befördert durch das Transparentwerden der (von) selbst in der Wahrnehmungssituation oder aber bei ihrer Mitteilung generierten Begriffe. Auch, wenn in anderen Medien erzählt wurde – für den Austausch darüber wurden Worte gefunden, die nachvollziehende begriffliche sprachliche Durchdringung der jeweiligen Situation und ein sich weiter entwickelnder Sinn für die Vorläufigkeit, aber auch das vorausschauende Potenzial der gefundenen Begriffe schlug sich in der Konzeption des weiteren Geschehens nieder. Mit Hilfe der Kategorien Räume, Zeiten und handelnde Personen wurden keine Dramen entworfen, keine Drehbücher geschrieben; vielmehr ermöglichte die losgelöste Betrachtung jeweils einer von ihnen (unter einer gewissen Bevorzugung des Raums) ein vorausschauendes Nachdenken über ihre Wirkungsmöglichkeiten auf die verbleibenden und somit ein Verblassen der alles bremsenden Frage *Was soll ich [...] tun.*

W., die sich mit Gummi und Gebäck zunächst auf Gerüche und Geschmäcker konzentriert hatte, ist in eine besonders laute (siebte) Klasse geraten. Als sie eine Woche später tapfer zur zweiten Stunde erscheint, äußern die Schüler unverholen ihr Erstaunen darüber. W. bleibt ihrem charmanten und den Menschen zugewandten Interesse für Immaterielles und Flüchtiges treu: Von nun an ist der Lärm, den die Klasse macht, ihr gemeinsames Material. W. fragt nicht mehr, was sie tun soll, um die Klasse zur Ruhe zu bringen, sondern stattet sie mit Aufnahmegeräten aus. Ein Gründerzeit-Schulhaus mit seinen Korridoren und Zellen wird zum Resonanzraum für jene, die durch seine Anlage zu disziplinieren gewesen wären; jeder Hall, den sie ihm mit eigener Kraft entlocken können, ist ein Schatz, der sorgfältig gesammelt, gesichert und (in einer finalen Sound-Performance) weitergegeben wird. – A. hingegen kehrt der Schule, die keine weiße Wand für ihn frei gelassen hat und deren Klientel als schulfern abgestempelt wurde, den Rücken und findet mit diesem Schritt (medial realisiert in einer installativ angelegten Auseinandersetzung mit dem Selbstbildnis in der Fotografie) in einer nahe gelegenen Off-Galerie seine Schüler wieder. Sein aus zielführenden Gründen gekürzter Rückblick soll hier kurz vor dem Ende stehen, funktioniert er doch als Anfang eines Lerngangs hin zu größerer Gelassenheit; Gelassenheit, wir erinnern uns, die darin besteht, uns vom und von den Umgebenden gesagt sein zu lassen, was zu tun sein könnte.

„Mein Unterrichten an der KSS begann mit einem kleinen Rückschlag: In dieser ersten Stunde erschienen nur 10 SuS. Aufgrund einer Lehrerkonferenz endete der allgemeine Unterricht um 13:30 Uhr, was offensichtlich für viele ein Grund war, gar nicht erst zu erscheinen. [...] Meine zweite Stunde wurde ebenfalls nur von knapp der Hälfte der KursteilnehmerInnen besucht. [...] In dieser [der dritten] Stunde waren zwei Drittel des Kurses sowie mein Mentor anwesend. [...] Auch in dieser [der vierten] Stunde war wieder nur die Hälfte des Kurses anwesend. [...] Hinsichtlich der Anwesenheit erreichte der Kurs in dieser [fünften] Stunde mit 14 von 18 SuS das Maximum des offenbar Möglichen. [...] Mehrere SuS kamen nach dieser ‚Arbeitsphase' verspätet in den Klassenraum zurück, ein Schüler zudem mit einem Döner in der Hand. [...] Auch in dieser letzten regulären Stunde meiner Reihe waren 14 SuS anwesend – und einem Schüler gelang es tatsächlich, mit 55-minütiger Verspätung zu erscheinen. [...] Die SuS erschienen fast vollzählig und überwiegend pünktlich zum Aufbau [in der nahe gelegenen Off-Galerie] und begannen nach einer kurzen Findungsphase mit der Hängung ihrer Bilder. Die Aufteilung der Wände ergab sich sehr harmonisch, und die SuS halfen sich gegenseitig. [...] Tatsächlich erschienen im Verlauf der gemeinsamen Besprechung der Arbeiten auch Eltern, Mitstudenten und Freunde des Mentors und trugen ihrerseits mit Fragen und Anmerkungen dazu bei, dass das Projekt einen dem Kontext angemessenen Abschluss fand."

Vielleicht ist die responsive Fähigkeit[234] in der Bereitschaft begründet, den *Schwierigkeitsgrad des Einfachen auszuloten.* Die Überlappungen mit dem Schwierigen stellen sich von selbst ein. Die Frage ist eher, ob sie bemerkt werden. Kehren wir abschließend in ein besonders einfaches Bild zurück: H. und S. haben auf dem Flur am Kreuzungspunkt zweier Gebäudeflügel ihrer, wie sie schrieben, in die Breite und somit kindgerecht gebauten Schule einen beeindruckenden Berg aus Pappkartons aller möglichen Größen errichtet; Arbeitstitel: *Ist uns Pappe – Wir bauen die Welt!* Die Erst-und Zweitklässler dürfen mit und in diesen Kartons zunächst machen, was sie wollen – richtiger ist vielleicht zu sagen: wozu das Material sie lockt. Türme bauen und einstürzen lassen, sich einmauern und die Mauer dann umwerfen, sich drin verstecken und dann einfach bleiben, den Geruch, die Wärme, die Dunkelheit genießen. Später wird eine Stadt entstehen; die Kinder diskutieren und beschließen per Abstimmung, was alles gebaut werden soll, dabei wird eine „Sprechpappe" mit dem geschlechtgerechten Namen Karl-Frieda weitergereicht. Ein respektables Rathaus entsteht; daneben eine Kaserne, an die ein Panzer von gleicher Größe (aus dem wiederum Waffen als Guckfenster ausgeschnitten sind) direkt angeschlossen wird; alle zusammen sind ein dreizelliges Auto, in dem alle Fahrerinnen gleichberechtigt nebeneinander sitzen können, ein Schrank, der für einige seiner Erbauer wiederum gleichzeitig als Auto funktioniert (im

Inneren überlagern sich Zeichnungen und Inschriften, die beide Nutzungsarten erlauben und belegen), ein Wohnhaus, das groß genug ist, dass ein Kind aufrecht darin stehen können soll und gleichzeitig viele Stockwerke und viele kleine Fenster hat, eine Ampel und – in einer Schule, die einen Tierschutzraum hat, darf sie nicht fehlen – eine Stadtkatze, die so groß ist, dass man darauf reiten könnte, wäre nur ihr viertes Bein etwas stabiler. Die Kinder beweisen eine ausgesprochene Ambiguitätstoleranz innerhalb dieser Multifunktionsbauten: Ob ich nun im Panzer oder in der Kaserne sitze, ist letztlich eine Frage der Perspektive, die ich einnehme; wer von uns dreien gerade das Auto steuert, ist kein Streitpunkt, genau deshalb haben wir es ja so gebaut, und ob du gerade in einem Schrank oder in einem Auto sitzen willst, ist letztlich deine freie Entscheidung – ich sitze zur gleichen Zeit in der gleichen Baueinheit und treffe eine andere. Die Diskrepanzen werden von den Kindern selbst bemerkt, besprochen und in Relation gesetzt. An dieser Kreuzung zweier Schulkorridore ist eine sicherlich in ihrer Art nicht einzigartige (Papp)Architektur entstanden. Wesentlicher ist, dass sie von handelnden (man sollte eigentlich sagen: verwandelnden) Personen belebt wird, die im Jetzt erfahren, dass sie (ab)stimmen dürfen und gehört werden. Für das abschließende Stadtgespräch haben H. und S. ein Aufnahmegerät mitgebracht; für jedes Kind ein besonderer Anreiz, den Eigenanteil am kommunalen Bauprojekt zu erläutern. Ehrensache, dass die Stadtkatze nicht etwa abseits steht, nur, weil sie im engeren Sinn kein Gebäude ist. Das waren Panzer, Schrank und Auto ja auch nicht. Der kleine Junge mit den schwarzen Zahnstummeln im Mund, der sie gebaut hat, benennt soeben, sich in eine Sprache vortastend, die er gerade erst lernt, ihre Bestandteile: Beine, Bauch, Ohren, Schnauze, Schnurrhaare mit gerolltem R.

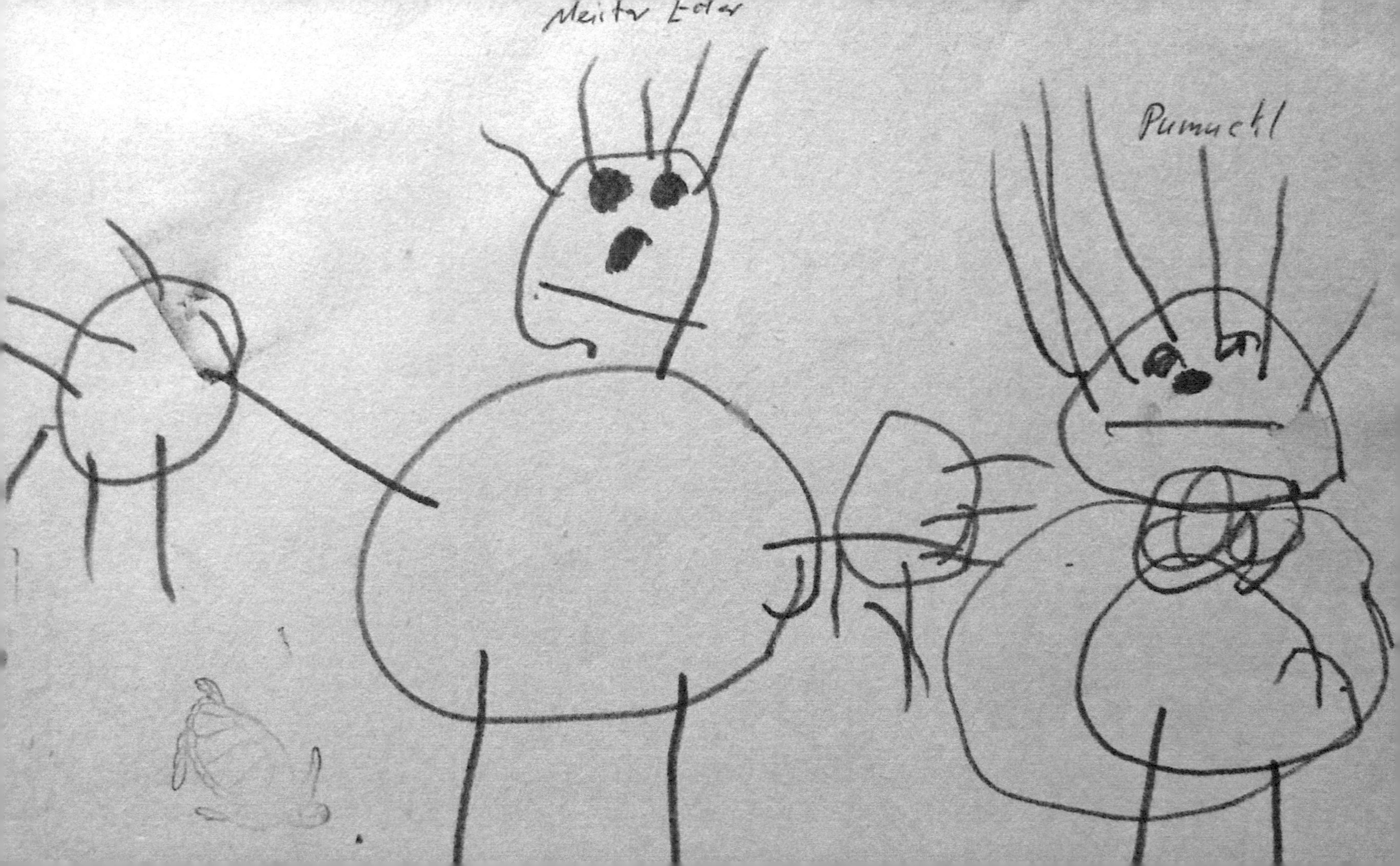
Meitr Edr
Pumuckl

Freistellen

„Das Fach Bildende Kunst fördert umfassend schöpferische Kräfte und ästhetische Sensibilität."[235]

Dieser Satz war für Schüler_innen gemacht und hoffentlich auch für sie gedacht: in ihrem Sinne, zu ihrem besten und ihnen das Vermögen beider bereits zugutehaltend, denn gelesen haben sie ihn nicht, er war nicht für ihre Augen bestimmt. Ein Gremium hat ihn für die nächste Generation in den Augen der vorangehenden formuliert, sie sollen alles in den Blick nehmen. Inzwischen formuliert ein neues Gremium einen neuen für eine andere nächste Generation. Die letzte Generation klebt sich auf die Straße oder auf Kunstwerke in Museen, damit die Polkappen nicht abschmelzen. Es dauert manchmal Stunden, bis der Kleber fachgerecht gelöst ist, nicht nur die Stunden der Klebenden, auch die Stunden anderer. Wer lehrt, übernimmt Verantwortung für die Stunden anderer, ob sie wollen oder nicht.

Damit dieser Satz nicht verloren geht, nehme ich ihn noch einmal fest in den Blick, während das Wasser steigt, denn Bildende Kunst, nun ohne Fach davor, leistet einen wichtigen Beitrag zur, die Wiederholung muss sein, „Bildung personaler, sozialer und kultureller Identität."[236] Wer die wohl bildet? Wer wem?

Der erste Satz galt in gleichem Maß für die eigene Generation, für Lehrer_innen, die kräftig und sensibel bleiben wollten und wollen. Ihre Arbeit, die nächste Generation im Blick, ist ein Teilgebiet der Bildenden Künste. Die Ausübung dieser Arbeit ist ein Stück oder Teil Kunst, Teil vom Ganzen, das sich aus Teilen generiert und durch das Teilen etwas für alle wird. Wie lehrt man diese Kunst? Indem man sie, und das will ich mit den folgenden Sätzen versuchen, von der jeweils nächsten Generation lernt.

Wie weit reichen Sätze, die mit Blick auf die jeweils nächsten Generationen formuliert werden? Bei einer Studienanfängerin der Bildenden Kunst, die ästhetisch sensibilisiert und schöpferisch gekräftigt durch den Plan, der von der vorigen für ihre Generation gemacht wurde, in einem bestimmten Jahr ihr Studium aufgenommen hat, bis zu dem zehnjährigen Kind, das ihr im Jahr der Pensionierung begegnet und sich möglicherweise am Ende ihres Lebens noch einmal ein Bild der Zehnjährigen vornimmt, können wir rund hundert Jahre für ihre Reichweite ansetzen. Die Kunst, von der wir sprechen, wird dann weit jenseits von jener sein, die wir gemeint haben. Das Wissen und Können, das durch sie und mit ihr vermittelt werden soll, erst recht nicht. Wo kann es aktualisiert werden? Nur dort, wo wir gerade sind. Und wann? Nur jetzt. Immer jetzt.

Der Eingangssatz öffnet drei Fragen: Von welcher Kunst ist also die Rede? Was sind schöpferische Kräfte? Was ist ästhetische Sensibilität? – Und wie lassen sich die ersten drei bei den Kindern anderer Leute fördern?

Von welcher Kunst ist die Rede?

Die Frage nach dem Kunstbegriff ist eine Gretchenfrage. Das Schöne daran: Jeder hat einen Kunstbegriff; wir brauchen nicht bei Null anzufangen. Der jeweils gültige Kunstbegriff ist so weit, wie die Anwesenden ihn bestimmen. Diesen Reichtum in die Mitte zu stellen wäre ein erster Kunstgriff.

Der Gedanke hat zwei Paten: den französischen Philosophen Jacques Rancière, der wiederum seinen Paten benennt: den Hochschullehrer Jacob Jacotot, der als Begründer des Universalunterrichts gilt. Rancière entfaltet in seinem breit rezipierten Buch „Der unwissende Lehrmeister“[237] die These, dass die in einer Lehrlernsituation anwesenden Intelligenzen gleichwertig sind. Zentral ist der Begriff *wertig*. Dass sie verschieden sind, steht außer Frage. Das Potential dieser These lässt sich entfalten, wenn sich gleichwertige Intelligenzen um einen intelligenten Gegenstand versammeln. Für unser Fach ist dieser Gegenstand ein ästhetischer. Er ist intelligent, weil wir nicht wissen, was er ist, und niemand es uns sagen kann. Am Beispiel Jacotots ist das die zweisprachige Ausgabe eines Buches. Nicht des Niederländischen mächtig, hatte er an der Universität von Löwen Studierende zu unterrichten, die kein Französisch verstanden. Als Brücke erwies sich der *Telemach* von François Fénelon. Die Studierenden erwiesen sich als fähig, ohne Anleitung durch das Studium des Textes und seiner Übersetzung das Funktionieren der französischen Sätze zu verstehen und über ihren Inhalt auf Französisch zu sprechen. Diese überraschende Erfahrung wurde zum Impuls für die Infragestellung grundlegender Annahmen der Pädagogik, zu denen es gehörte, dass es ein Oben und ein Unten, ein Groß und ein Klein gibt: Der eine verfügt über ein Wissen, das die anderen erlangen sollen.

Mit Rancière gehe ich im Umgang mit anderen davon aus, dass alle jeweils Anwesenden über eine Expertise verfügen, die es freizulegen gilt. – Ich fragte Lehramtsstudent_innen, die bald selbst in die Praxis gehen wollten, nach ihrem Erstkontakt mit Kunst. F. hat mit ihrem Vater das Video von Picasso in der Unterhose gesehen. Hinter einer Glasscheibe vollzieht dieser Mann mit dem Pinsel eine Handlung, zu der man als Kind eine natürliche Komplizenschaft empfindet und die man bei Erwachsenen eher selten beobachtet. D. erinnerte ein Bild, das der Vater gemalt hat. Sie dachte: Die Frau auf dem Bild speit etwas Rotes aus. Später erkannte sie, dass das Rote ein Blumenstrauß war. L. hat komplizierte Tapetenmuster mit den Augen abgetastet, hat sie gelesen, und Kunst, das waren Bauwerke, die man auf Reisen sah. Auch H. wurde von ihren Eltern mit kulturellem Erbe in Kontakt gebracht; Kunst, das war, was man anschauen musste; Kunst hatte mit der Macht der erwachsenen Obrigkeit zu tun. Ihr eigener Zugang zur Welt jener, die etwas können und tun, was andere nicht können und/oder nicht tun, war hingegen die Welt der

Straßenkünstler. Für R. waren die sieben Weltwunder Kunst, die beliebte Buchreihe *Was ist Was*, und später ein Dalí-Katalog: etwas, in das man sich vertiefte, um sich einen eigenen Denk- und Vorstellungsraum zu schaffen. Und N. sagt: in meinem Dorf gab es keine Kunst.
Das Feld war von nun an durch die Antworten der nächsten Generation definiert. Hätte ich sie nach ihrem Kunstbegriff gefragt, wäre wahrscheinlich jener der vorangegangenen Generation – ihrer Professor_innen – ins Spiel gekommen. Dieser ist auf je eigene Art exklusiv und bildet in konzentrierter Form die Ausschlussmechanismen unserer Gesellschaft ab.

> *„Der Kunst-Mainstream ist [...] ein Apparat, der aus unterschiedlichen Netzwerken besteht, die peinlich darauf bedacht sind, genauestens abzuwägen, was ‚passt' oder was als unpassend aussortiert werden muss. Alles, was im Kunstfeld sichtbar wird, ist in das System integriert."*[238]

Das über den eigenen Erstkontakt der Studierenden ermittelte Begriffsfeld erwies sich in der Zusammenschau verschieden junger Lebensalter und unterschiedlicher sozialer und kultureller Voraussetzungen als flexibel und dynamisch: Wie ein Kind bereit zur Weiterentwicklung. Am Ende einer jeweils eigenen, einzelnen Kindheit sieht es anders aus. Der Kunstbegriff von Fünftklässlern zum Beispiel ist relativ eng gefasst; Kunst, das belegen Studien, wird in diesem Alter mit der Fähigkeit gleichgesetzt, einen Gegenstand realistisch abzubilden. Einen einfach zu nehmen und zu setzen wie ein Urinal, das gilt nicht, und man fühlt man sich hilflos, weil dem eigenen mimetischen Anspruch mit Taten nicht beizukommen ist. Hilflosigkeit ein Zustand, der dadurch hervorgerufen wird, dass Ereignisse als unkontrollierbar empfunden werden, „[...] wenn wir nichts daran ändern können, wenn nichts von dem, was wir tun, etwas bewirkt."[239] Ein Gefühl von Selbstwirksamkeit wäre die erfahrungsbasierte Überzeugung, durch das eigene Handeln etwas bewirken zu können. In einem Rahmen, der vier Ecken und vier Kanten hat, meist im Format A3, holzfrei, ist nicht viel Platz für Selbstwirksamkeit, obwohl dieser Rahmen als Träger von Gedanken die ganze Welt und noch viele andere enthalten kann und bereits als Material ein Ereignis ist, vorausgesetzt, er wird wahrgenommen. Wir sind bei Frage zwei,

was sind schöpferische Kräfte?

Im Rahmen meiner Ausbildung an einer Akademie der Bildenden Künste habe ich, eher nebenbei, gelernt, dass man den Rahmen anschneiden muss, damit die Komposition nach außen strebt und in ihrer Erscheinung größer wird. Und dass es sich lohnt, den Rahmen aufs Spiel zu setzen. Zur Verteidigung der Fünftklässler_innen möchte ich daran erinnern, dass der Mensch ein mimetisches Wesen ist. Er kommt eklatant unfertig zur Welt und muss sich das zum Überleben Notwendige vom ersten Tag an durch Nachahmung aneignen. Mimesis bedeutet:

Sich ähnlich machen. Denen, die wir werden sollen. Das setzt sich in unserem Bildhandeln fort. „Die Gabe, Ähnlichkeit zu sehen, ist nichts als nur ein schwaches Rudiment des ehemals gewaltigen Zwanges, ähnlich zu werden und sich zu verhalten“, schrieb Walter Benjamin.[240]
Zu Beginn des vergangenen Jahrhunderts war die Sache noch einfach. Der Unterricht hieß „Zeichnen“ und man lernte darin, was draufstand. Es gab eine Vorstellung davon, wie man Zeichnen lernt und es gab eine Vorstellung von dem Körper, der das lernte. Der Körper wurde diszipliniert, um das Zeichnen zu erlernen, und durch das Zeichnen sollte er diszipliniert werden, um der Gesellschaft nützlich zu sein. Die disziplinierenden Hilfsmittel verschwanden, das vorgefasste Bild von dem, was zu tun und zu zeichnen sei, auch. Die Reformbewegung befreite den Körper vom Korsett, die Kunsterziehungsbewegung den Genius im Kinde. Seither wandelt sich ein Fachgegenstand Bildender Kunst – das jeweils aktuell verfertigte ästhetische Objekt – mit jenen, die es nach ihren jeweiligen Möglichkeiten verfertigen oder betrachten.
Rückschläge gab und gibt es mit Blick auf die Kunst-Erziehung ebenso wie auf die Reformbewegung, wie die weitere historische Entwicklung zeigt. Einer dieser Rückschläge betrifft den Körper. Die Vorstellung, wie er zu sein habe, ist – bildgestützt – heute präziser denn je und ein Blick auf die Geschichte der Mode zeigt, dass die Hülle keineswegs im emanzipatorischen Sinn gefallen ist, sondern vielmehr in aller Härte auf einen Körper zurückschlägt, der ausmodelliert werden muss, um gnadenlos knappe Hüllen tragen zu können. Ein Gefühl der Hilflosigkeit bildet sich bei all jenen aus, denen es nicht gelingt, das vorgegebene Bild – sei's im Körperumfang, sei's im Habitus – nachzuahmen, indes die vorgebende Influencerin aus eigener Kraft verhungert ist. Und die Vorstellung davon, was ein Kind mit, in oder an der Bildenden Kunst zu lernen habe, wird mit jedem neuen Rahmenplan enger. An diesem Korsett schnürt kein Kind.
Mimesis, schrieb Walter Benjamin, war Nachahmung und Berührung, war Kopie und Kontakt: Mimesis ist ein menschliches Grundbedürfnis. Ein Kind baut einen Porsche, fährt Porsche und ist Porsche, unüberhörbar. Und – man hat herausgefunden, dass Fälschungen in der Malerei an den Ohren erkennbar sind: Selbst bei intensiver Anverwandlung der Art und Weise eines bestimmten Meisters, Menschen darzustellen, schlägt sich die Physiognomie des Fälschers in dessen Bildgestaltungen nieder, er malt seine eigenen Ohren, nicht die des Vorbilds, und lebt in diesen Ohren weiter. Es kann auch eine Fälscherin sein. Mimesis, das war Punkt Zwei, ist eine schöpferische Kraft und nicht ihr Gegenteil. Ihr Widerpart wäre die Aufforderung zur Originalität. Es gibt nichts Unvermitteltes.[241]
Die emanzipatorische Herausforderung einer bildenden oder Bildenden Kunst besteht deshalb darin, an den Stellschrauben der Rahmung so zu drehen, dass eine Mimesis gefördert wird, die kräftigt und nicht aushungert. Dazu steht uns das Potential der erwähnten Gegenstände zur Verfügung, in deren alle anwesenden Intelligenzen gleichberechtigt sind. Um daraus zu schöpfen, Kraft und weitere Gegenstände, bedarf es ästhetischer Sensibilität. Ich komme zur dritten Frage:

Was ist ästhetische Sensibilität?

Für Lehrende wäre das die Fähigkeit, mit wachen Sinnen auf ein ästhetisches Objekt zu reagieren. Was ist ein ästhetisches Objekt? Was ist das hier?

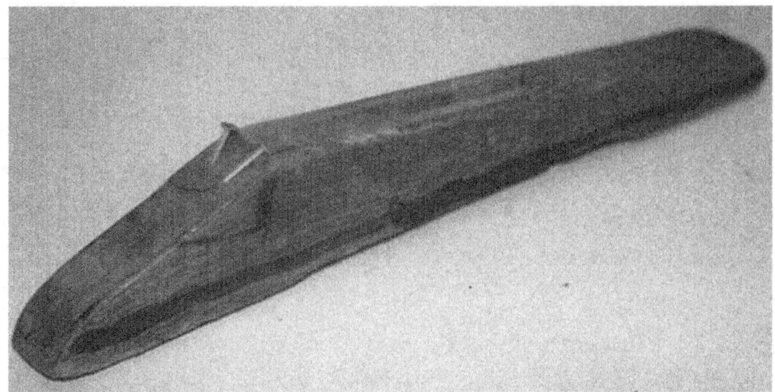

Abb. 34: ...noch ohne Titel

Der Gegenstand, der vorliegt, ist ein Ding, das wir beschreiben können: Lang, aus Holz, in Form gebracht. Das ist ein Stuhlbein. Es ist mit einem roten Streifen bemalt. Zwei Nägel wurden eingeschlagen. Die Nägel sind Stromabnehmer. Das ist kein Stuhlbein, das ist ein ICE. Das wäre die Bildunterschrift. Alles passt. Komponiert wurde dieser Gegenstand von einem sechsjährigen Jungen.

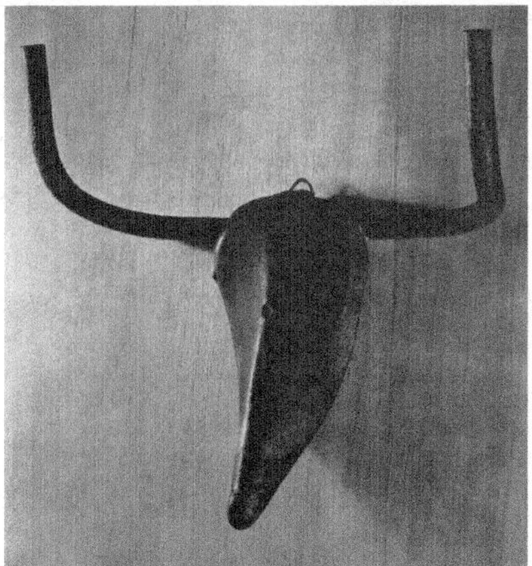

Abb. 35: Fahrradsattel

Dieser Gegenstand hier wurde von einem Einundsechzigjährigen komponiert. Dieter Mersch macht an Picassos Assemblage *Tete de taureau* von 1942 die *ästhetische Epistēmē*, die Spezifik eines Wissens im Ästhetischen oder Künstlerischen fest:

> *„Zwei Alltagsgegenstände, ein alter Fahrradsattel und ein Lenker, werden so miteinander montiert, dass etwas anderes entsteht: die Anmutung eines skelettierten Stierkopfes. […] Die überraschende und ihrer Funktion entkleidete Kombination der Einzeldinge bewirkt dabei ein Anderssehen, insofern sie etwas als etwas anderes erscheinen lässt, und zwar so, dass in die schlichte Komposition der Gegenstände eine neue, zuvor nicht in ihnen enthaltene Komponente eingetragen wird. […] Wenn Kunst denkt, denkt sie folglich im Medium der Komposition. Sie stellt – ponere – miteinander – com – Verschiedenes zusammen, bringt es in einen Zusammenhang, eine Konstellation, jedoch so, dass darin die Verschiedenheit des Verschiedenen gewahrt und ihre Differenz zueinander wahrnehmbar bleibt.“* [242]

Die Wahrung des Verschiedenen, dieser Respekt vor dem UND hieße in den Worten Walter Benjamins „Was nie geschrieben wurde, lesen.“[243] – Dies hier ist immer noch ein ICE. Und jetzt kommt der Porsche, augenblicklich ohne Fahrer. Und dies ein Gefängnis: Genau so lange, wie der Insasse es bestimmt. Er wirkt übrigens nicht hilflos.

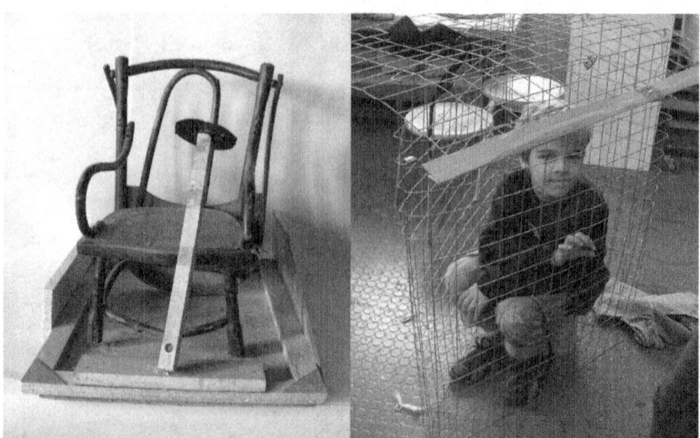

Abb. 36 & 37: Porsche und Gefängnis

Die Beispiele stammen aus Publikationen über frühkindliche ästhetische Bildung von Thomas Heyl und Lutz Schäfer.[244] Die beiden Autoren haben geduldig beobachtet und aufmerksam dabei zugehört, wie Kinder Welten erzeugen, während sie zeichnen, malen, formen, modellieren und basteln. Das Basteln wird hierbei als Königsdisziplin früher ästhetischer Bildung im Sinne eines *wilden Denkens* (Lévi-Strauss) gewürdigt, verleiten doch ergebnisoffenes Handeln und selbstbestimmtes Verwenden von heterogenem Material unter Einsatz selbst gewählter Techniken unmittelbar dazu, an die eigenen Grenzen zu rühren, Bekanntes hinter sich zu lassen, das Entstehende spielerisch zu wenden und ihm Namen zu geben. Voraussetzungen hierfür sind

einerseits die Zurückhaltung der begleitenden Erwachsenen und andererseits eine anregende und robuste Umgebung. Für professionelle Fortschritte in der Ausbildung der ästhetischen Sensibilität der Erwachsenen sorgen die Kinder – wenn man sie lässt.
Das Beispiel macht deutlich, dass nicht die Kinder, sondern die Erwachsenen – was nie geschrieben wurde, lesen – lernen müssen. Das bildende Potential des Fachs Kunst ist das differenzbildene Potential seiner Gegenstände. Hier werden „Dinge gemacht, von denen wir nicht wissen, was sie sind' (Adorno) – ästhetische Dinge."[245] Ästhetische Gegenstände sind zweisprachig, sie changieren zwischen Ding und Zeichen. Mit Rancière sind sie intelligente Gegenstände, anhand derer die anwesenden gleichwertigen Intelligenzen voneinander lernen, indem sie über ihren Status verhandeln. Und darüber, was (damit) als nächstes geschehen könnte. Solche Verhandlungen sind bezogen auf alle Altersstufen ein wirksames Mittel gegen erlernte Hilflosigkeit. Ich komme zur vierten Frage:

Wie lassen sich die ersten drei bei den Kindern anderer Leute fördern?

Das ist die Frage nach einer ästhetisch sensiblen Freisetzung schöpferischer Kräfte im Feld eines durch die Anwesenden weit aufgespannten Kunstbegriffs. In der Schule gibt es Rahmenbedingungen, daran besteht kein Zweifel. Manche Bildungspläne heißen Rahmenlehrpläne; es kommt an, in welchem Bundesland man sie schreibt und liest. Es lohnt sich, diese Pläne vor allem als Ordnungsangebot für Ideen zu lesen, die (sich) bilden und nicht als Anordnung. Diese Pläne und Rahmen sind ein System aus Stellschrauben, an denen gedreht werden kann, vorausgesetzt, sie werden gedreht. Einmal festgerostet vermitteln sie den jeweils Drehenden ein Gefühl der Schwäche.
Bildende Künstler_innen müssen mit den Blickwinkeln und Blickwünschen anderer denken, damit ihre Arbeit wahrgenommen wird. Lehrer_innen denken ohnehin vom Anderen (man sagt auch gern: vom Kind) her, wenn sie sich etwas Bildendes (aus)denken. Die Formulierung dürfte deutlich gemacht haben, dass die Denkrichtungen der Künstler_innen und der Lehrer_innen einander nicht diametral entgegenlaufen. Ein Teil der schon erwähnten Verantwortung besteht darin, sie intelligent zu teilen und die Anwesenden zu Mitgestalter_innen zu machen. Das setzt eine ästhetisch sensible und darin schöpferische Wahrnehmung ihrer Äußerungen voraus, die ich abschließend in einem Beispiel aus der Mittelstufe illustrieren möchte. Meine Lehrmeisterin ist hier Almut Grypstra, Studentin der Bildhauerei, die in einer inklusiv unterrichteten achten Klasse eine Auseinandersetzung mit Joseph Beuys initiiert. Beuys war durch einen Rahmenplan gegeben, sie konnte sich keine andere Künstlerin aussuchen und sie konnte sich in diesem Fall auch nicht aussuchen, mit keiner künstlerischen Position zu arbeiten. Doch sie beweist einen wachen Blick für Stellschrauben. Den Kern der Beuysschen Materialästhetik oder -poetologie extrahiert sie lakonisch wie folgt:

Erstens, Beuys verwendet symbolisch aufgeladenes Material, das sich über die Wahrnehmung erschließen lässt und somit *Sinn*produktionen eröffnet, die neue und andere *Bedeutungs*produktionen evozieren können,
zweitens. Beuys verwendet Materialien, die sich selbst verwandeln (z. B. Reduktion durch Alterung) bzw. leicht verwandelbar sind (z. B. Verflüssigung durch Erwärmung) und
drittens, Beuys verwendet Materialien, die eine Aktion bzw. Interaktion provozieren.
In ihrer interpretatorischen Askese, welche die Dynamik des ästhetischen Objekts auf den Punkt bringt, kommt der kunstdidaktische Ansatz der *ästhetischen Operation*[246] zum Einsatz: die Anwendung einer erkannten operativen Struktur in einem neuen Kontext. Auf diese Weise wird eine differente Produktion initiiert, die nicht durch die Auflage, ein bestimmtes Werk vermitteln zu müssen, verengt wird. Die Produktion ist weniger an ein Auslegen als an das Ausleben geknüpft. Das Vorgehen ist denkbar einfach: Aus der künstlerischen Position wird eine ergebnisoffene Handlungsanweisung extrahiert. Im Fall Almuts lautete sie „Verwandle dieses Material so, dass auch du durch das Material verwandelt wirst.“

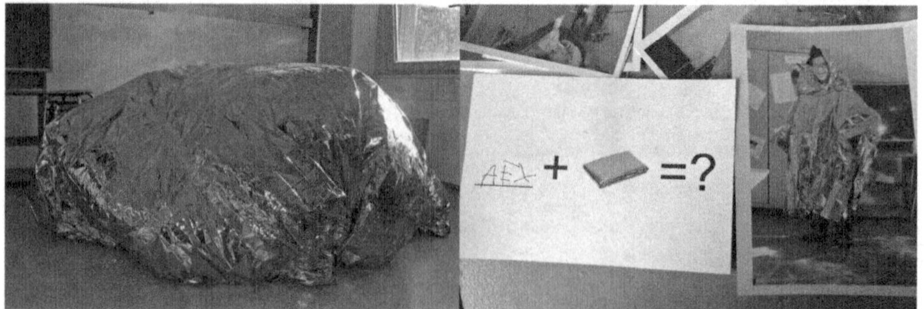

Abb. 38 & 39: Rettungsdecke und Handlungsanweisung

Aus diese Eingangssituation folgte in der nächsten Stunde eine Werkbetrachtung: „Warum ist das Fett auf dem Stuhl?“ Ein Junge mit Down-Syndrom umarmt die Praktikantin, ein Mädchen mit starkem Sicherheitsbedürfnis versteckt sich unter dem Tisch. Einige extrem normale Schülerinnen lassen sich auf die so simple wie komplexe Frage ein. Das Fett auf dem Stuhl finden sie langweilig, aber wozu braucht man Fett, warum essen wir Fett, es liefert Energie wie Schokolade, und nebenbei sind Blicke zu beobachten, Blicke auf Körper, die nicht die ganze Energie aus der Schokolade in Bewegung umgewandelt haben und ein Stück weit von den Bildern entfernt sind, denen sich eine Mehrheit anverwandeln will. – Die Botschaft ist niveaudifferenziert angekommen, verkörpert im besten Sinn.
Es folgt die praktische Weiterarbeit, nun mit erweitertem Materialangebot und ohne weitere Vorschriften und Vorgaben; die Dinge selbst sagen, wie sie zu verknüpfen sind (com/ponere). Almut hat sie vorab sauber getrennt, Holz zu Holz, Stein zu Stein, Plastik zu Plastik, das ist

alles. Dazu Nägel, Schrauben, Kleber. Und es gab einen Künstler, der hat Fett auf einen Stuhl gepackt. Fett ist Energie.

Schöpferische Kräfte? Wären das Kräfte, die etwas Lebendiges schaffen? Die Schüler_innen haben verwandelt, um sich verwandeln zu lassen, ein lebendiges Wechselspiel, zugegeben: vorgegeben, doch das liegt nun hinter ihnen. Von nun an bespielen sie das Material nicht mehr unmittelbar mit ihrem Körper (das wäre: sich kleiden, etwas darstellen), sondern setzen zusammen, was nicht zusammen war, sehen Ähnlichkeit mit einem Dritten und verstärken diese Ähnlichkeit. Was nicht unbedingt vorherzusehen war: Dieses Dritte ist bei fast allen etwas Lebendiges, es hätte ja auch ein Porsche oder ICE sein können, Material plus Energie, doch die Schüler_innen setzen eine andere anthropologische Konstante fort, indem sie dem Vorgefundenen Leben einhauchen und Wesen bzw. Situationen daraus schaffen, denen sie Namen geben: Bett mit toter Mutter, Exboyfriend, Voodoo, Anthropomorph, Konstruktion Igellampe, Mann im Wald.

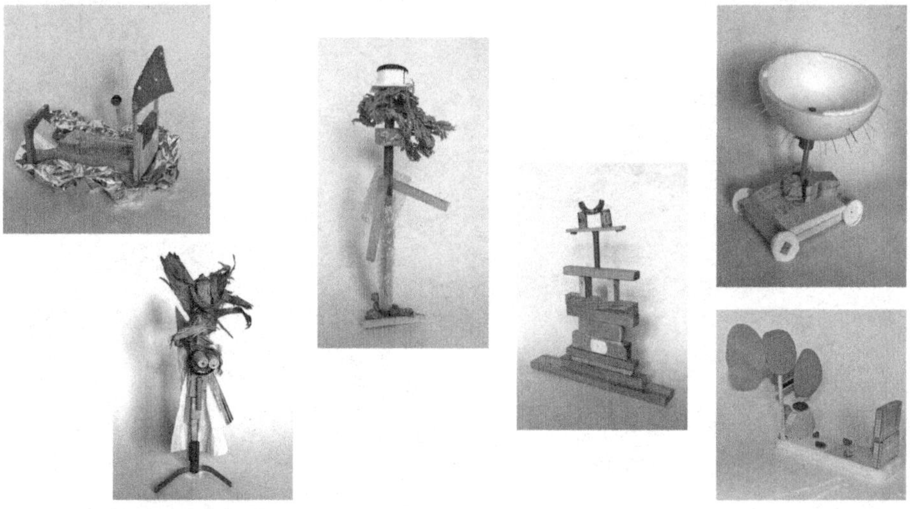

Abb. 40 - 45: Bett mit toter Mutter, Exboyfriend, Voodoo, Anthropomorph, Konstruktion Igellampe, Mann im Wald

Die Namen werden nachgeahmt, diskutiert, verworfen, neu gebildet. Der jeweils eigene Kontakt hat Sinnproduktionen ausgelöst, die wiederum neue und andere Bedeutungsproduktionen für beide Generationen evozierten. Almut Grypstra hat das Entstandene freigestellt, in Raum und Diskurs mit den Schüler_innen, in ihrer fotografischen Dokumentation und in der Weitergabe an ihre Weggefährt_innen, die sich anderswo im Vermitteln versucht haben. Das Wissen der Schüler_innen über das Leben und über die Freiheit der ästhetischen (Wieder) Belebung kann für drei gestärkte Generationen in die nächste Runde gehen.

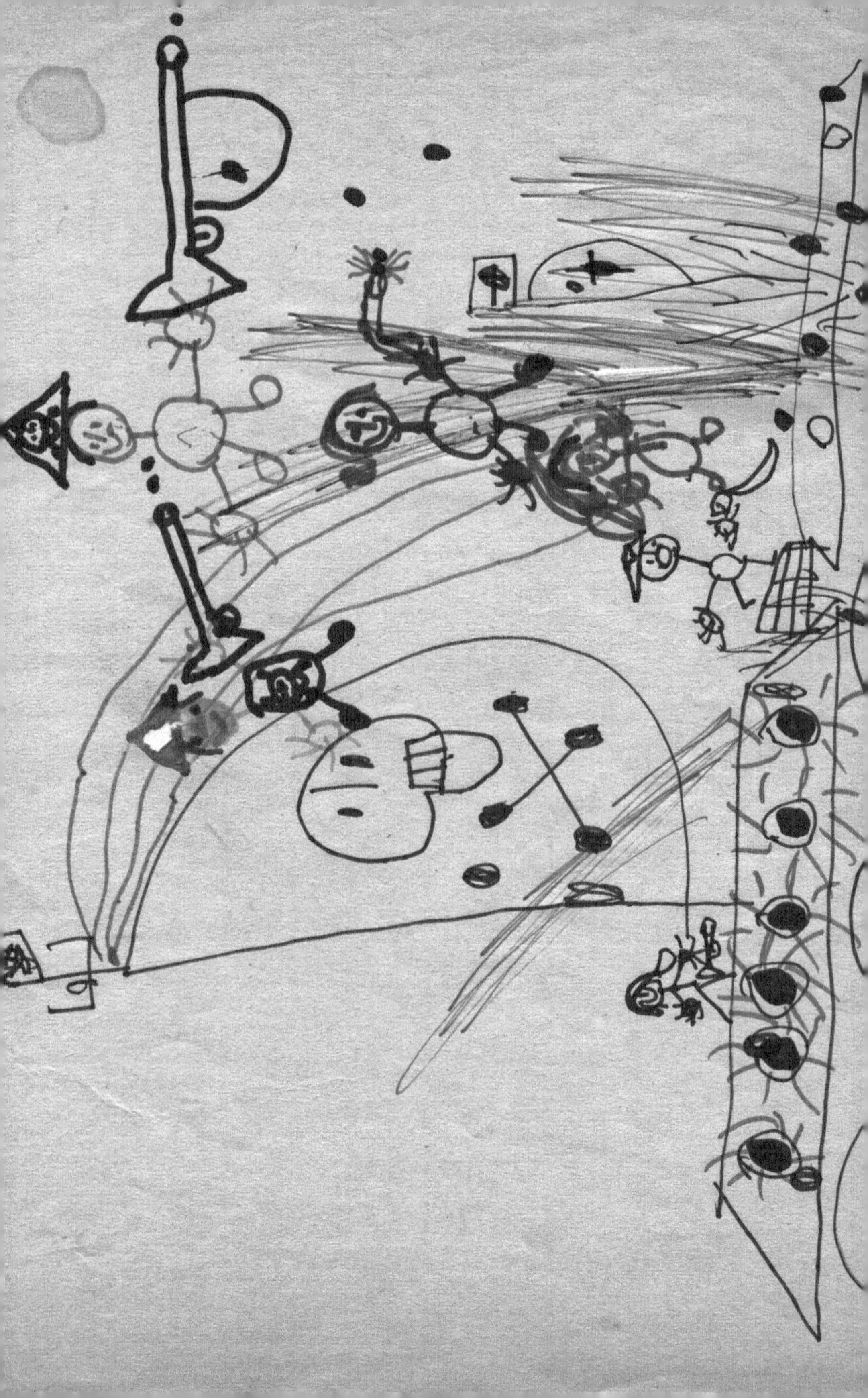

Für ein Kind

Das Haus war aus Schilfhalmen gebaut, es stand tief unten auf dem Grund des Mühlenweihers. Statt mit Mörtel war es mit Schlamm verputzt, denn es war ja ein Wassermannhaus. Aber sonst war es genauso wie andere Häuser auch, nur viel kleiner. Es hatte eine Küche und eine Speisekammer, eine Wohnstube, eine Schlafstube und einen Flur. Die Fußböden waren sauber mit weißem Sand bestreut, vor den Fenstern hingen lustige grüne Vorhänge, die waren aus Algen und Schlingpflanzen gewebt. Und natürlich waren alle Stuben, der Flur und die Küche und auch die Speisekammer voll Wasser. Wie konnte das anders sein, wenn das Haus auf dem Grund des Mühlenweihers stand?

Das Papier ist liniert, Klausurpapier mit Rand, im Kopf Name, Matrikelnummer, Datum, Thema eins, die Schrift klug und eilig, etwas ungleichmäßig, mal rechts, mal links geneigt, wer schreibt noch mit dem Füller und wann? Und was war Thema eins? Das weiß ich nicht mehr. Wie gewohnt. Überschrift, erstens Beispiel, zweitens Analyse, drittens Anwendung, mit Bildungsplanbezug, ich blättere vor, sechs Bögen à vier Seiten hat sie vollgeschrieben, es gibt keine Zwei, keine Drei, letzter Satz:

„Als er wieder einmal auf dem Rücken im Schlamm lag und zu den Menschen hinaufschaute, schob sich dort oben auf einmal ein plumpes schwarzes Ding heran, das er noch niemals gesehen hatte. Das Ding schwamm über ihn hinweg wie ein riesiger Fisch, aber es hatte keine Flossen und keinen Schwanz. Er konnte sich nicht erklären, wie das Ding es fertigbrachte, sich nicht zu rühren und trotzdem vorwärtszukommen“,[247]

ich muss wohl eine Fünf darunter malen, Datum, Unterschrift, was schreibe ich für sechs volle Bögen in mein Gutachten, hier liegen zwölf handschriftliche Seiten, sie hat den Wortlaut einer größeren Zahl gedruckter Buchseiten wiedergegeben (dort luftig gesetzt, Illustrationen dazwischen), einen altvertrauten Klang, wer ist noch vertraut damit, wer kann das noch, einen Wortlaut wiedergeben, von Hand? – Ob wir eine Sechs haben? Für ein leeres Blatt mit Namen vielleicht? Ich muss nachschauen, in der Prüfungsordnung, wahrscheinlich eher nicht, es gibt sie auch in der Schule nicht mehr, und ich will nicht, will weder Fünf noch Sechs schreiben, weder in Worten noch in Ziffern, Vier auch nicht, Drei im Notfall, denn es gibt einen Zweitgutachter. Ich möchte lieber nicht. Und was wollte sie? Für sich nichts, sie hätte nicht erscheinen brauchen, ein Attest lässt sich beibringen, eine Klausur nachholen, also für mich? Dass ich es lese? Für Kinder nur das Beste, hat er gesagt, in vielen Interviews, mit tiefer, markiger Stimme und rollendem R. Jahrelang lief er durch den Wald, murmelte Wörter und Sätze in ein Diktaphon, manche klangen russisch, ein Spion also, denkt seine Sekretärin; ein Radio hält man sich ans Ohr, nicht an den Mund. Zuhaus hat er es sich dann ans Ohr gehalten, hat Satz für Satz aus dem Ohr niedergeschrieben und abgewandelt, neu geschrieben, gestrichen, wieder eingefügt, es gibt nicht Schwierigeres als leichte Sätze, echte, handgemachte. Für Kinder nur das Beste. Für Kinder gab es damals nicht viel. Man hatte andere Sorgen. Für Kinder gibt es auch heute nicht genug. Zur Strafe bescheren sie uns schlechte Ergebnisse bei internationalen Vergleichstests. – Und bitte, merken Sie sich eins, hat er gesagt, mit rollendem R und brüchiger Stimme, ich war nie ein russischer Spion. Die Sekretärin schließt leise die Tür und geht nach Haus. Am nächsten Tag ist er nicht mehr,

doch er hat das R gerollt wie mein Opa und wie mein Opa kannte er sibirische Lager von innen. Hinwärts zu Fuß, zurück überwiegend auch, wie mein Opa, nur das letzte Stück in einem voll beladenen Zug in Schwarzweiß, aus allen Fenstern hängen Köpfe und Arme, am Bahnsteig strecken sich Hände in die Luft mit selbstgepflückten Blumen und selbstgemalten Schildern, in großen Druckbuchstaben, Preußler, Otfried, die Liebste hat es gemalt und die Blumen gepflückt, jahrelang hat sie mit Blumen und Druckbuchstaben auf jeden dieser Züge gewartet, erst eins, dann noch eins und noch eins, im Ganzen fünf. Er nimmt sie in den Arm und die beiden gehen nach Haus.

Tief in der Nacht ist er durch einen Fluss geschwommen, Schüsse von beiden Ufern, in der berechtigten Annahme, im Wasser auf die Körper von toten Pferden und Menschen zu stoßen und selbst gleich einer von ihnen zu sein. Für ein Kind hat er die Nacht, das Wasser und das Unterwasser neu geschrieben, für ein Kind, das er im Schreiben war und für das, das vor seinem inneren Auge stand für alle, die nur das Beste bekommen sollten. – Sie sollte etwas schreiben für eine Prüferin, die keine Prüferin sein wollte und will, zu keinem Zeitpunkt, und wollte das nicht, sie wollte etwas anderes schreiben, nichts wiedergeben, was in der Literatur für ein gewisses Fach stand, wozu, dafür aber etwas wiedergeben, was Bestand hat. Für jemanden. Für die Kinder hat er in sein Diktaphon gesprochen, sich selbst gehört und seine Stimme aufgeschrieben, bis es stimmte, für Kinder nur die besten Sätze: „Und er freute sich, dass er die Mutter noch einmal gehört hatte, ehe er vollends hinüberschlief – in den traumhellen Wassermannswinter.“[248]

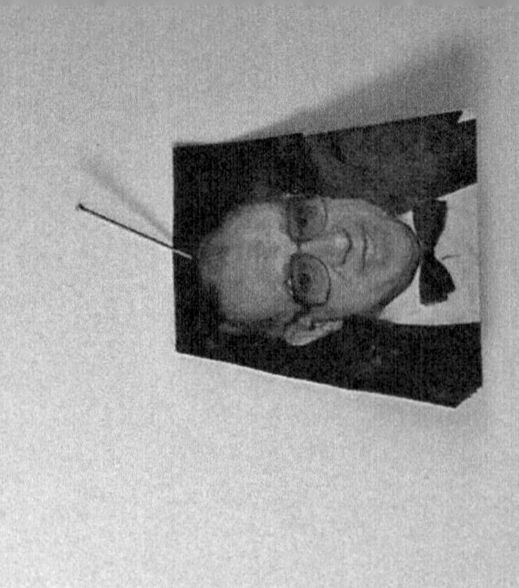
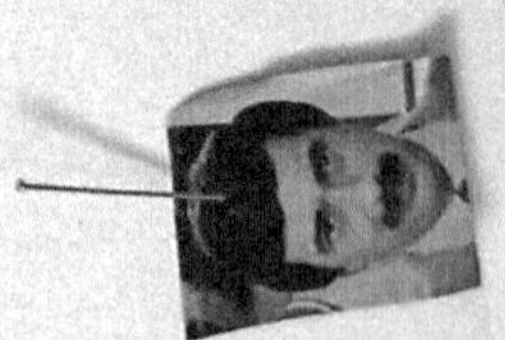
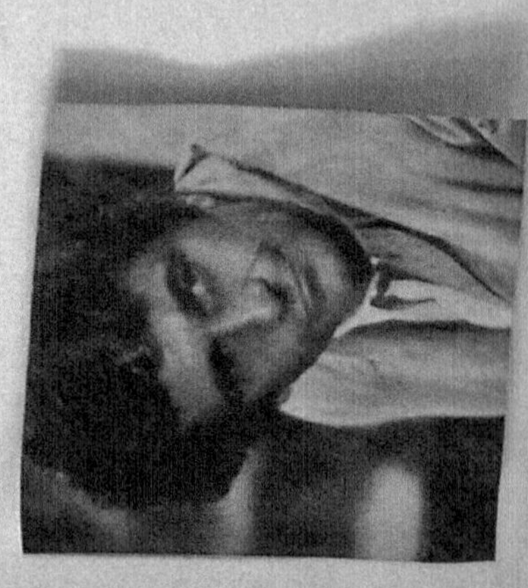

Passung sehen, unangepasst leben

„In Cambridge war es weniger schlimm gewesen, denn da hatte es jede Menge Kinder gegeben, die nicht für die Schule geschaffen waren, und jede Menge Mütter, die sie so gemacht hatten […].“[249]

Haben Sie heute schon geklebt? Geschnitten? Etwas zusammengefügt? Wahrscheinlicher ist, dass Sie irgendwo etwas *eingefügt* haben, und dies nicht mit beiden Händen, eher wohl durch einen Fingerstreich oder eine Tastenkombination, und nichts für ungut, wahrscheinlich war es nur eine Webadresse in einer Browserzeile. Das *Einfügen* ist Herausforderung inklusiven Denkens. Das *Einpassen*, mit dem ein Sichten, Sondern, Schneiden und Kleben einhergeht, ist eine Operation künstlerischer Praxis, die das Potenzial hat, auf bildungsbezogenes Denken und Handeln auszustrahlen. Diese Möglichkeit soll im folgenden Essay anhand des Begriffs *Collage* untersucht werden. Im übertragenen Sinn funktioniert das *papier collé* als Dispositiv für heterogene Konstellationen; im wörtlichen Sinn ist es das Resultat einer Handlung. Der Vorgang der Übertragung eines Begriffs aus einem Diskurs in einen anderen ist eine weitere Herausforderung, der sich dieser Essay stellen möchte.

Wer sind viele?

Die gängigen Ansätze künstlerischer Bildung sind prädestiniert für ein Handeln im Zeichen unvoreingenommen begrüßter Uneinheitlichkeit, weil sie in einem Maß zieldifferent arbeiten, das den Begriff *Ziel* ebenso zur Disposition stellt wie jenen der *Differenz*. Situationen edukativer Kopräsenz lassen sich als mannigfaltiges Geschehen der Wendung an den und die Anderen[250] verstehen – und die Kunst des Lehrens als die Kunst, kontinuierlich eine Andere zu werden: Morgens denke und fühle ich anders als mittags, als Lehrende verhalte ich mich in jeder Gruppe ein klein wenig anders; in jeder Sitzung, in jedem Einzelgespräch changiert mein Ich, und das Personalpronomen verweist ohnehin nur so lange auf mich, wie ich rede; wenn du dran bist, gehört „ich“ dir. Mit einem oder mehreren Anderen muss bei der Ausübung des Lehrberufs stets gerechnet werden, und diese Anderen rechnen wiederum mit dem Rechnenden. Die reziprok angelegte Simultaneität pädagogischer Relationen hält zahlreiche Faktoren offen; erst rückwirkend können einige Gleichungen gelöst werden, die in Wahrheit Wetten auf die Zukunft des Anderen sind.[251] Traditionell gilt das Erziehen bzw. Unterrichten als zukunftsgerichtete Tätigkeit, die auf ein Ergebnis oder Entwicklungsziel hin ausgerichtet ist, von dem einer der Beteiligten bereits Vorstellungen entwickelt hat, die den Anderen noch nicht erschlossen sind – ein Ungleichgewicht, das neu überdacht werden muss. Diese Anderen sind als Schüler Lernende unter nicht freiwillig ausgesuchten anderen Lernenden, sie haben oder spielen eine Rolle in ihrer Klasse, sind Freunde von Freunden, Geschwister von Geschwistern, Kinder ihrer Eltern. Wer sind sie? In der Kultur sozialer Medien werden Personen (lat. *persōna*, Maske) im Netz entworfen, wird Identität mit Profil verwechselt. Die Seitenansicht eines Gesichts, die einst vor der kriminaltechnischen Aufwertung des Daktylogramms zur Identifikation einer Person herangezogen wurde und seit einigen Jahren ein biometrisch verschärftes Comeback in der *face identification* erlebt, kann selbst angelegt werden. Viele haben mehrere.

> *„Die reflexive Beziehung des sich mit sich identifizierenden Einzelnen hängt von den intersubjektiven Beziehungen ab, die er mit anderen Personen, von denen er identifiziert wird, eingeht. Dabei soll er seine Identität in der lebensgeschichtlichen Vertikale […] ebenso aufrecht erhalten wie horizontal in der gleichzeitigen Reaktion auf verschiedene, oft konkurrierende Erwartungsstrukturen“*[252],

konstatieren Jürgen Habermas, Rainer Döber und Gertrud Nunner-Winkler im Jahr 1980. Identität wäre damit ein konservierender Selbstabgleich gewesen; der relational definierte Begriff (etwas kann nur identisch mit etwas sein, lat. *idem*, ebender, ein und derselbe) impliziert die Vorstellung einer raumzeitlichen Lokalisierung *und* Behauptung innerhalb eines möglicherweise dieser Behauptung entgegenwirkenden Beziehungsgeflechts. Dieses in den Erziehungswissenschaften breit rezipierte Verständnis von Identität als symbolischer Struktur[253] des Ich-Begriffs wird aus Sicht einer *Ästhetischen Bildung der Differenz*[254] scharf kritisiert: Hier werde eine Ausgrenzung jener vollzogen, die sich der Forderung einer lebensgeschichtlich organisierten Vertikalspannung gewollt oder ungewollt nicht stellen oder sich zumindest nicht darin behaupten können.[255] Maset führt im Gegenzug seinen von Deleuze/Guattari übernommenen Begriff des *Dividuums* ins Feld und auf Kant zurück, indem er dessen Charakterisierung des Subjekts durch die Elemente Rezeptivität und Zeitlichkeit in den Vordergrund rückt:

> *„Der innere Sinn, vermittelst dessen das Gemüt sich selbst, oder seinen inneren Zustand anschaut, gibt zwar keine Anschauung von der Seele selbst, als einem Objekt; allein es ist doch eine bestimmte Form, unter der die Anschauung ihres inneren Zustands allein möglich ist, so dass alles, was zu den inneren Bestimmungen gehört, in Verhältnissen der Zeit dargestellt wird.“*[256]

Für das leibhafte Gewahrwerden der dividuellen Konfiguration eines Wahrnehmenden reanimiert der Lyriker Oswald Egger das Adverb *selbander* (veraltet für *zu zweit*) und setzt es bezogen auf künstlerische Produktion, die der Wahrnehmung folgt, jeweils dort ein, wo eigentlich einer allein tätig sein sollte.[257] Maset, der an dieser Wendung sicher Gefallen gefunden hätte, verweist in einem verwandten Gedankengang auf den Maler KRH Sonderborg, der seine Blätter nicht nur mit dem Datum, sondern sogar der Uhrzeit signiert: Die Signatur rahmt eine vergangene Szene; das war mit mir zu diesem Zeitpunkt.

Bisweilen Geist sein

Gertrude Stein gelangt im Jahr 1936[258] in ihrem als Meditation[259] über den künstlerischen Schaffensprozess ausgewiesenen Text *Die geographische Geschichte von Amerika oder Die Beziehung zwischen der menschlichen Natur und dem Geist des Menschen* zu einer prozessual ausgelegten Unterscheidung zwischen Identität und Geist, die beide als mentale Modi ausweist, was diesen Geist – das andernorts *flow, lost in focus* oder auch einfach Konzentration genannte Aufgehen in einer Tätigkeit – durch die kontrastiv ausgearbeitete Identität vorstellbar macht. Im Fach Kunst ist Tätigkeit selbstverständlich; dass man darin zumindest gelegentlich versinkt, wünschenswert, und dieses Versinken ist nicht zuletzt ein Zustand vorübergehender Herausnahme aus der in allen diskursiv ausgebauten Schulfächern dominierenden Pflicht, eine Rolle zu haben und sie spielen zu müssen.

„Die menschliche Natur hängt an der Identität, dem Beharren auf sich selbst als Persönlichkeit, und dazu muss die Erinnerung einsetzen und das Gefühl, ein Publikum zu haben."[260] Hier agiert ein soziales Selbst, von Stein lakonisch charakterisiert in einer „Autobiographie I. Als ich noch eins war [...]. Als ich dies eine war, sagte ich wenn ich schaute dass ich nicht sah was ich sah. Das kann jedem passieren."[261] Dieser Identität fehlt häufig die Fähigkeit präsenten Gewahrwerdens; daraus lässt sich folgern, „dass die menschliche Natur nicht imstande ist aus jeder Minute alles zu machen"[262] und in jeder Minute alles aus (s)ich zu machen. Es könnte sich lohnen, bisweilen (s)ich und die Zeit, das Publikum und die Erinnerung im *Medium*[263] des Tuns zu vergessen. Der Wechsel zwischen beiden Zuständen ist ein Spiel, das es zu lernen gilt, wahrscheinlich nicht ohne Rückschläge, und Stein schreibt:

„Spiel I. Identität. Wenn ich weiß dass ich sag dass ich weggehe und ich tu's nicht tu ich's nicht. Das erzeugt Identität. Danke schön für die Identität selbst wenn sie kein Vergnügen ist."[264]

Zwei reichen nicht

Es gibt praktische Möglichkeiten, das Spiel zu erleichtern: Getreu dem afrikanischen Sprichwort, es brauche ein ganzes Dorf, um ein Kind großzuziehen, bedarf es einer ganzen Schule, eines ganzen Schulsystems, um einem Kind mit besonderem Förderbedarf gerecht zu werden. Beispielhaft für den Gedanken, niemanden einfach irgendwo einzufügen, sondern die Akteure gleichberechtigt herausfinden zu lassen, was *passt* und wenn ja, wo, gibt es Schulen, an denen Kinder mit besonderem Förderbedarf beispielsweise in Kunst zusammen mit der eigenen Altersstufe, in Mathematik in einer eigenen Gruppe, in Philosophie/ Ethik hingegen gemeinsam mit Älteren unterrichtet werden und bei der Gestaltung ihres Curriculums mitreden dürfen. Das schafft nicht zuletzt Rückzugsräume; verhaltensoriginelle Persönlichkeiten müssen nicht unablässig innerhalb der gleichen Lerngruppe originell sein und engagierte Lehrer sind zeitweise aus der Forderung entlassen, ihre Lehr-Lern-Settings pausenlos so originell zu gestalten, dass sie jedem gerecht werden. Inklusion kann nicht auf die Schultern eines allein gelassenen oder stundenweise unterstützten Lehrers gelegt werden. Und auch zwei sind zu wenig, lautet die Botschaft des Romans *About a boy* von Nick Hornby.[265] Marcus, ein unangepasstes Kind, das in der Schule gemobbt wird, schließt aus dem Selbstmordversuch seiner unangepassten Mutter, einer Musiktherapeutin, dass die Mutter-Sohn-Dyade – allgemeiner ein System, das auf der Proposition „Wir haben es schon immer so gemacht" aufgebaut ist – zu wenige Akteure für den Fall enthält, dass einer ausfällt oder ausfällig wird. In der Folge wählt sich Marcus den 36-jährigen Will zum Freund, der seinerseits, gleichwohl sehr trendbewusst, als unangepasster Lebenskünstler durchgehen könnte. Geduldig verhilft er Marcus peu à peu zu einer verfeinerten Wahrnehmung in Fragen der *Passung*:

> *„‚Was war mit deiner alten Schule?' – ‚Da war es anders. Da waren nicht alle Kinder gleich. Es gab kluge und dicke und beliebte und komische. Dort bin ich mir nicht anders vorgekommen. Hier komme ich mir anders vor.' – ‚So anders können die Kinder hier auch nicht sein. Kinder sind Kinder.' – ‚Und wo sind dann die ganzen Komischen?' – ‚Vielleicht sind sie nur anfangs komisch, bis sie sich anpassen. Komisch sind sie immer noch, aber sie fallen nicht mehr auf. Das Problem ist, du fällst den anderen Kindern auf. Du machst dich zur Zielscheibe.' – ‚Ich muss mich also unsichtbar machen?'"*[266]

Passen

Aus frz. *passer*, gehen, vorübergehen, das auch die Quelle für unser Fremdwort *passieren* ist, und niederl. *(ge)passen*, zum Ziel kommen, entfalten sich die drei Hauptanwendungsbereiche des Begriffs, die seine Widersprüchlichkeit für ein inklusives Dilemma fruchtbar machen:

(1) angemessen sein; gelegen kommen, angenehm, willkommen sein, gut sitzen, genau entsprechen, mit etwas harmonieren (dazu auch *passabel*, ‚leidlich', *anpassen*, ‚auf etwas abstimmen, angleichen' und verpassen; jemandem etwas anmessen, gegen seinen Willen geben, verabreichen),

(2) mit wachen Sinnen vorübergehendes verfolgen (dazu auch *aufpassen*) und
(3) ein Spiel vorübergehen lassen, nicht mitmachen, verzichten (‚ich *passe*').[267]
Wills Lebensweise und seine daraus generierten Vorschläge haben nur auf den ersten Blick mit einem oberflächlichen Verständnis von *Anpassung* zu tun. Vielmehr schärfen sie tatsächlich die bei Marcus nicht ausgebildete Fähigkeit zur Wahrnehmung von Oberflächen als Voraussetzung für die Kunst der Mimikry, für Schutz im visuellen Feld, der eine von jener der normdefinierenden Clique differierende Lebensform vor unnötigen Gefährdungen schützt:

> „‚*Aber wie wäre es, wenn du dieselben Kleider, dieselbe Frisur und dieselbe Brille wie alle anderen tragen würdest? Innen drin kannst du komisch sein, wie du willst. Mach nur was an deinem Äußeren.*'"

Das ist ein Plädoyer für situative Sensibilität (*aufpassen*) und für die Freiheit, den durch das Bildungssystem begünstigten Spielchen der Herrschenden von Zeit zu Zeit ein bewusstes „Ich passe!" entgegenzuhalten. – Der erste Schritt geht gründlich daneben; die von Will gekauften Markenturnschuhe werden Marcus sofort gestohlen. Doch ein konzeptueller Anfang ist gemacht, und im der Schuhe wegen aufgesuchten Vorzimmer der Schulleiterin lernt Marcus Ellie kennen. Was ihm zunächst fehlt, ist der Blick für etwas, was er mit seiner Umgebung teilen könnte (lat. *inter-esse*, dazwischen, dabei sein). Als er herausfindet, dass Kurt Cobain nicht Fußballer, sondern Musiker ist,[268] kann Marcus seinen ersten Kontakt[269] ausbauen und die deutlich ältere Ellie, das unangepassteste Mädchen der ganzen Schule, adoptiert ihn, wie sie es nennt. Der Sinn für Passung – ein ästhetisches Vermögen mit Zeitbewusstsein – ist etwas anderes als Anpassung.

Klebebilder

Marcus und die Überbleibsel seiner Familie leben eine Konstellation, die weithin *Patchwork* genannt wird (wörtlich: Flickwerk, engl. *to patch*, flicken, ausbessern, *to patch up*, zusammenstoppeln), die bildhafte Übernahme einer Handarbeitstechnik, bei der unterschiedlich gemusterte Stoffstückchen zu einem Ganzen gefügt werden, das seinen Charme gerade aus der irisierenden Andersartigkeit der Einzelteile erhält und im Idealfall bei der Fertigung mit einem Gespür für die Passung von Mustern und Stoffen einhergeht. Ein anderes Wort, das diese Konstellation fassen könnte, ist der etwas in die Jahre gekommene Begriff *Collage*. Im Folgenden wird die Frage aufgegriffen,
„ob nicht Collage eine geeignetere Vorstellung vom Zielbewusstsein wünschenswerter pädagogischer Aktivität vermittelt als der gebräuchliche Begriff Identität oder Identitätssuche."[270]

Karl-Josef Pazzini hat sie 1986 in einem Aufsatz gestellt. Der darin formulierte Wunsch ist unerfüllt geblieben und darf reanimiert werden, denn „Collage ist Auseinandersetzung mit Uneinheitlichkeit“,[271] also bitter nötig. Pazzini untersucht den Begriff einerseits im Wortsinn als künstlerische Technik und andererseits als anthropologische Metapher. Zur metaphorischen Herausforderung – einer unabgeschlossenen und wirkungsbezogenen Übertragung aus einem Referenzfeld in ein anderes – halten wir fest: Für einen als neu oder bemerkenswert empfundenen Sachverhalt ist ein Bild schneller zur Hand als ein eigener Begriff. Für eine Operation, die man bisher mit beiden Händen ausführte, gibt es nun einen Befehl, der jedem Benutzer in Erinnerung an die analoge Handlung einleuchtet; ausschneiden, einfügen. Auf dem Weg zur Selbstverständlichkeit dieser bildhaften Wendung und der damit verknüpften Operation gibt es einige Unebenheiten. Aus frz. *colle* (Leim, Kleber) entwickelt, steht der für die analoge Operation im künstlerischen Kontext verwendete Begriff für eine zwei- oder dreidimensionale Zusammenfügung von materiell, formal und inhaltlich heterogenen Bildelementen. Anders als beim *cut and paste*, das sich zwischen Tasten und Bildschirm abspielt, sind hierbei mehrere unterschiedlich geartete Komponenten nötig, nämlich das fragmentierte Material und ein Klebstoff (engl. *paste*, Teig, Paste, Brei, Kleister, Klebstoff, Papp). Im Unterschied zum bisweilen mit dem Denken und Schreiben verwechselten Befehl hinterlässt die analoge Operation offensichtliche Schnittwunden und einen erkennbaren Rest, eine Negativform, deren Gehalt nicht zu unterschätzen ist. Das Weggenommene fehlt, es hat eine Wunde aufgetan oder einen heilsamen Schnitt gesetzt.[272] Die Collage verlangt manuelles Geschick sowie ein Auge für Passungen und belohnt mit zu/fallenden Schätzen wie den Schnipseln, die einst die Arbeiten Hans Arps und die surrealistische Lyrik vorantrieben, mit Ent/deckungen im sich überlappenden Durch/ein/ander auf Tisch und Boden, für die es kein digitales Pendant gibt. Beim Collagieren wird die Begrenztheit von Ressourcen erfahren; das Ausgangsmaterial ist endlich, und *copy and paste* bedeutet hier, dass eine Komponente erst einmal vervielfältigt werden muss: Wie oft, wie groß, mit welcher Technik? Und wie soll das Material eingepasst werden (*gepastet* reicht nicht), welche Form soll entstehen? Aus heutiger Sicht berührend, manifestiert sich dieser Sachverhalt in Hannah Höchs Spätwerk *Lebensbild* (1972/73). Die in bescheidensten Verhältnissen lebende und wirtschaftende Künstlerin bekommt die für sie unerschwinglichen Abzüge relevanter Bilder aus ihrem Leben und Werk von einem befreundeten Fotografen, dem sie im Gegenzug Einblicke in ihr Haus, ihren Garten, der selbst bisweilen als Collage bezeichnet wurde, in Berlin-Heiligensee gewährt.

Das Und

Beim Referenzfeldwechsel ist der Klebstoff verloren gegangen, im Schnellschuss: Klebepistolen und flinke Flaschen, sodann Hammer, Nägel, Schlaghefter, Klammern, Nadel, Faden, Hitze, Wachs, die Lebensmittel Mehl, Ei, Stärke und schließlich die Gerüche, die

Rituale der Herstellung von Hasenhaut-, Knochen- und Fischleim im Wasserbad. Das Gespür für (Material-)Verbindungen ist eine Grundvoraussetzung all jener künstlerischen Operationen, die nicht am Rechner ausgeführt werden, sonst fällt das Bild von der (Lein)Wand und der Henkel bleibt in der Hand, indes die Tasse in Scherben fällt. Ein Gespür für das Verbindende ist auch die Voraussetzung für konzeptuelle, relationale, soziale und performative Ansätze. Das Verbindende ist ein und (ein und ein und), ein sowohl als auch, kein entweder oder. Trotzdem wird eins nicht mit dem anderen verwechselt; die Besonderheit der *Konjunktion* besteht darin, zugleich zu verbinden wie zu trennen."[273] – Der Unterschied zwischen einer zur Gewohnheit gewordenen Alltagsleistung oder -formulierung und dem Kontext künstlerischer Bildung im Erkennen und operativen Aufgreifen von Ähnlichkeiten besteht in der stetig reflektierten Konsultation beider[274] Referenzfelder einer bildhaften Konjunktion, und auch Marcus tut gut daran, kontinuierlich auf Ähnlichkeiten zwischen sich und seiner Umgebung zu achten und seine Schlüsse daraus zu aktualisieren.

Schnitte setzen

„Sehen Sie doch einmal vom Heft hoch, ehe Sie richtig anfangen zu lesen: was Sie sehen, ist eine Collage […]. Das, was Sie sehen, war nicht schon immer so zusammen, und aller Wahrscheinlichkeit nach ist nicht alles, was Sie sehen, gleich lange an seinem Platz. […] Oder vergegenwärtigen Sie sich einmal das, was Sie heute anhaben. Es ist unwahrscheinlich, dass Sie all das auf einen Schlag gekauft haben, dass es alles aus diesem Jahr stammt, alles von einer Marke ist, alles genau einen Stil hat. […] Oder sehen Sie einmal kurz in sich hinein: wem gleichen Sie mehr? Ihrer Mutter, Ihrem Vater, wem noch? Oder sind Sie das identische Reduplikat von jemandem? Oder sind Sie ganz und gar Sie selbst, eins mit sich, identisch?"[275]

Das Denken in bildhaften Analogien[276] ist künstlerischem Denken eigen, löst häufig wissenschaftliches Denken aus und schleift sich im Alltag achtlosen Sprechens gedankenlos ab. Denken im Kontext künstlerischer Bildung bedeutet, sich in Tat und Wort beider Referenzzonen einer bildhaften Äußerung zu vergewissern. In Auseinandersetzung mit Pazzinis Text notiert der Student Jannik Frank:

„Erste Assoziationen erblühen, als ich mein altes Kinderzimmer zuhause […] betrete. Die Wand ist voller Fotografien, schön gefasst in verschiedenste Rahmen und Rähmchen. Jede Fotografie hält einen besonderen Moment meines Lebens fest und ist Bestandteil der Collage, die sich über die gesamte Wand ausdehnt. Zwei dieser Fotografien sind für mich besonders wichtig. Sie zeigen zwei Gesichter, die jeweils

zur Hälfte aus meinem und zur anderen Hälfte aus einer Hälfte des Gesichts meiner jeweiligen Elternteile besteht. (Stichwort: Spiegel) Die Bilder sind Collage in sich. Ich bringe sie mit der Aussage Pazzinis zur Persönlichkeitsstruktur als Collage in Verbindung. Wie oft habe ich schon analysiert, wer ich bin, wem ich in welchen Situationen mehr ähnle, wem ich äußerlich mehr gleiche [...]. Anlass [...] war schon immer, dass ich am liebsten/gezwungenermaßen (Einzel-, Scheidungskind) alleine war und viel Zeit mit mir selber hatte."[277]

Pazzini hält seine Entlehnung in ihrer Beschaffenheit bewusst:

„Wenn ich im Folgenden ‚Collage' schreibe, meine ich dies nicht im strengen Sinne nur eines bildnerischen Verfahrens oder gar eines Klebebildes. Sondern auch: ein Verfahren, Begriffe zu bilden, zu denken, wahrzunehmen, zu handeln, zu leben. ‚Collage' ist dann ein geliehener Begriff [...], weil ich für das, was ich mitteilen will, noch keinen adäquaten philosophischen, pädagogischen oder sozialisationstheoretischen Begriff gefunden habe."[278]

Wenn ein Bild besonders einleuchtet, wird sein Gebrauch ausgeweitet und es schließt sich die Frage nach den Grenzen seines Zutreffens an: Was ist dann eigentlich *nicht* Collage? Ihre Bearbeitung muss das methodische Vorgehen dessen, der das Bild eingeführt hat, berücksichtigen. Unter dieser Prämisse fällt die Antwort verblüffend einfach aus: alles, was nicht unter die Gesetze der Zentralperspektive fällt. Das ist schwer genug.
„Ich glaube daran, dass alles auf mich zukommt, solange ich mich mit offenen Augen (man beachte den Plural) durch die Welt bewege."[279]
Wie funktioniert die Zentralperspektive? – „Man setzt einen Punkt auf ein Blatt. Alle Gegenstände auf dem Blatt müssen sich an diesem Punkt ausrichten. Sie werden durch diese Ausrichtung deformiert. Brutal." Eine spontane studentische Antwort. Zweiundzwanzig Jahre vor Hans Beltings Buch *Florenz und Bagdad*[280] und beschreibt Pazzini[281] die Zentralperspektive als ein zurichtendes Dispositiv westlichen Denkens, das, und hier berührt sein Diskurs grundsätzliche Fragen der Philosophie, auf einer gewaltsamen Subjekt-Objekt-Trennung und auf dem festen Standpunkt eines dem Subjekt gleichgesetzten einäugigen Betrachters beruht. Die europäische Kunst hat diese Ermächtigung des punktsetzenden Subjekts über mehrere Jahrhunderte fokussiert. Das Bild, das es sich von der Welt macht, ist ein transparenter Schirm gleich einer Fensterscheibe. Der wird in der Bildproduktion anderen vorgehalten: siehst du. Du sollst so sehen wie ich. Erst mit dem Einsetzen der Moderne wird der Schirm undurchsichtig und zur Fläche, die wieder ernst genommen wird. Paul Cézanne richtet jeden Strich, den er setzt, am Bild als *Fläche* aus. Was dabei herauskommt, wird zunächst als zerstückelt

wahrgenommen, doch die Wahrheit steht nun vor dem Bild, das kein Schirm mehr ist, und nicht mehr dahinter: Setz es dir selbst zusammen, ich maße mir nicht mehr an, dir diese Arbeit abzunehmen. Hannah Höch führt 1919/20 einen paradigmatischen *Schnitt mit dem Küchenmesser Dada durch die letzte Bierbauchkulturepoche Deutschlands* und im Jahr 1987 sticht der Maler Luc Tuymans mit dem Messer in den Nacken einer soeben gemalten Rückenfigur.[282] Die im westlichen Bilddenken proklamierte Subjekt-Objekt-Trennung provoziert ihn zum Handeln außerhalb des Rahmens, den das Bild als Schirm gesetzt hätte, und Jannik Frank erinnert sich

> *„daran, dass ich oft auf dem Sims des Fensters (Stichwort: Fenster), welches sich genau in der Mitte der Bilderwand befindet, gesessen und die Welt aus diesem einen Blickwinkel beobachtet habe. Der junge Jannik ein ‚homo clausus'? Subjekt getrennt von Objekt? Wanderer über Nebelmeer? Monokulare Sicht auf die Welt (Blick aus einem Auge des Hauses)?* Zentralperspektive? OHJE!“*[283]

Der längst noch nicht alte Jannik Frank hat es sich zur Aufgabe gemacht, die von Pazzini angerissene Metapher in seiner dinglichen Umgebung aufzusuchen und ihr (s)einen eigenen Text zu widmen, um sich (s)eines künstlerischen Bildungsprozesses zu vergewissern. Seine Methode ist die Suche nach Analogien und ihre diskursive Überprüfung; das kontinuierliche Präsenthalten beider Referenzfelder und das Abstecken von Grenzen, man ist versucht zu sagen: das Setzen von Schnitten. – Gegen die Zurichtung durch eine monokulare Sichtweise wird in einer zornigen Detailstudie aufbegehrt:

> *„Ich hatte direkt mittwochs nach dem Seminar etwas (vermutlich ein Staubkorn) in mein rechtes Auge bekommen. Man darf es eigentlich keinem erzählen, aber ich entwickelte einen solchen Zorn und solche Wut, aus der Angst heraus, dass sich mein Auge nie mehr öffnen lasse, dass ich gegen Türe und Wände getreten bin und meine Freundin, die mir eigentlich helfen wollte, angeschrien habe. Nach einer halben Stunde, nach welcher ich das Staubkörnchen auf irgendeine Weise aus meinem Auge herausbefördert bekommen habe, konnte ich mein Auge wieder öffnen und es war – im wahrsten Sinne des Wortes – erleuchtend: Objekt und Subjekt... Jannik versteh es endlich!“*[284]

Unter dem Lidschlag

Dass die Dinge ganz anders aussehen, wenn wir auch nur einen Schritt beiseitetreten, weiß jeder, der sich die Mühe macht, es zu tun. Die Kamera als Medium der Zentralperspektive hat deren eine Position fixierende Sichtweise aus der westlichen in die ganze Welt exportiert. Der Einwand, das an Einfluss gewinnende bewegte Bild mache diese Fixierung wett, führt nicht weit, denn der Betrachter eines Films oder Clips ist einem passiven, lidlosen Auge gleichgesetzt. Menschliche Wahrnehmung funktioniert anders. Mehrfach in jeder Sekunde verschließt der Lidschlag unser Auge, und dies nicht lediglich, wie lange angenommen, zur Befeuchtung des Augapfels, sondern um dem Gehirn Zeit zu geben, die eintreffenden visuellen Informationen zu verrechnen (eine interessante Parallele zur oben angedeuteten schulorganisatorischen Ermöglichung des temporären Rückzugs, eines Sich-Herausnehmens). Und:

> *„Lange dachte man, dass Bilder entstehen, indem die Assoziationsfelder die Rohinformation aus der primären Sehrinde geschickt zusammensetzen – wie ein Maler, der Linie für Linie, Fläche für Fläche, Farbe für Farbe sein Kunstwerk aufbaut. Doch wie wir heute wissen, ist das falsch: Die Bilder sind schon da. Die Assoziationsfelder arbeiten nicht wie ein Maler, sondern eher wie ein Collagekünstler, der vorhandenes Material sichtet, passendes auswählt, es neu zusammenstellt und abwandelt."*[285]

Bei allem, was nicht gänzlich neu ist, führen wir somit bereits verarbeitete Bilder mit dem akuten Wahrnehmungseindruck zusammen, was dazu führt, dass wir uns zum Beispiel freuen, unserer Bekannten zufällig auf der Straße zu begegnen, und uns hinterher auch noch gut an die Pointen unseres kurzen Dialogs erinnern können, aber zu ihrer Enttäuschung die neue Frisur nicht bemerkt haben.

Eine weitere Parallele zwischen Wahrnehmungsverarbeitung und der Operation *Collage* ist eine selektive Komponente des Sehakts selbst. Legt man uns detailreiche Bilder vor, sondern wir beunruhigende Stellen schlichtweg aus und konzentrieren uns auf das, was wir als bekannt, beruhigend und angenehm empfinden. Das betrifft nicht allein die Gehirnleistung, sondern bereits die Aktivität des Sehnervs, die beunruhigenden Stellen werden gar nicht erst abgetastet. Das erklärt zumindest in Teilen, warum unser Bildhandeln schneller als unser Denken ist. Legen wir einer Personengruppe eine größere Menge zufällig ausgewählter Bilder mit der Bitte vor, zügig fünf daraus auszuwählen, und bitten wir die Anwesenden später, für diese fünf Bilder eine Überschrift zu finden, so wird es ihnen möglich sein, einen Zusammenhang zwischen ihnen herzustellen, dem die Hand vorgegriffen hat.

Sozialer Klebstoff

Bilder bedürfen der Animation durch ihre Betrachter.[286] Hier bahnt sich eine Verbindung zwischen Wahrnehmen und Denken an, die in den Anfangsszenarien künstlerischer Projekte[287] gängig ist. Die Teilnehmer werden gebeten, meist zu einem übergeordneten Thema, Dinge mitzubringen, auch: Bilder, Materialien, Wissensfragmente, Dokumente aller Art. In diesem Feld werden Differenzen begrüßt, in allen Unterschieden, im auf den ersten Blick Unpassenden, Überraschenden liegt das epistemische Kapital des Szenarios, das oft spielerisch

variiert, dekonstruiert, geordnet, verwandelt oder behandelt wird, bevor die Erkundung und Entwicklung individueller Gestaltungswege ihren Lauf nimmt. In offenen Szenarien des Experimentierens finden die Schüler selbst ihr Thema; es wird ihnen nicht *gestellt*. Warum liegen *Aufgabe* und Aufgeben(wollen) nur so nah beieinander? Die Ergebnisse einer solchen Exploration werden wahrgenommen und in ihrer jeweiligen Eigenart wertgeschätzt; sie sind der Anfang, nicht das Ende eines Prozesses, innerhalb dessen die Schüler nicht immer am gleichen Ort und zur selben Zeit ihre Projekte realisieren. Eine solche Lernkultur braucht Zeit, sich zu etablieren. Sie ist nicht vom ersten Tag an da.
In der Produktion von inneren Bildern (*images*), der die Produktion von materiellen Bildern (*pictures*) folgt, die fortan rezipierend wiederbelebt werden können, vollziehen sich Prozesse des Mitteilens und der Teilhabe, die sich in inklusiven Settings als unabdingbar erweisen. Das Bild ist für alle, die nicht oder nicht allzu gut schreiben können, die schnellste und effektivste Strategie der zeichenhaften Fixierung von Erkenntnisschritten sowie der Kommunikation von Ideen und somit der gestaltenden Teilhabe an der sinnlich wahrnehmbaren Welt. Der Collage als niedrigschwelligem Angebot zur Bildproduktion kommt hierbei ein besonderer Stellenwert zu. Der Zugang zum unvoreingenommenen Bildhandeln wird mit zunehmendem Alter durch die curricular dominant eingeforderten Fähigkeiten und Fertigkeiten im Gebrauch von Schrift und Zahl abgelöst. Auf diese Weise wird für viele der Zugang zur gestaltenden Teilhabe am Feld des Visuellen verdeckt, das, bedingt durch medial bedingte gesellschaftliche Veränderungen, radikal an Bedeutung gewonnen hat. Teilhabe ermöglichen heißt, die Herausforderungen einer bilddominierten Wirklichkeit zu begreifen – am Begriff hängt der Griff! – und ihr im Feld des Visuellen handelnd zu begegnen.

„Das Erleuchtete Brot"[288]

Dieses Feld, in einem Anfangsszenario künstlerischer Bildung wörtlich genommen, ist ein Feld der unterschiedlichen Gaben und Begabungen. – Dazu ermuntert, wahlweise ein für collagierendes Denken und Handeln geeignetes Material oder ein materialverbindendes Angebot für alle in die Seminarsitzung mitzubringen, legt der Student Jannik Frank ein Brot auf den Tisch. Nicht *ein* Brot, sondern einen Beutel mit geschnittenem Weizenmischbrot, wie es mit einer Preisspanne von 49–69 Cent bei Discountern erhältlich ist.

> *„Die Idee mit dem Brot kam mir morgens beim Frühstück, spontan. Sie flog mir wie vieles zuvor einfach zu, sie kam mir entgegen. Ein Eräugnis sozusagen. (Der Einfluss, welcher das Seminar und seine Inhalte auf meinen Alltag haben, ist beachtlich und/ aber angenehm. Es ist, als würde ich mich von Woche zu Woche an einem roten Faden entlanghangeln.) Brot hat, wie mir vor allem nach der Besprechung klar wurde, sehr viel Potential als Grundstoff. Ich würde am liebsten direkt damit praktisch weiterar-*

beiten. Dafür fehlt leider die Zeit (s.o.), doch gerne behalte ich die Auseinandersetzung mit dem Rohstoff Brot im Hinterkopf.“[289]

Ein unter zweifelhaften ökologischen und sozialen Bedingungen produziertes und verkauftes Beutelbrot mag Vorbehalte auf den Plan rufen; zum einen: Warum gerade solches?, vor allem aber: Mit Brot spielt man nicht. Janniks Brot ist ganz frisch, der Beutel noch leicht beschlagen, es duftet, ist weich und saftig in der Konsistenz, biegsam, geschmeidig, angenehm in Farbe und Form, und mögen auch Bemerkungen von ernährungsbewussten Kommilitoninnen gefallen sein – am Ende der Sitzung, in der ergebnisoffen mit allen eingebrachten Materialien und Verbindungsangeboten experimentiert wird, ist kein Brot übrig, während die Entsorgung der nichtessbaren Materialien noch einige Zeit und mehrere Müllsäcke in Anspruch nimmt. Das Brot wird dankbar angenommen, es lässt sich schneiden, kleben, nähen, nageln, tackern und stecken, es dient als formbare Masse, als Farbträger und als Klebstoff. Im Nachgang notiert die Dozentin: *Trink mich* steht auf einem Fläschchen, und Alice trinkt.[290] *Iss mich* steht auf einem Kuchen, und Alice isst. Vom Elixier wird sie kleiner, vom Kuchen wieder größer. Sie muss essen und trinken, bis sie die richtige Größe hat, um sowohl an den Schlüssel zu kommen, der auf dem Tisch liegt, als auch durch die Eingangstür ins Wunderland zu passen. Sie wird größer, als sie war. Doch eben dadurch wird sie auch kleiner, als sie jetzt ist. Sie ist nicht zur gleichen Zeit größer und kleiner, es ist aber die gleiche Zeit, in der sie es wird. Es gehört zum Wesen des Werdens, in beide Richtungen gleichzeitig zu verlaufen. Also nicht zu fassen.[291] – Bildungsprozesse und die Logik des Sinns haben viel gemeinsam, nicht zuletzt ihre Kontingenz und die Mannigfaltigkeit ihrer Ausformungen. Wir werden nie in Gänze sehen können, was alles gleichzeitig im Raum passiert. Ohne das Vertrauen, dass dennoch das Richtige passiert, ist Lehren nicht denkbar. Ohne die Übernahme der Verantwortung dafür, dass das Richtige, besser vielleicht: das Wichtige zumindest möglich wird, erst recht nicht.

Kuchen lag aus (vielmehr Brot), ein Elixier (Eiweiß), zum Einpacken und Mitnehmen gab es, wie im Restaurant, Alufolie. Dazu Kleenex. Nadel und Faden lagen bereit, Bügeleisen und Nähmaschine, Lötkolben und Klebepistole, Pinsel und Acrylfarbe, ein Sammelsurium aus Plastik, Holz, Papier, Metall. Was sie zum Handeln reizte und warum, das wissen die Einzelnen selbst am besten. Einige Komponenten, die Anziehung wahrscheinlich machen, sind die Lebendigkeit des Materials,[292] die Neigungen der Anwesenden – Neigung: Ein inneres Gewicht verlagert sich, ich gebe nach, und schon bin ich da, wo ich hinwollte (die Lust an Nadel und Faden, die Fertigkeit im Papierblumendrehen) –, eine Vorerfahrung, die Neu-Gier (noch nie gesehen, gefühlt, gelötet), die Provokation, denn wie gesagt, mit Brot spielt man nicht.

Wie kann aus dieser Setzung ein Satz werden, der weiterführt? Iss mich, sagt das Brot. Riech mich, fühl mich natürlich auch. Und dann: Mach was mit mir. Alice knabbert vom Kuchen und wird größer, was nötig ist, um an den Schlüssel zum anderen Ort zu gelangen. Und das ist gut so. Damit wird sie kleiner gewesen sein, als sie war, bevor sie das tat. Neuer Satz: Halten wir uns vom ersten, vom alltäglichen, vom naheliegenden Impuls zurück und *machen* wir etwas *anderes*. In diesem Moment wird das Brot vom Ding an sich zum Zeichen für etwas, und wir sind im Kern dessen, was künstlerisches Handeln im Wesen betrifft. Dinge werden mit einer Bedeutung versehen, die zur Disposition steht.[293]

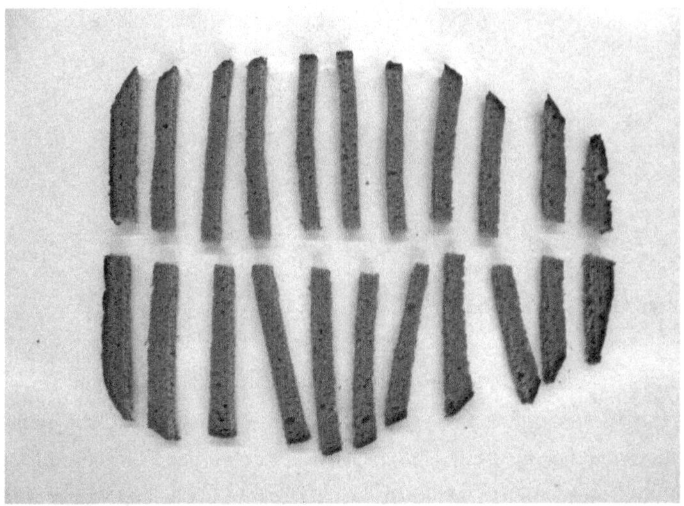

Abb. 46: Schneiden ...

Zwei der verwandelten Dinge aus dieser Exploration prägen sich im Nachgang besonders ein, weil sie mit wenigen Handgriffen einen Begriff zur Disposition stellen. Der erste Versuch nimmt das Brot in seiner (Darreichungs-)*Form* an und ernst: Scheibe, das Brot wurde geschnitten, die Schnitte verlangt danach, geschnitten und gelegt zu werden, auf einmal tritt der Grund hervor, das Verhältnis von Figur und Grund, das pikturale Verhältnis schlechthin,[294] wird aktiviert.

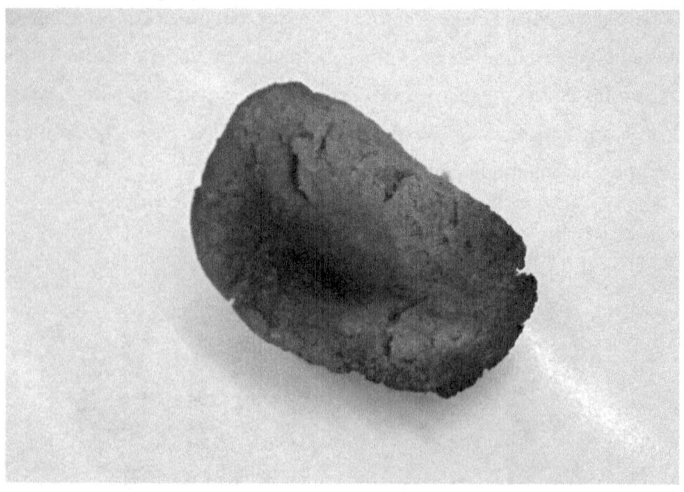

Abb. 47: ... und kneten

Das zweite Stück Brot wurde hingegen in seiner *Substanz* ernst genommen. Teig, der geknetet wurde und geknetet, dann gebacken werden will. Das Brot ist angekokelt, seine plastischen Eigenschaften treten hervor, sein Gebrauchscharakter zurück. In diesem Moment wird Ästhetik zu Ethik:[295] Das unbrauchbare Brot ist sichtbar geworden und kann als Gegenstand, der reflektiert wird, unter günstigen Umständen mehr bewirken als ein durch Aufessen unsichtbar gemachtes. Die Frage ist längst nicht mehr die, ob Brot etwas mit Collage zu tun hat. Das mitgebrachte Brot war im Feld der Mitbringsel das vordergründig *unpassendste* und hat genau deshalb die Herstellung von Verbindungen in Praxis und Diskurs ermöglicht. Jannik Frank hat sich übrigens im Anschluss an einen Essay über die Analogien von Back- und Bildungsprozessen gesetzt. Und *last, but not least* beginnt Marcus' Transformation, die durchaus als Gang einer (auch ästhetischen) *Bildung der Differenz* lesbar ist, mit einem ethisch fragwürdig eingesetzten, vielmehr: geworfenen Brot, mit dem Marcus möglicherweise eine Ente getötet hat (vielleicht war sie aber schon krank), einem Brot, das Will auf den Plan ruft und eine ganze Kette von Ereignissen evoziert, die allmählich ein System heterogener Freundschaften ermöglichen, das auf Passungen *und* gelebten Andersartigkeiten beruht. Am Ende der Geschichte denkt Will bei sich:

> *„Das musste man Marcus lassen [...]. Der Junge war schwierig und verrückt und sonst was, aber er hatte es raus, Brücken zu bauen, wo immer er hinging, und den Trick beherrschten die wenigsten Erwachsenen.“*[296]

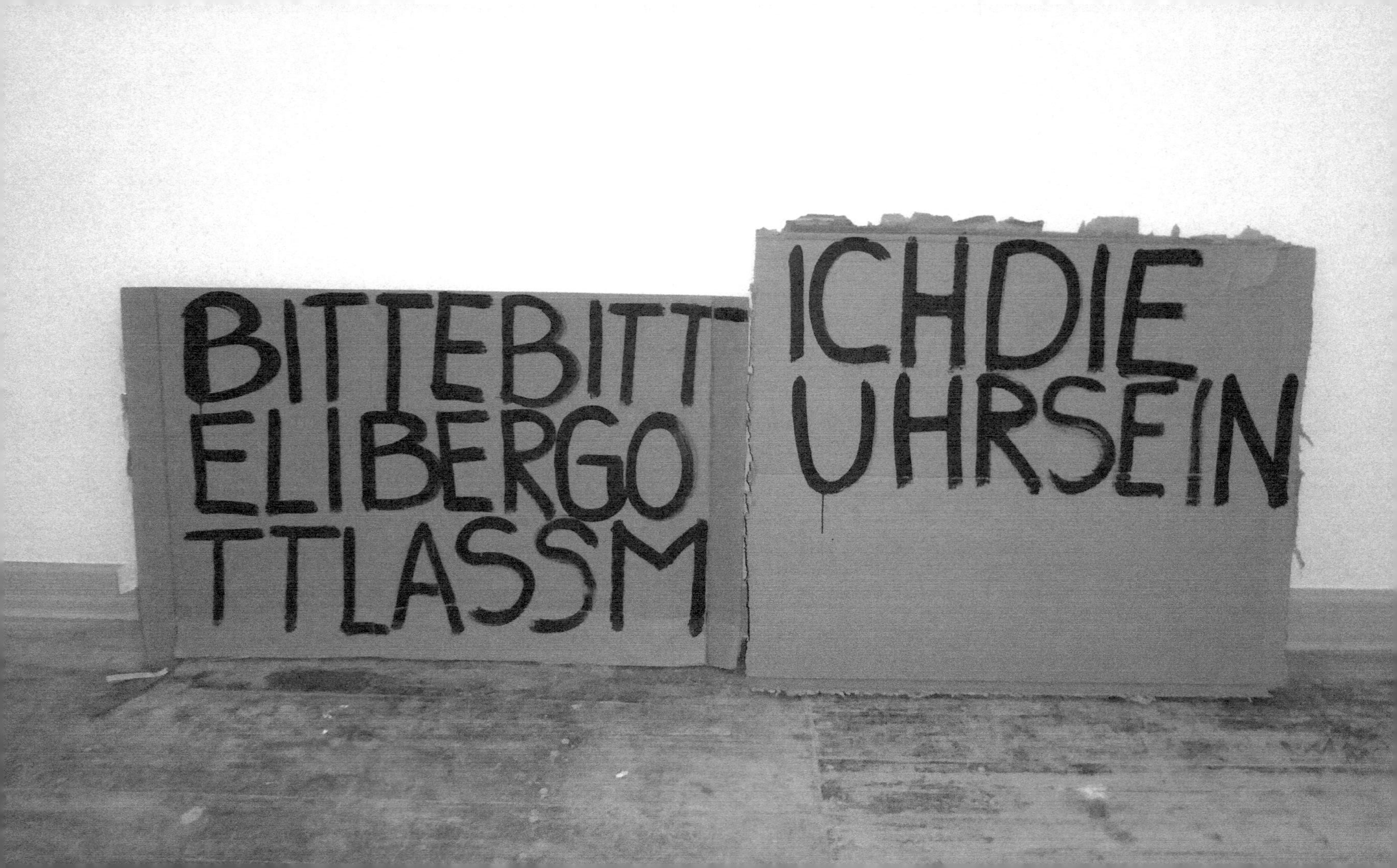

BITTEBITT-
ELIBERGO
TTLASSM

ICHDIE
UHRSEIN

Sieben Uhr Fünfzig

Bis hierher habe ich gesehen und gehört –
eine bärtige Gestalt in oliv- bis kaffeefarbener Haut und zerzausten graugrünbraunen Haaren, die Hautundhaarfarbe ging in den Parka über, der bis zu den Knien zu reichen schien; den rechten Ärmel auf links nach innen gezerrt, verdreht eingesaugt, nicht eingeschlagen, sorgsam, wie es die Kriegsversehrten oder ihre Frauen damit hielten, versehrt: verlorenes Wort, und die Hautfarbe über dem Parka hatte nichts mit einer Herkunft-of-Colour zu tun, es war der Staub, der sich auf alles legt und von Haut und Haaren dank ihres schützenden Fettfilms besonders gut angenommen wird. Andere sind gewohnt, ihn abzuwaschen, alles ist da, Dusche, Handtuch, duftende Essenzen, Gewohnheit, sie wohnen damit, doch die Gestalt ist entwohnt, sie steht morgens nicht neben einer Dusche auf. Sie nähert sich dem Ausstieg (in Fahrtrichtung rechts, Mehringdamm), die Lippen bewegend,
eine kleine Spende, etwas zu Essen, ein bisschen Kleingeld, es ist eine helle, weibliche Stimme, ich halte es für seine und wundere mich nicht weiter, doch der Pappbecher klappert von hinten den Gang herauf (ein trockenes, diskretes Geräusch), es ist eine kleine Frau mit grauem Kurzhaarschnitt, ihr Gesicht voller Leben und Falten
sah ich anderswo hinter einem Lehrerpult oder am Kopftisch eines Seminarraums,
doch ich sah einen einsteigen, einen anderen ruppig begrüßen, plötzlich waren es vier, ich sah hagere Gesichter mit hohen Wangenknochen, staubige Kleidung, vielleicht einen Rucksack, ich hörte vielleicht und spürte vor allem – sie haben nichts Gutes im Sinn, weil sie schon lange nichts Gutes mehr gesehen und gehört haben, einstürzende Häuser, das Rauschen von Schutt, Geschütze? Was für ein Wort, und ich spürte, dass einige etwas Ähnliches spüren, eine Anspannung in der Magengrube,
die nachlässt, sie steigen schon am Südkreuz aus.
Ich sah die Vorbereitungen für ein islamisches Fest, auf dem Hermannplatz, bunte Stühle gestapelt vor dem Eingang zur U-Bahn, Zelte und Baldachine, gewaltige Schnabelkannen aus Messing, hüfthohe Keramiken: große Schalen, nein Becken aus rotem, unglasiertem Ton auf einem hohlen Fuß, der Boden der Becken ist offen, es gibt eine Auslassung, in die ein Eisenrost eingehängt werden kann, sie sind neu, noch unbenutzt, vielleicht kommen glühende Kohlen hinein?,
ich sah es kommen, doch ich wusste nicht, was, denn vor der Ruine der Tankstelle an der Sonnenallee waren vier Polizeimaschinen aufgebockt, ihre Fahrer, waffenbehängt, in schwerer Motorradkluft, in der Bäckerei Süß, sie hat schon geöffnet,

und vier Krähen sah ich, zwei unter einem Auto, zwei auf dem Dach, die auf dem Dach zerlegten etwas Kleines, Krümeliges, Weißes, sie sollten nicht so viel Brot essen, es gibt genug Fleisch hier, gegrillt und roh, mit Knochen und ohne, und Beilagen und Soße in Schachteln und Dosen aus Styropor, Plastik und Pappe,

und die sah ich auch auf jeder einzelnen Stufe, die hinunterführt, erst zur U Acht, dann weiter zur U Sieben. Noch vorher hörte ich den Ruf meiner Lieblingskrähe, sie schoss einmal quer ganz dicht über meinen Balkon, und die Antworten ihrer Freundinnen im Gedröhn der Abluftanlage des libanesischen Grills, das Gedröhn war morgens um Sechs, vorher weiß ich nicht, darin auch den trillernden Gesang, es ist ein Stieglitz mit komplexer Melodie. Er sitzt gern auf der Antenne neben dem Abluftrohr, und die Rufe der Möwen, es waren vier, sie kreisten hoch oben, es klang nach Weite und Wasser.

Muss ich das alles sehen und hören? Bliebe ich zuhaus', ich hörte und sähe immer noch genug um zu wissen: Es ist zu viel von allem. Eine weitere Gestalt, ohne Gesicht, sah ich zusammengerollt am Fuß einer Säule am schlechteren Ende des Bahnsteigs an der Yorckstraße, dort, wo das Zugende nach Rudow zeigt, der Estrich ist frisch gegossen, die Säule frisch gekachelt, dann kommt die eingezäunte Zone mit den Baumaterialien, seit Jahren schon und noch für Jahre, es sind Zementsäcke und die neuen, weinroten Kacheln für die Wände in Pappschachteln, dazwischen rennen die Mäuse, gestern sah ich sechs auf einmal, und wenn sie sich jagen, springt die vordere in die Luft, fast einen halben Meter hoch,

und halten wir fest: An den Rändern des Blickfelds waren sieben Menschen, die es nicht mehr gewohnt sind, morgens neben der Dusche, dem Handtuch und den duftenden Essenzen aufzuwachen, und es waren nicht nur sieben, die ich passiert habe und die mir passiert sind; die anderen waren einfach nicht lang genug da, um von meinem Auge bis zu jenen Bildern zu gelangen, die mir wieder nicht aus dem Kopf wollen. Jedes Wort dafür ist falsch, Acht Uhr, was auch immer ich sagen oder aufschreiben würde, wäre genauso anmaßend, nein, vermessen wie die Dusche, das Handtuch, die Essenzen, das Entwohnte, es gibt kein Maß mehr,

und mache ich meine Sonnengrüße und Schwimmzüge, meine!; für all jene, die das nicht können? Welch ein Hohn. Lichterfelde West, ein Kontrabass steigt aus, gut verpackt im Koffer auf Rollen, den Körper voraus, sein Mann hinterher, hochgewachsen, etwas schlacksig, mit Brille, er wird einen guten Weg nehmen, vielleicht zur Probe, //:nächster Halt, nächster Halt://, es gibt keinen Halt,

Schlachtensee, der Rasen ist neu gemacht, noch kein Wildschwein war drauf, und Schwimmen ist kein leiser Vorgang. Wer behauptet, im Wasser sei Stille, hat nicht hingehört, nicht hingeschaut. Das Ausschnauben der Atemluft, ist es in meinem Kopf oder dringt dieser Lärm von außen in mein Ohr, etwas Luft wird sich in der Muschel gehalten haben, das Trommelfell, so stelle ich es mir vor, trennt Innen und Außen. Das Geräusch meines Ausatems hat mich verlassen, wird durch die Luftblase in der Ohrmuschel verstärkt und kehrt in meinen Kopf zurück, doch es war schon laut, bevor es mich verlassen hat, ich habe die Luft mit Kraft durch die Nase hinausgedrückt, hinaustrompetet. Dann ist da das Klimpern der Luftblasen, die mein Gesicht berühren, daran entlang nach oben gleiten, es gibt nur einen Weg, immer nach oben, dem ganzen Rest der Luft entgegen, die von der Oberfläche an den Erdball umhüllt und mit allen anderen geteilt wird. Klimpern sie schon in meinem Gesicht oder erst, wenn sie die Grenze erreichen und dort platzen oder noch einmal kurz verwirbelt werden? Darüber die Avus, vielleicht etwas Wind in den Bäumen, darin die Buchfinken am Sonnenufer und eine Mönchsgrasmücke am Schattenufer. Ob du sie auch hörst?, frage ich die Gestalt im Schlafsack und antworte: Ja. Mit meinen Ohren.

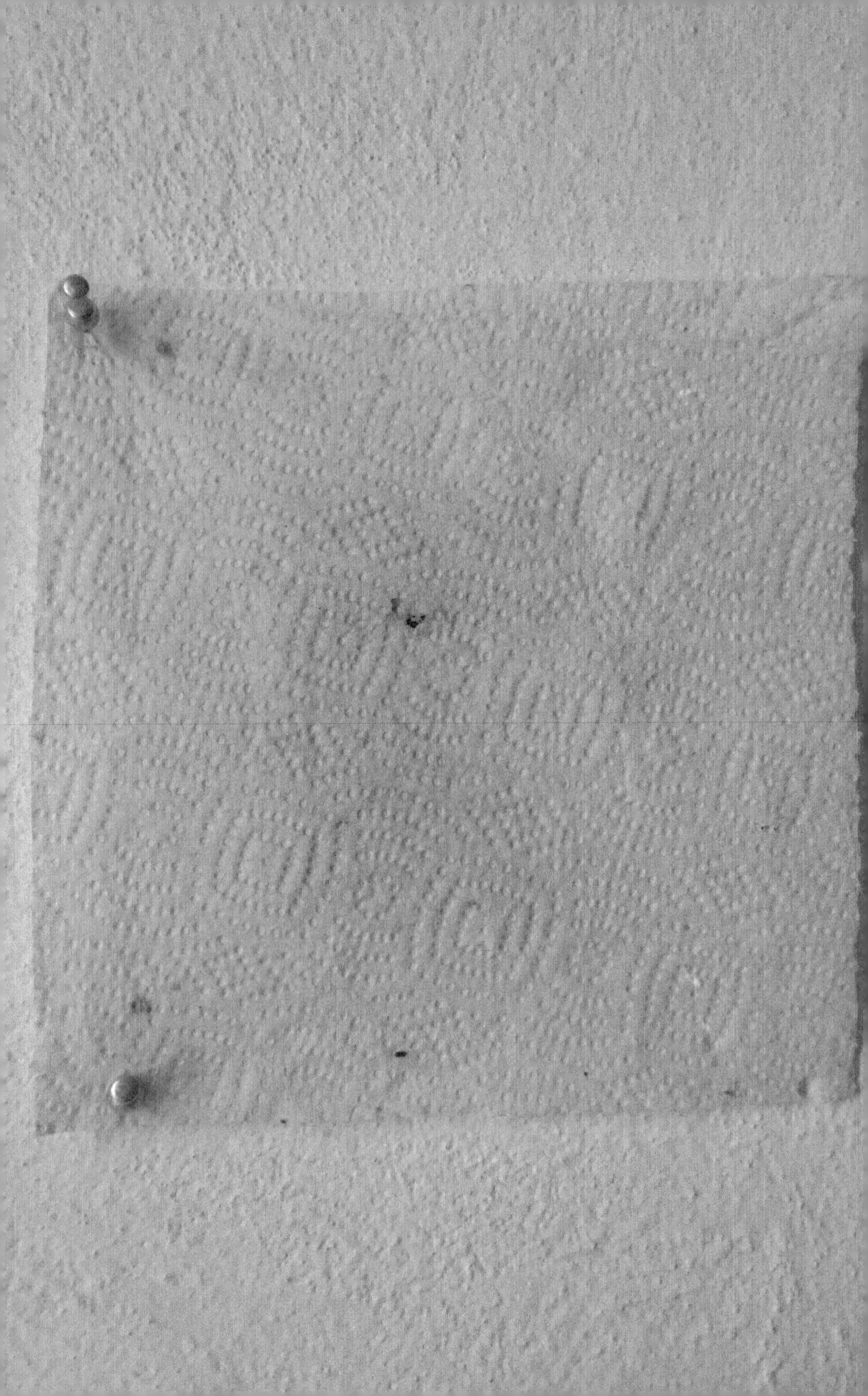

Innenseite Außerhalb

Egalitäres Handeln im Feld des Sichtbaren

Die Zigarette.
Ist ein Monopol und muss
Geraucht werden. Auf Dasssie
In Flammen aufgeht.[297]
Ernst Herbeck

1

Das visuelle Feld ist egalitär angelegt. Die Frage ist, wie es anschließend bestellt wird. Das visuelle Feld – hier im Wortsinn: das Feld des Sichtbaren – kennt keine Negation und keine Distinktion. Es kann nichts aussondern. Was da ist, ist da. Die Grundeinstellung dieses Feldes ist affirmativ, seine einzige Verknüpfungsform das *Und*. Das und das und das ist sichtbar (was nicht heißt, dass es gesehen wird). Dieses und jenes ist nicht sichtbar, sei es nun verdeckt oder nicht da, es kann jedenfalls vom Auge der Betrachter*in nicht erreicht werden:

> *„'Die Sonne ist hinter Wolken versteckt.' Das heißt, man sieht sie nicht. [...] Der schlichte Umstand enthüllt eine prekäre Struktur, die Bildern ein konstitutionelles double bind auferlegt. Selbst wo sie zu denunzieren oder zu verbergen trachten, demonstrieren sie das Denunzierte oder Verborgene, stellen es eigens aus. Das hat den ambivalenten Effekt, dass das derart Verneinte im Bild gleichsam seine eigene Ekstasis bezeugt: Es tritt hervor, erscheint, weshalb selbst das Ungeheuerlichste noch zu faszinieren vermag."*[298]

Negation und Distinktion sind konstitutiv für die Sprache und das sprachliche Denken. Dieses, nicht jenes ist gegeben, ist wahr, ist der Fall. Sobald ein Wort für dieses und eines für jenes gefunden ist, hat eine Unterscheidung von Innen und Außen stattgefunden, innerhalb oder außerhalb des Bedeutungshofes dieses Wortes, *ingroup* oder *outgroup*, und wenn es um menschliche Sondierungen geht, stellt sich in jedem Akt der Zuschreibung die Frage nach dem Blickwinkel und der Selbstzuschreibung der Betrachter*in: Zählt sie sich dazu oder ist von *den Anderen* die Rede?

Dennoch wird das Feld des Sichtbaren durch Exklusion belebt. Dies betrifft die Seite des Her-stellens (in das Feld des Sichtbaren stellen) ebenso wie jene des Be-trachtens (ist das ein Habenwollen? Ein *Trachten nach*?): Politik und Ästhetik entscheiden über die „Aufteilung des Sinnlichen“[299] und wir alle als Betrachter*innen sehen letztlich, was wir sehen wollen oder sehen müssen. So funktioniert Wahrnehmung. Das Augenblickliche wird, ehe wir's uns versehen, im Gehirn mit Vertrautem verrechnet, das geht am schnellsten, anders könnten wir kaum überleben.[300] Die Exklusion ist in unserem Sehen angelegt, um Denken und Handeln möglich zu machen. Im Wissen um diesen Mechanismus kann das Feld des Visuellen der Ort egalitären Sehens, Denkens und Handelns sein, wenn es entsprechend (die Sprache und ihre Zuschreibung für die Dauer eines Augenblicks aussetzend) bestellt wird. Dies ist eine Praxis, die der Übung bedarf. Von diesem Üben soll der vorliegende Text handeln. Er handelt.

Für das, was wir nicht einordnen können, nehmen Auge und Hirn sich mehr Zeit als für das Gewohnte und Benennbare. In diesem Bereich arbeiten die Kunst und ihre Pädagogik; vordringlich im visuellen Feld, ohne die anderen Sinnesfelder außer Acht zu lassen. Die Bestellung des visuellen Feldes öffnet in diesem Kontext zwei Handlungsräume und zwei Rezeptionsräume: Herstellen und Zeigen/Ausstellen, das Hergestellte wahrnehmen und das Gezeigte/Ausgestellte wahrnehmen. In zeitlicher Reihenfolge: handeln – sehen – handeln – sehen.

Der Arzt Leo Navratil legte seinem Patienten Ernst Herbeck bei jeder Konsultation ein Blatt Papier vor und nannte ihm einen Titel, zum Beispiel „Die Zigarette“ oder „Der Patient“.[301] Herbeck schrieb daraufhin einen meist kurzen Text auf das Papier. Manchmal wollte er aber lieber einfach eine Zigarette haben und sie in Navratils Gesellschaft rauchen. Der Schriftsteller W. G. Sebald traf sich mit dem Lyriker Ernst Herbeck, unternahm mit ihm eine schweigsame Wanderung und ging mit ihm essen.[302] Für Navratil war Herbeck ein (wenn auch origineller) Patient, für Sebald war er ein Kollege. Und Herbeck selbst? Seine Entmündigung wurde im Jahr 1981 aufgehoben, viele seiner Texte sind veröffentlicht. Er las trotz seiner Sprechbehinderung im kleinen Kreis daraus vor, aber nur, wenn er ausdrücklich (am liebsten von Navratil) darum gebeten wurde.

Inklusives Sehen und Handeln hat zwei Perspektiven: Jene derer, die (zum Beispiel in ihrer Rolle als Lernende/Patient*innen/Klient*innen) inkludiert werden (sollen), und jene derer, die dies (zum Beispiel als Lehrende/Behandelnde/Sozialarbeiter*innen) möglich machen (sollen). Beide haben in dieser Konstellation ein Ganzes vor Augen, in dem es *solche* und *andere* gibt und in dem sie ihre Zuschreibungen vornehmen. Patient*in, *Fall* gar, *Inklusionskind*, aber auch Kolleg*in, Mitkünstler*in, Mitschüler*in. Beide haben im zweifachen Blickwechsel die Möglichkeit, wahlweise sich selbst oder die Anderen *zu Anderen* zu machen, *to other them*.[303] Das Gegenteil aber wäre Gleichmacherei und nicht weniger riskant. Wer auch immer sich mit Anderen ver-gleicht, sei es eine Person mit körperlichen Behinderungen, sei es eine

Leistungsträger*in, die sich fragt, ob ihre Kolleg*in mehr verdient, bezahlt mit der eigenen Disposition zum Glücklichsein.[304] Wer hingegen die Andersheit des Anderen[305] verleugnet, bereitet selbstdestruktiven und depressiven Mechanismen einen fruchtbaren Boden. Gibt es einen mittleren Weg?

Die Bestellung des visuellen Feldes auf der Basis einer ästhetischen Argumentation ist eine Frage praktizierter Inklusion: Sie beginnt in der Wahrnehmung aller. Geht diese von Zuschreibungen und Vorstellungen aus, die eine Grenze zwischen (der eigenen) Normalität und der Abweichung (der Anders-Artigen) etablieren, verfehlt sie den eigenen Kern. Ein Wort dafür: Outsider-Art. Es gab sie lange vor ihrem exklusiven Begriff und seinen Diskursen. Inklusives Denken und Handeln in künstlerischen und pädagogischen Kontexten ebenfalls. Ein prägnanter Ansatz, mit den Regeln des visuellen Feldes selbst zu arbeiten, ist die von Horst Antes und Kurt von Figura kuratierte Ausstellung *Außerhalb* aus dem Jahr 1992: Hier wird das künstlerische Schaffen gesellschaftlich Marginalisierter und/oder Ausgegrenzter gleichrangig mit jenem anerkannter Persönlichkeiten gemeinsam gezeigt; in diesem konkreten Fall mit dem besonderen Kniff, hierbei die professionell Kunst Betreibenden zunächst einmal auszuklammern, um die Idee der Normalität selbst zu befragen. Zu den lebenden und toten Ausstellenden gehören Flüchtlingskinder, geistig Behinderte, Indianer, Sträflinge, Hausfrauen und Wissenschaftler.[306] Die Tafelbilder Rudolf Steiners und die naturkundlichen Zeichnungen Christian Gottfried Ehrenbergs hängen neben und zwischen den Skulpturen des Strafgefangenen Paul Bichler, Körperbemalungsentwürfen von Vertreter*innen des Stammes der Kaiapó, der *Schlumper*- Künstlerin Margot Gruhl und den Zeichnungen eines jüdischen Flüchtlingskindes. Die über den Verdacht einer pädagogischen Zurichtung erhabenen Kuratoren wählen bewusst den Oberbegriff *nichtprofessionelle Kunst*; im Gespräch arbeitet Antes auch mit der Wendung *nichtakademische Kunst*.[307]

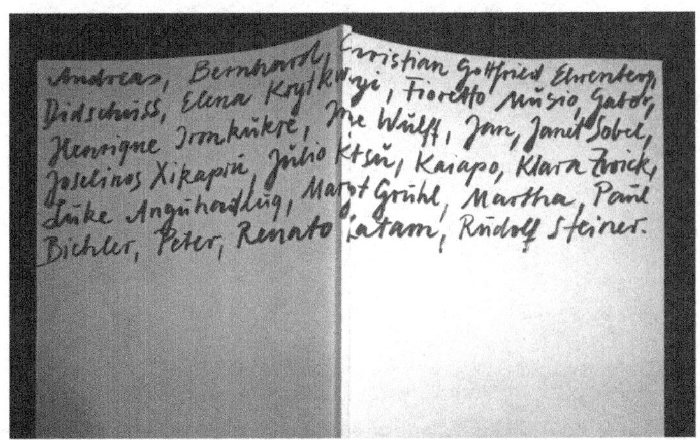

Abb. 48: Kolleginnen und Kollegen

In diesem Kontext ist die kuratorische Praxis eine Arbeit an der *Haltung* der Beteiligten – die, sehen wir das ruhig ganz einfach körperlich – den Blickwinkel bestimmt. Diese Haltung ist auch in der Arbeit des Künstlers Antes erkennbar: Es geht bei seiner Sammlertätigkeit, die Teil seines künstlerischen Handelns ist, nicht um ein formalästhetisches Importgeschäft, wie man es den meist männlichen Künstlern der Avantgarden des späten 19. und frühen 20. Jahrhunderts unterstellt – anfangs noch mittels herabsetzender Fachtermini wie *Negerplastik*, die man sich nun, im 21., in Anbetracht der Müllexporte (nicht nur) in Richtung Afrika noch einmal ganz anders auf der Zunge zergehen lassen könnte, ohne sie aktiv zu verwenden – sondern um eine Arbeit *inmitten* dieser und im Wortsinn um-geben von diesen Gegenständen, die in die Hand genommen, gespürt und gebraucht werden, als Nehmender, Spürender, Brauchender und Werdender.

2

Um ein solches Denken und Arbeiten soll es im folgenden Beispiel gehen: *inside outside* – inmitten der Wirklichkeit Ausgegrenzter. Der mittlere Weg kann im Feld des Sichtbaren nur geübt werden; es hat keinen Sinn, ihn diskursiv herzustellen und anschließend fest- oder vorzuschreiben.

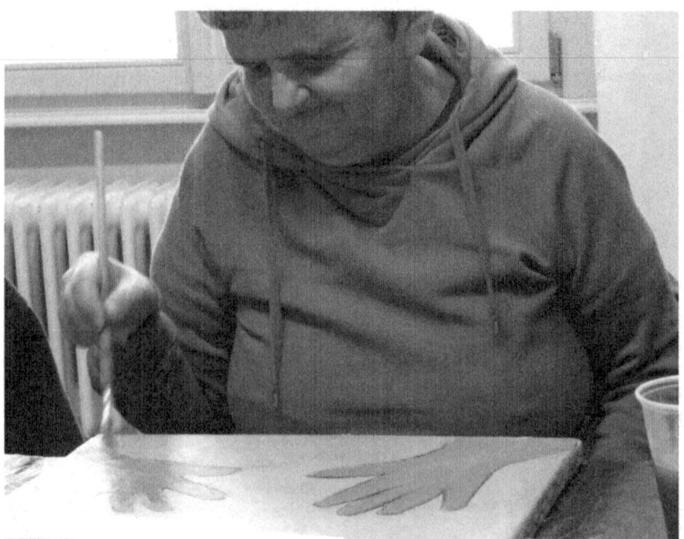

Abb. 49: Vielhändig

Das Projekt *outside* ist ein Lehrlernformat für Studierende des gymnasialen Lehramts an der Staatlichen Akademie der Bildenden Künste Karlsruhe. Dieses Format schlägt eine Brücke zwischen Theorie und Praxis, zwischen Hochschule und Umgebung sowie aus der Mitte zu den Rändern der Gesellschaft. Es nimmt den Gedanken des *Inmitten* auf: Inmitten eines realen (gleichwohl begleiteten und geschützten) Handlungsraums bilden die Studierenden ihre eigene Perspektive aus und entwickeln sie weiter, um für die nächste Generation, in ihrem künftigen Arbeitsfeld Schule, wiederum inklusive Handlungsräume schaffen zu können. Zum Konzept: In Theorieseminaren wird jeweils ein auf aktuellen Diskursen basierender Zugang zu einer sozial virulenten Fragestellung erarbeitet. In den zugeordneten Projektseminaren wird die gesellschaftlich wirksame Anwendung als (Selbst)Erprobung in der künstlerischen Lehrpraxis realisiert. Konzeptuelle Eckdaten sind hierbei die nachhaltige Begegnung Studierender des gymnasialen Lehramts mit heterogenen, von Diversität und Benachteiligung tangierten Personengruppen, mit denen sie im Kontext ihrer exklusiven Studienbedingungen nicht in Berührung gekommen wären, die Einnahme und Reflexion einer künstlerischen Perspektive in gemeinsamer, methodische Innovation herausfordernder künstlerischer Praxis mit diesen Personengruppen und ein Beitrag zum kulturellen Leben im Umfeld der Akademie durch Kooperation mit Partnern und Institutionen vor Ort in Form von vermittlungsbetonten Ausstellungsformaten.

In diesem Format konnte sich eine langfristige Kooperation mit einer Tageseinrichtung für wohnungslose Frauen entwickeln: Kunststudierende und Personen ohne Wohnung treffen sich seit 2017 wöchentlich regelmäßig zur gemeinsamen künstlerischen Arbeit, die für die Studierenden ein Weg aus dem Atelier in die Öffentlichkeit, für die Wohnungslosen hingegen ein Weg aus dem öffentlichen Raum in ein temporäres Atelier ist. In diesem Raum-Zeitfenster werden Kommunikationsformen und Ausdrucksmöglichkeiten der Lebensformen der Beteiligten aus beiden Zielgruppen erkundet, die zwei überraschende Gemeinsamkeiten aufweisen: Die Konkurrenz um urbanen Wohnraum im untersten Preissegment und Erfahrungswissen über gesellschaftliche Ausschlussmechanismen. Die Studierenden übernehmen methodisch und logistisch Verantwortung in der Gestaltung der Situationen und beraten individuell in künstlerischen Fragen. Dabei begegnen sie unvorhersehbaren künstlerischen Äußerungen, lernen biographische Brüche und deren Hintergründe, gesellschaftliche Ausschlussmechanismen und den oft kreativen Umgang der betroffenen Personen damit kennen. Im Zentrum steht die Praxis, nicht die Deutung: Weder die Kunst noch die Situation der Begegnung werden instrumentalisiert. Die Projektpartner*innen erfahren in der Formung von Materialien und Situationen Selbstwirksamkeit, die einerseits in den künstlerischen Arbeiten und andererseits in der (gelebten sozialen Plastik der) Verlaufsgestaltung Realität wird: die künstlerischen und methodischen Strategien werden *bottom-up* entwickelt. Während der semesterweisen Arbeitszyklen generieren Studierende und Wohnungslose gemeinsam ihre Themen und die Ressourcen für eine Fortsetzung: Medial durch die Entdeckung einer künstlerischen Arbeitsform, die künftig intensiviert werden soll, personell durch das Anlernen von Tutor*innen, Lehrbeauftragten und ehrenamtlich Engagierten sowie räumlich durch wechselnde Arbeitsorte und Ausstellungsformate. Auf diese Weise wird eine Innensicht der Außenseite möglich – *insight outside*.

3

Handeln – sehen – handeln – sehen: Im Kontext des Projekts wird nicht hergestellt, um auszustellen; indes ist die Ausstellung ein Schritt in das Feld des Sichtbaren, das ausgegrenzten und/oder marginalisierten Personen ansonsten verschlossen bleibt. Hierbei gilt es, eine egalitär verfasste Haltung einzuüben, die die Exklusivität und ihre Mechanismen im Kunstsystem bei der Wurzel packt: gefragt wird auch in der Ausstellungssituation nach einem Format, das ohne billige und billigende Gleichmacherei[308] auskommt und die Andersheit der Anderen anerkennt, ohne den Automatismen des *othering* anheimzufallen. Für die Akteur*innen selbst ist die Ausstellung eine Vergewisserung, eine Bestandsaufnahme, die das Gewordene existent macht; in diesem Sinn ist sie wiederum eine Form des Herstellens und der Feld-Bestellung. Dieses Feld wird gastfreundlich für Besucher*innen geöffnet.

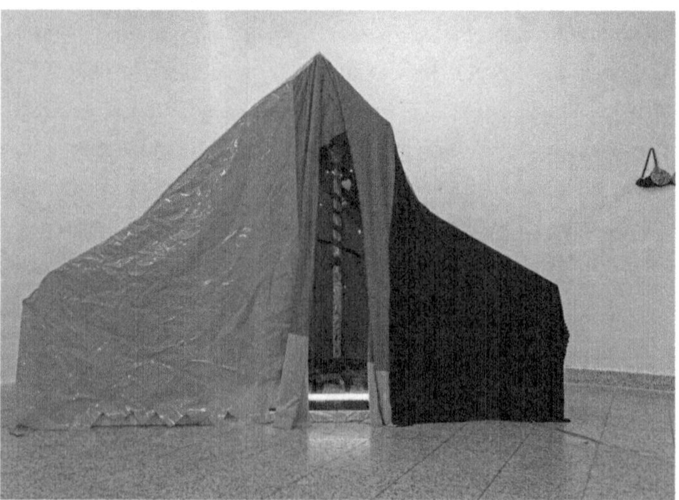

Abb. 50: Mitwachsende Wohnung

Sensibilität ist hierbei in allen vier Schritten Gegenstand der Übung. Zunächst ist sie nichts weiter als die Fähigkeit, Reize wahrzunehmen (lat. sentire, fühlen, empfinden, wahrnehmen), darüber hinaus und erst dann führt sie (lat. sensus, Gefühl, Empfindung) in die Besinnung, das Bewusstsein, die Denkkraft, das Urteil, die Bedeutung. Welche Reize?

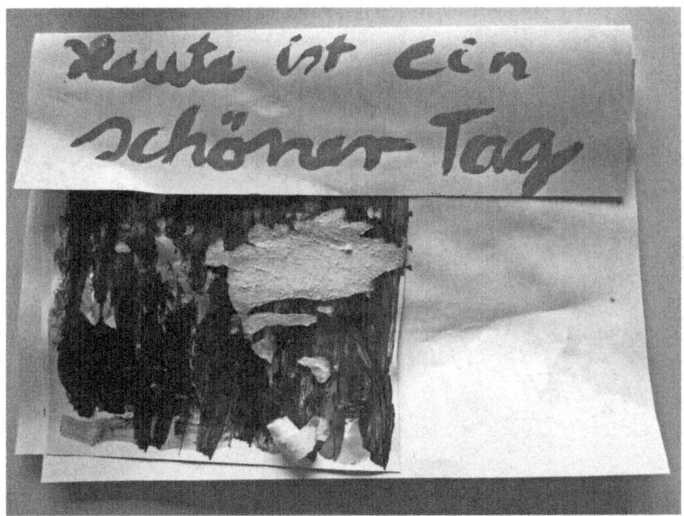

Abb. 51: Heute

Handeln I: Wenn das dargebotene Material zum Zeichnen einlädt, gilt es, diese Einladung beim Wort zu nehmen und einen Zeit-Raum zu schaffen, der die Sensibilität, das Angebot von Papier und Stift oder Kreide überhaupt erst einmal aufnehmen zu können, für alle ermöglicht. Alle: jene, die gerade noch von draußen kommen, sei es von der Straße, aus der Tageseinrichtung oder aus dem alltäglichen Studienbetrieb. Leo Navratil hielt ein Blatt Papier für Ernst Herbeck bereit, über dessen Format er sich Gedanken machte.[309] Eine ähnliche Methode, einen Kunst-Zeit-Raum für alle herzustellen, wurde im Projekt *inside outside* zum Ritual: Minutenzeichnen. Nach zwei Minuten wird das Blatt gewechselt und ein neues begonnen, zehn, fünfzehn, manchmal dreißig Blätter lang. Durch das Gespür für die Zeit selbst entsteht Ruhe, durch den Blattwechsel Erleichterung: Wenn es ‚nichts' war, dann ist es jetzt weg und alles ist wieder möglich. Eine wertvolle Erfahrung gleichermaßen für Menschen, die schon einiges in den Sand gesetzt haben, wie für Kunststudent*innen, die unter kontinuierlichem Gelingensdruck agieren. Und die sich, nebenbei, im egalitär geteilten Raum auf einmal trauen, Arbeiten anzufangen, die im Atelier ihrer Fachklasse tabu gewesen wären.

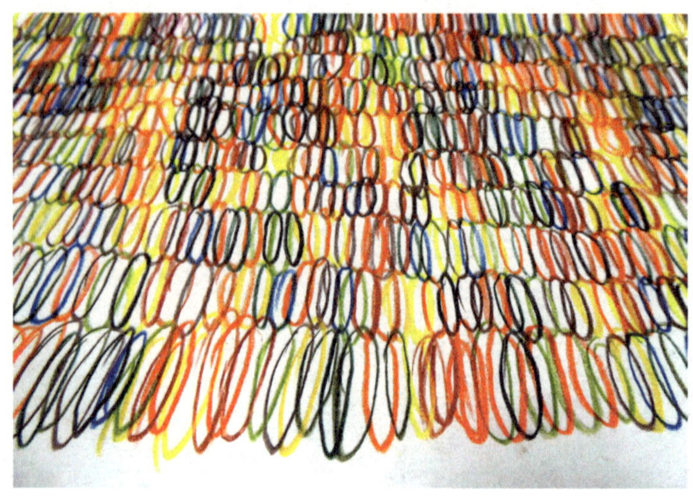

Abb. 52: „Ich bin siebzig…“

Sehen I: Ein zweiter Schritt ist es, das Werdende und das Hergestellte tatsächlich zu *sehen*, was keineswegs selbstverständlich ist, und bisweilen auch: durch einen Griff danach, ein Deuten darauf, durch ein Wort es überhaupt erst sichtbar zu machen. „Ich bin siebzig und ich wusste gar nicht, dass ich so etwas Schönes machen kann“, sagt Cornelia G. nachdenklich zu ihrer Zeichnung. Zu einem sensiblen – zunächst ganz offenen, dann einen Sinn, eine Bedeutung wahrnehmenden – Sehen gehört auch, das Entstandene für die Welt des Sichtbaren zu erhalten, es mit einem Namen versehen an einem dafür bestimmten Ort wiederauffindbar aufzubewahren (für einige Teilnehmer*innen aus beiden Gruppen eine gänzlich neue Erfahrung). Aus einem sensiblen Sehen folgen auch die nächsten Handlungsschritte. Wenn zum Beispiel ein anderes Materialarrangement sich dazu anbietet, daraus eine Schlummerrolle oder ein Täschchen zu nähen, ein Kästchen für persönliche Gegenstände zu bauen oder einen Lampenschirm, so ist die Frage nicht „Ist das Kunst?“, sondern „Was ist der Sinn, der darin kommuniziert wird?“ – denn allein dieser wird als gegeben vorausgesetzt. Die Antwort liegt nahe: Wer keine Wohnung hat, stattet mit allem, was greifbar ist, eine mögliche Wohnung aus. Der Übergang zu Gebrauchsdingen ist oft fließend und ein Auftrag an unsere kontinuierliche Arbeit am Kunstbegriff: „Wenn ich Kunst mache, bin ich ganz bei mir“, sagt Silvia F., eine langjährige Teilnehmerin, und wer sollte ihr diesen Kunstanspruch absprechen? Zumindest keine Kunststudentin, die für sich das Gleiche gesagt hätte. Was folgt daraus für die weitere Arbeit, wenn wir in gemeinsamer Einübung von Sensibilität davon ausgehen, dass ästhetische Arbeit ihr Sinnangebot in sich selbst trägt und daher auch selbst die Regeln generiert, denen sie folgen wird? – Im konkreten Fall begannen wir, als Gemeinschaftsarbeit ein Zelt zu bauen, zu nähen, zu bedrucken und auszustatten, „ein tragbares Zuhause, das mitwächst und wieder schrumpft, wenn die Kinder mal aus dem Haus sind", wie es Barbara J., eine wohnungslose Teilnehmerin, formulierte. In einem solchen Zelt wird niemand wohnen, es holt keinen Obdachlosen von der Straße, aber es ist *sichtbar*.

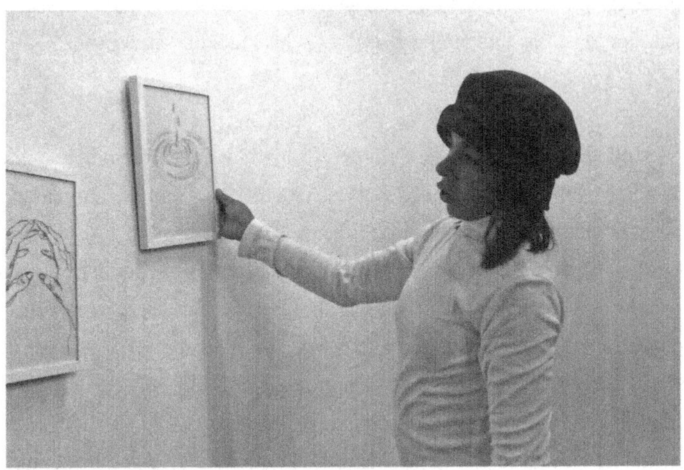

Abb. 53: Handlungsräume

Handeln II: sensibles Kuratieren. In der regelmäßig geteilten Raum-Zeit werden Dinge hergestellt, von denen wir – mit Adorno – nicht wissen, was sie sind: ästhetische Dinge, und über die wir uns folglich kein vorschnelles Urteil erlauben sollten. Anfangs fühlten sich die wohnungslosen Frauen hierzu nicht kompetent, nur langsam wich in einem Prozess, der gern als mimetisch bezeichnet werden darf (die Student*innen machten es ganz einfach vor, in dem sie handelten, wie sie es gewohnt waren), die Scheu, etwas selbst in die Hand zu nehmen und vor eine weiße Wand zu halten mit der Frage *Wie wäre das*? In der Auswahl von Arbeiten – ein Exklusionsmechanismus schlechthin, der nun in gemeinsamer Ausübung entzaubert wird – und der Suche nach dem richtigen Platz im Ausstellungsraum werden die Karten im Schutz des visuellen Feldes neu gemischt. Die Frage ist nicht mehr die, *wer* – gleich aus welcher Gruppe – als ‚begabt' gilt, als Wortführer*in, als ranghoch in irgendeiner Hierarchie und wer folglich ausstellen darf, sondern einfach jene, *was* gezeigt werden soll. Dieses und dieses und dieses – halt, jenes nicht, es erdrückt dieses, und sieh nur, wenn wir dieses hierhin hängen, leuchtet es in der Nachbarschaft von jenem. Eine neue Konstellation lässt unvorhersehbaren Sinn aufblitzen.

Hierzu muss in Schritt vier – *Sehen II* – der Blick der erwarteten Gäste antizipiert werden, was eine ganz eigene Übung in Empathie bedeutet: Das Arrangement soll keinen Mitleidsblick und keinen *outsider*-Exotismus (oft gutmenschlich getarnt als Entdeckertum) generieren, sondern schlichtweg Augenhöhe. Eine Arbeit soll nicht zeigen, ob ihre Autor*in am Morgen im Wald aufgestanden ist oder in einer Eigentumswohnung, sondern einzig, dass sie in der Nachbarschaft aller anderen Bestand hat. Vor diesem Hintergrund werden für das *inside-outside* Projekt alternierend Ausstellungsorte aus künstlerischen und dann wieder aus sozialen Kontexten gewählt: Produzentengalerie, Projektraum, sozial engagierte Galerie, Kulturzentrum, der Sommerrundgang der Kunsthochschule, das Stuttgarter Schloss.

4

Und wenn jemand durch alle Raster fällt, auch durch jenes der Einübung eines egalitär bestellten visuellen Feldes? *Anastasia* – so verstanden wir ihren Vornamen – kam, so regelmäßig sie nur konnte, zu den wöchentlichen Werkstatt-Treffen und verlieh dabei stets ihrer Begeisterung für alles Künstlerische in einer Mischung aus deutschen, italienischen, griechischen und russischen Wendungen Ausdruck. Ihre Zeichnungen sahen ungeachtet aller Anregungsversuche mehr oder weniger gleich aus, Kringel und Wellenlinien, am liebsten mit Kohle oder Sepiakreide verfertigt und stets signiert mit dem Pseudonym *Moderne Kunst*. Da sie ihre Identität auch in der Tageseinrichtung, vor deren Tür sie sich jeden Morgen eine Stunde vor der Öffnung einfand, nicht preisgab, konnte sie trotz aller Bemühungen ihrer Sozialarbeiterin in kein dauerhaftes Wohnprojekt aufgenommen werden. Sie zog die Risiken eines Lebens zwischen Straße, Wald und Kälteschutz der Nennung ihres vollen Namens vor. Dass ihre Zeichnungen nicht in der ersten gemeinsamen Ausstellung hingen, war für sie kein Problem; das *Tun* selbst und das *Mit-Sein* waren offenkundig wichtiger. Die Uhrzeit für die Vernissage legten wir so, dass sie anschließend noch rechtzeitig im Kälteschutz einchecken konnte. – Jahre später traf ich sie wieder, verwandelt: blitzende Augen, eine neue Kurzhaarfrisur, ein jüngeres, strahlendes Gesicht. *Atanasia* hat ihren Namen genannt, sie ist eine mit mehreren Nachwuchspreisen ausgezeichnete Komponistin aus Griechenland, deren Weg seine Brüche hatte und hat. Vorsichtig, Schritt für Schritt, be-wegt sie sich zurück in ein Leben, zu dem irgendwann auch ein Wohnsitz gehören könnte.

Der Patient
Der Patient ist krank. Des-
halb muß er geheilt werden.
Der Patient würde auch gepflegt
Sein.
Er versteht sich gut mit den
Ärzten.
Der Patient kann als geheilt ent-
lassen werden.[310]
Ernst Herbeck

In den Regeln des Ästhetischen müssen wir den Lyriker beim Wort nehmen, die Komponistin beim Klang und jede Künstler*in beim sinnlich Wahrnehmbaren. Nichts von alldem ist *normal*. Es dennoch von *innen* sehen (hören, lesen) zu können, wäre gelebte inkludierende Praxis. Sie lässt sich nicht erreichen und nicht festschreiben. Sie lässt sich nur üben.

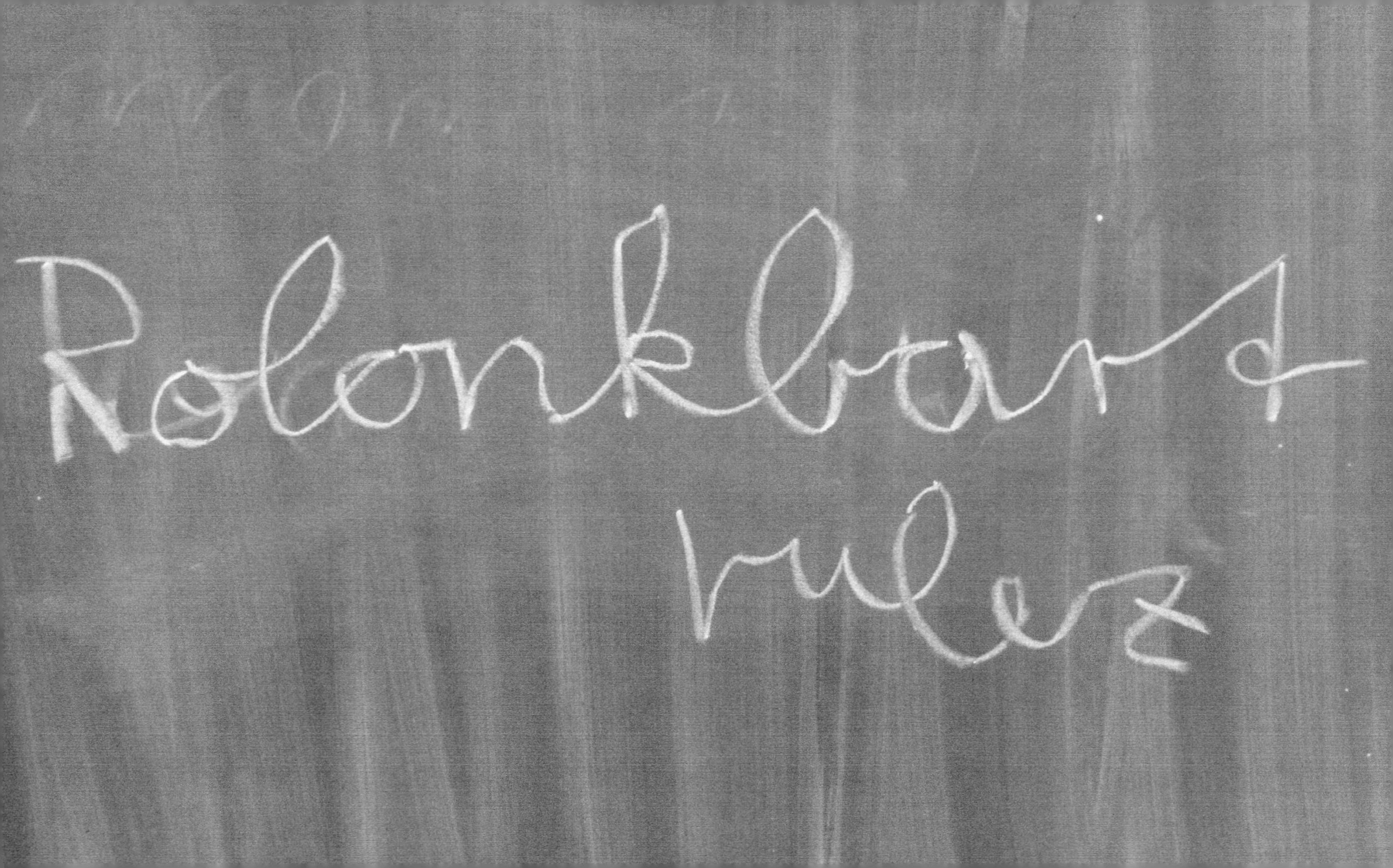
Rolonkbart
rulez

Der Augenblick zwischen zwei Körpern

„Ich habe nämlich beim Husten das deutliche Gefühl, meine Augen drehten sich nach innen, so dass ich dann alles sehen könne, was im Kopf vor sich ginge [...]“[311]
Oswald Egger

Das poetisch-poetologische Oevre des Lyrikers Oswald Egger umkreist in Variationen die Frage „Was bilde ich mir ein, und was denke ich mir dabei?“[312] Dieses Kreisen, das auch ein Tüpfeln oder Stricheln sein kann, wird sowohl in Worten als auch zeichnend mit feinem Tuschestift vollzogen – das vorgängige Bemühen, „eine Kunst in der Gestalt einer anderen [zu] begreifen.“[313]
Das Bemühen um kunstpädagogische Theoriebildung kann ähnlich begriffen werden. Der (griech.) *theoretikos* ist ursprünglich jemand, der einem Schauspiel – etwas, was den Augen und letztlich allen Sinnen dargeboten wird – beiwohnt und sich Gedanken dazu macht, die er versprachlicht. Was er sieht, ist (noch) nicht oder nur in Teilen Sprache. Der Rest will übersetzt werden; eine Kunst für sich, der *theoretikos* und sein Femininum, beides müssen beides gleichzeitig im Blick behalten und zugleich die Umgebung nach Begriffen absuchen, die für das noch nicht Formulierte, das vor Augen steht oder in der Luft liegt, hilfreich sein könnten. Was die Kunstpädagogik angeht, ist diese nachklingende Versprachlichung zugleich ein Wurf in die Zukunft und auf neue Anreicherung in der Praxis ausgerichtet: Theorie für Praxis, Praxeologie. Ich sehe etwas, wofür noch nicht alle Worte da sind, ich sehe die Begriffe, die ein *theoretikos* auf ein verwandtes Feld anwendet, probiere sie in Sätzen aus und frage mich, ob seine Untersuchungsgegenstände sich in die Handlungen mehrerer überführen lassen könnten, die Ergebnisse zeitigen und wiederum vor Augen stehen. – Die Augen sind nur dem Hirn vorgelagerte, gallertig-weiche Kugeln in harten Höhlen.

Was passiert zwischen zwei Augenblicken?

Was vor Augen steht: In der Alltagspraxis macht sich kaum noch jemand die Mühe, hinzuschauen und Worte zu finden. Es gibt einen Apparat, mit dem der Augenblick festgehalten werden kann, und das Fixierte kann ohne Worte weitergeschickt werden. In seiner medialen Frühzeit konnte mit diesem Apparat weder telefoniert noch die Steuererklärung erledigt werden. Man machte sich Gedanken um das Wunder des Augenblicks, den er einfing. Daran hing sofort auch der Gedanke um seine Vergänglichkeit und um die Vergänglichkeit dessen,

was (oder wer) da im Bild festgehalten war. Im Tun, ihm Denken des Tuns und im Denken des Sehens des Tuns war der Verlust von vornherein inbegriffen.
Um einen Augen-Blick genauer zu untersuchen, bedarf es eines zweiten. Meine Frage dazu, gestellt aus einem kunstpädagogischen Praxisfeld (eigentlich sind es zwei, dazu gleich mehr), wäre heute: Was passiert zwischen zwei Augenblicken? Hat es mit dem Weißen zwischen zwei gedruckten Worten zu tun (und das Nichts, ist es weiß oder ist es durchsichtig?) und vielleicht mit der „Ruhe zwischen zweien Tönen"?[314] Was bleibt von alldem?
Das Untersuchte könnte ein Sprung sein, über ein Zwischen, und es könnten vielleicht auch mehrere Sprünge in der Abfolge Kontakt – Emotion – Wahrnehmung – Gedanke – Handlung sein. Ein Sprung ist ein Bruch, ein Riss im Material, aber auch der Akt des Absprungs, der sodann unabwendbar zum Übersprung wird. Uns Zweibeinern ist der Sprung dramatischer als den Vierbeinern; wir müssen uns in ihm loslassen.
Oder ein Widerfahrnis (griech. *Pathos*, *Passion*) im Da zwischen innen und außen, also im Und, und schon ist es fort, und dieses (Wider)Fahrnis hat zwei Richtungen: von innen nach außen und von außen nach innen, eine aktive und eine passive, Akt(ion) und Pass(ion). Oder Pathos.

> *„[...] die grundlegende Bedeutung [beider Wörter, CG] [...] ist die des Widerfahrnisses. Gemeint ist etwas, das uns ohne unser eigenes Zutun zustößt oder entgegenkommt. Im Hintergrund steht die grammatische Form des Passivs, die Leideform, die sich von der Tätigkeitsform abhebt."*[315]

Es wird ausgelöst von dem, was widerfährt. Ich huste. Huste ich? Hustet es mich? Was sehe ich, wenn sich meine Augen in den Höhlen nach innen drehen? Sieht es mich? Oder: Wer dann? Ich denke. Oder denkt es mich?
Seit Descartes den Satz *cogito, ergo sum* formuliert hat, ist einiges passiert. Spätestens die Schriften Antonio Damasios[316] haben die neurologische Einsicht, dass ich fühle, bevor ich denke, bekannt und populär gemacht. Bisweilen gibt es begriffliche Überlappungen in den Übersetzungen seiner Bücher: Im Deutschen tun wir uns mit dem Fühlen schwer und müssen uns deshalb in jeder Rede neu auf den Gebrauch der Begriffe einigen: Sinneswahrnehmung, das wäre unter anderem auch ein Fühlen, Gefühl, das ist die kulturell geprägte Ausdeutung eines Fühlens, es fühlt mich also, wer? Ich werde gefühlt oder ich habe (im Perfekt) gefühlt, und, davon abzugrenzen, Emotion: eine neuronal wirksame Kombination aus Chemie und Physik, die einen Auslöser hat und Folgen zeitigt. Inzwischen wissen wir, dass eine Emotion kaum länger als 30-90 Sekunden dauert; danach wird sie durch eine andere, oft benachbarte abgelöst, aus Wut wird Selbstmitleid, das in den Wunsch umschlägt, genau *deshalb* zurückzuschlagen, weil, und dann? Beißen wir uns in einer Emotion fest, kultivieren und nähren

wir sie, wird eine Stimmung oder Gestimmtheit daraus, eine länger anhaltende Färbung, die sich über unsere Gedanken legt und diese beeinflusst. Die Reihe, in der es zu Rückkoppelungen und Zirkelschlüssen kommt, lässt sich messbar ausdifferenzieren in Kontakt (mit dem Objekt einer Sinneswahrnehmung), Emotion (durch den Kontakt ausgelöst, dann erst) wahr genommen (schon zu spät), jetzt folgt ein Urteil (Annahme/Ablehnung – der Ursprung des Denkens), das in eine Ent/scheidung mündet: Und jetzt handeln. Setzen wir das Handeln ausnahmsweise einmal aus, können wir uns selbst beim Denken zusehen. Wir glaubten, etwas derart Flüchtiges mache unser Sein aus. Immerhin: Wenn wir wollen, können wir einen Gedanken fassen.

Denke oder denkt ich? Huste oder hustet ich? Ich kann es nicht unterdrücken und wenn ich es unterdrücke, kehren sich erst recht meine Augen nach innen in Konvulsion, als *hätte* ich gehustet. Beim Drücken und Pressen springen Äderchen im Auge, und das Weiße färbt sich rot.

Zwischen Aktiv und Passiv

Ich hatte einige Bilder vor Augen (weiter unten zeige ich sie). Zugleich sprang mich ein vor langer Zeit gelesenes Buch an: Roland Barthes, *Die Vorbereitung des Romans*, eine seiner drei letzten Vorlesungsreihen, und es schlug sich beinahe von selbst bei der Sitzung vom 8. 12. 1979 auf. Lese ich oder widerfährt mir der gelesene Text? Roland Barthes denkt in dieser Reihe im besten Sinne artefaktisch: Die Vorbereitung des Romans ist geschrieben und gedacht, als sei er im Begriff, tatsächlich einen Roman zu schreiben. Ein Schreiben, das auf den Schreibenden zurückschlagen würde, was ihm beim Schreiben das Denken des Schreibens ermöglicht, welches das er ein *absolutes* nennt:

> *„Dennoch findet man in der Grammatik ein schönes Bild [für das absolute Schreiben, CG]: nicht im Französischen [oder Deutschen], wohl aber im Indoeuropäischen (Benveniste): Die Genera Verbi [voix] oder Diathesen. Diathese = grundsätzliche Haltung des Subjekts gegenüber (dia-) dem Vorgang. Wir kennen in unseren Sprachen zwei grundlegende Genera verbi (und halten das für selbstverständlich): Aktiv/ Passiv. Im Griechischen gibt es noch eine dritte Verbform, die von den griechischen Grammatikern (wenngleich erst spät) Medium genannt wurde (mesótes. Zwischen enérgeia und páthos).“*[317]

In die Strukturen der Sprache selbst, derer wir bedürfen, sind beide Blickrichtungen des Widerfahrenden eingeschrieben. In diesem Sinn ist Barthes‘ diathetische Bezugnahme keine metaphorische, sondern eine existentielle:

„[...] Im Indoeuropäischen gibt es zwei grundlegende Diathesen: Aktiv/Medium. Zum Verständnis dieser Unterscheidung muss man wissen, dass es das eigentliche Kennzeichen des indoeuropäischen Verbs ist, dass es nur auf das Subjekt und nicht auf das Objekt verweist [...]. Im Indoeuropäischen wird alles auf das Subjekt bezogen und angeordnet. Wenn wir ‚subjektiv' sind, wenn unsere Philosophien vom Subjekt ausgehen oder über es streiten, wenn wir so häufig auf es zurückkommen, so geschieht das vielleicht nur, weil es ins Fundament der Sprache (unserer Sprache) eingeschrieben ist. Jedenfalls, Aktiv/Medium verweisen auf zwei unterschiedliche Positionen des Subjekts im Prozess."[318]

Kurz gefasst –

Aktiv: Der Prozess geht vom Subjekt aus und verläuft außerhalb seiner selbst. Das Subjekt vollbringt etwas. Medium: Das Subjekt befindet sich innerhalb des Prozesses. Das Subjekt vollbringt etwas, was sich an ihm vollzieht. Barthes denkt über den Roman nach, den er nie schreiben wird, über das Haiku, das ihn fasziniert, und kommt auf eine S(pr)ache zwischen Aktiv und Passiv, zu der sich, nicht gerufen, nicht gemacht, sondern passiert, eine nicht-sprachliche Aktivität/Passivität und ihr Medium einstellt: die Photographie. Nur zwei Monate später schreibt er in gerade einmal sechs Wochen das, was viele als seinen Roman bezeichnen: *Die helle Kammer*.

Im Deutschen kennen wir den zweifach entdeckten *Medial* nicht, der zwischen aktiv und passiv fällt. *Medo/mai*, ich meditiere und mir passiert etwas dabei: Auf diese Spur brachte mich ein tiefenentspannter Student. Wir wachsen, wir schlafen, aber wir werden erschüttert. Im Medial, den wir noch spüren, aber nicht mehr zur Verfügung haben, ist das Subjekt der Ort eines Prozesses; er vollzieht sich in ihm. Es gibt ein Tun, das einem, indem man es macht, geschieht: Ich sehe (zum Beispiel etwas Schlimmes), zu spät, *das* kann ich jetzt nicht mehr nicht sehen, nun habe ich diese Bilder im Kopf; meine Augen drehen sich nach innen, ich sehe Blut, Adern, Venen und durch den Nerv mein schleimiges Gehirn. Ich kann sie nicht nach außen kehren mich nicht von außen sehen.

Sich sehen

Das Selfie ist nichts anderes als der prothetisch (durch eine Pro-These erfüllte) Wunsch, s/ich von außen zu sehen. Wen? Oder: Gesehen zu werden? Von wem genau? *Medial* mit einer Stange, und von wem? Im Zweifelsfall von allen, die ich später mit dem Bild belästige.

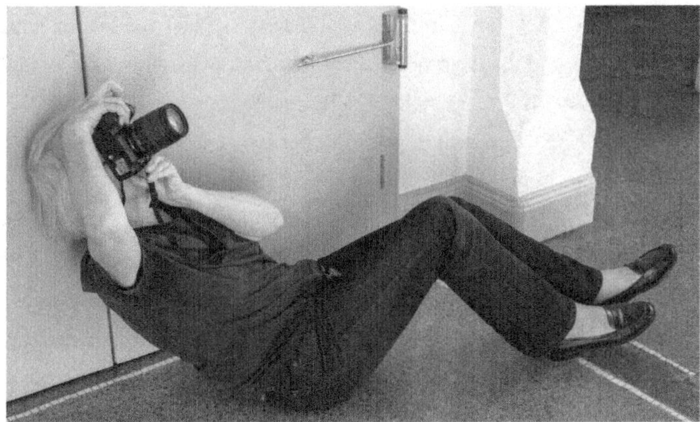

Abb. 54: Sie photographiert

Ich photographiere (also bin ich). Ich werde photographiert – heißt das: in Zukunft oder im Passiv? Beide gleichen sich darin, dass sie uns widerfahren. Ich versuche mit Roland Barthes, intransitiv zu photographieren (und kann in einem Text, den in Wahrheit Roland Barthes geschrieben hat, das Wort photographieren unmöglich mit f schreiben):

> *„Übergang von [photographieren, CG] + Akkusativobjekt zu [photographieren, CG] ohne Satzergänzung oder, wie es in der Grammatik heißt: ‚absolut' gebraucht. [...] Man könnte sagen: [photographieren, CG], ein intransitives Verb [...]. Tatsächlich kommt aber schließlich doch ein Akkusativobjekt; man kann auf die Dauer gar nicht nicht etwas [photographieren]; seltsame Grammatik: die Satzergänzung bleibt in der Schwebe, in der Zukunft oder im Ungewissen.“*[319]

Über das I (ich), das Selbsti (*selfie*) und die Stange (auch: Egozepter) wollte ich nichts sagen, aber in/zwischen, medial, etwas über das Zwischen: zwei Augenblicken (wie auch über das Weiße zwischen zwei Worten und die Ruhe zwischen zweien Tönen), das ein Innen und ein Außen impliziert. Diese aisthetische und ästhetische Frage ist eine radikal ethische: Wer ist drinnen und wer ist dann draußen. Könnte ich beides sein. – Zu spät; jetzt schon nicht mehr.

Sich gesehen sehen

Ich komme zu einem möglichen Medium der Untersuchung. Im Nachhinein. Die Bilder lagen schon vor: Doppelbelichtungen aus zwei unterschiedlichen kunstpädagogischen Situationen. Eine Doppelbelichtung hält auf einem Bild zwei Augenblicke fest, aber das dazwischen Passierte nicht. Das macht ihren epistemischen Reiz aus: Sie zwingt uns, das Übersprungene und den Sprung passiv und aktiv zu denken. Das, was wir nicht sehen können, müssen wir

interpolieren – aber erst, nachdem wir erkannt haben, dass das, was uns zwiefach anblickt, nichts von uns will. Wir sind als Betrachter nicht gemeint. Müssen oder können? Ist das die Macht (in der das Machen im Perfekt steht) des Betrachters?
Ich wollte nicht in die *Helle Kammer* schauen, bevor ich – nach längerer Zeit – erneut über Photographie nachdenke. Nun ist es also geschehen. Und wieder kann ich mich dem Text nicht entziehen. Die *Helle Kammer* klingt, wie erwähnt, erstmals in der *Vorbereitung des Romans* an, in der Sitzung vom 17. 2. 1979, der Überblendung von Haiku und Photographie (einem Versuch, das Medium mithilfe eines anderen zu verstehen) als Notiz eines Gedankens, dessen Ausführung bereits angekündigt wird. Verfasst wurde die *Helle Kammer* vom 14. 4. - 3. 6. 1979. Barthes schreibt darin, wie wir wissen, über das, was sich zwischen Operator (Photograph), Spektrum (Abbild) und Spektator (Betrachter) abspielt – unter besonderer Berücksichtigung dessen, was dem Spektator passiert. Diese Rolle ist ihm selbst – neben der des Spektrums – besonders vertraut.
Spektator und Spektakel sind abgeleitet von lat. *spectaculum* Schauspiel, das aus lat. *spectare*, schauen gebildet ist. Das Lehnwort *Spiegel* hat die gleiche Wurzel. Das Spektrum, eigentlich der Begriff für die Aufspaltung von weißem Licht in verschiedene Farben, entspringt der Vielfalt, Buntheit im visuellen Feld zu lat. *spectrum*, Abbild und *spectare*, schauen. Theoretisierend oder spekulierend, aus lat. *speculari*, spähen, beobachten, sich umsehen, ins Auge fassen zu lat. *specere*, sehen, schauen, kurz: seine Beobachtungen versprachlichend, operiert Barthes in den Genera Verbi Aktiv und Passiv, obwohl ihn das, was zwischen ihnen (und dem Geschehen, das sie fassen) liegt, offenkundig am meisten interessiert. Das Medium/der Medial tritt erst in der Vorlesung vom 8. 12. 1979 in Erscheinung. Der Gedanke wird noch anders gefaltet, in die seither weithin gebrauchten (und durch diesen Gebrauch oft schematisch/schemenhaft verdünnten) Begriffe *Studium*

> *„[...] was nicht innerster Linie Studium bedeutet, sondern die Hingabe an eine Sache [...]. Als Angehöriger einer Kultur (diese Konnotation ist im Wort Studium enthalten] habe ich Teil an den Figuren, an den Mienen, an den Gesten, an den äußeren Formen, an den Handlungen“*[320]

und *Punctum*.

> *„Das zweite Element [das Punctum] durchbricht (oder skandiert) das Studium. Diesmal bin nicht ich es, der es aufsucht [...], sondern das Element selbst schießt wie ein Pfeil aus seinem Zusammenhang hervor, um mich zu durchbohren. [...] Das Punctum einer Photographie, das ist jenes Zufällige an ihr, das mich besticht (mich aber auch verwundet, trifft).“*[321]

Was mir, dies lesend – und wie oft habe ich den Text schon gelesen? Zwanzig Mal? – widerfuhr. Ihn nun anwendend denke ich an die Doppelbelichtung, das Instrument für den Sprung, das Zwischen. Ihr ethischer (angewandter, an jemanden gewandter) Reiz besteht in der Möglichkeit eines Drehs im gedoppelten photo/graphischen Akt. Die Aufzeichnung wird unterbrochen. In der Zwischenzeit kann etwas anders vor die Kamera geraten. Die Kamera kann die Hand wechseln. Die haltende Hand könnte nun am Arm des anderen hängen, muss aber nicht. Der Zwischenraum kann gleich bleiben, muss aber nicht, er kann auch größer oder kleiner werden. Inzwischen können Worte gewechselt, Ideen ausgetauscht werden, müssen aber nicht, klick-klick, so schnell geht es auch, ich konnte es nicht einmal aussprechen.

Wir sehen uns

Aber selbst, wenn Augen und Hände dieselben bleiben: in/zwischen hat sich das Ge/sicht verändert. Ich habe eine etymologische Vermutung überprüft. Ich nahm an, Ge/sicht käme von dem, was gesehen wird, aber es ist eine andere Bildung, die eher dem Visier ähnelt: das, (durch das) man etwas sieht, ich schaue nicht hinein, sondern heraus. Doch was ich sehe, löst Emotionen aus, die sich in meinem Gesicht abzeichnen[322] und ein/ander, wie erwähnt, in Sekundenschnelle ablösen. – Ich werde fotografiert. Ich warte, dass jemand abdrückt, und weiß: Es ist immer zu früh, es ist immer zu spät. Ich versuche, noch schnell meine Pose zu ändern. Meine Pose? Frz. *poser*, sich/etwas hinstellen, aber auch *poser son regard*, seinen Blick auf etwas richten und *poser une question*. Einmal gedacht, kommt mir die mediale Form nicht mehr aus dem Sinn.

Ein Photograph, der ein Gesicht fotografieren kann, ist ein Zauberer (oder Manipulator der Emotionen) und darf kein Zauderer sein, denn er muss den Augenblick einfangen, in dem ein Gesicht s/ich loslässt; das *Ich* loslässt. Losgelassen hat. Schon vorbei. Roland Barthes schrieb über die Photographie, die für ihn fast immer die Photographie (Lichtschrift, Lichtnotiz) eines Gesichts war:

„Ihr Noema ist stets eine Über/raschung des Bewusstseins."[323]

Der Augenblick ist unwiederholbar, aber der wiederholte Druck auf den Auslöser (aktiv), der die Belichtung doppelt (passiv), schafft Möglichkeitsräume, Zwischenzeiten, Zwischenräume für alle, die keine berufenen Photographen sind. Laien, Kinder, Marginalisierte, du und ich. „Ein Innehalten bei der Notation"[324] ist nicht möglich, schreibt Barthes, der die Technik der Doppelbelichtung durchaus kannte. Es ist nicht möglich, aber die Notation kann mehrfach hintereinander auf den gleichen Träger erfolgen. Das macht es möglich, im visuellen Feld eine realzeitlich unmögliche Egalität für innen und außen, hineinschauen und hinausschauen, fotografieren und fotografiert werden, fotografisches Subjekt(sein) und fotografisches Objekt(sein) herzustellen. 1979 schreibt Barthes, „Sie können am Photo nichts hinzufügen"[325], doch das fortgesetzte Photo, die Doppel- oder Mehrfachbelichtung ist so alt wie die Belichtung, an welcher Stelle der Photographiegeschichte man auch ansetzen mag. Zwei Photographien werden übereinander gefügt.

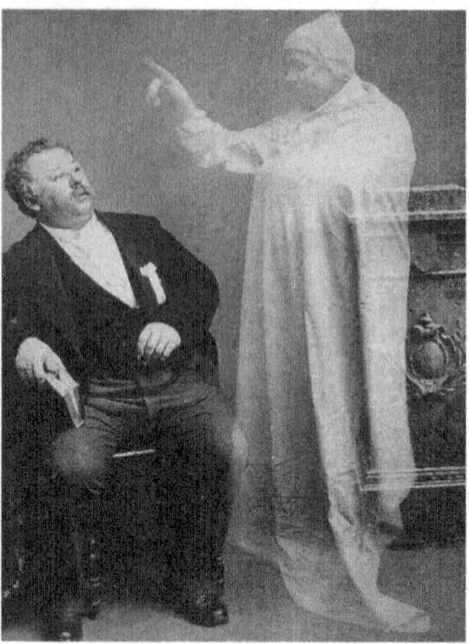

Abb. 55: Historische Geisterfotografie

Historisch wurde mit dieser Findung gern gespielt: Man kann zwei in ein Bild holen, die nicht gleichzeitig vor der Kamera sein konnten. Man kann ein Bild in ein Bild von einem anderen holen. Oder ein Bild in ein anderes Bild. Sir Arthur Conan Doyle glaubte auf der Basis entsprechend inszenierter Photographien, auf denen Elfen aus Pappe tanzten, an Wesen, die es auch weiterhin nicht gibt. Die Geisterfotografie spielte mit der Belichtung mehrerer bereits existierender Photographien hintereinander oder der Kombination eines zuvor ins Bild geholten Abzugs mit einer Portraitaufnahme in Präsenz, um zu betrügen und um zu trösten; Verstorbene und Hinterbliebene gebannt auf der gleichen Platte machten während des Ersten Weltkriegs eine Gemeinschaft möglich, die es in dieser Welt schon nicht mehr gab. Gegenwärtig ist die Doppelbelichtung technisch sehr einfach geworden, analog und digital. Vor gut zehn Jahren las ich mit Studierenden Texte zur Photographie. Wir spielten ganz handfest mit Begriffen wie Bilder löschen (einen Abzug anzünden und Wasser darüber gießen), Bild der Mutter (traut sich jemand, ihre Augen zu beschädigen?), Belichtung (an – aus, ganz einfach!) und kamen ganz von selbst zu ihrer Doppelung.

Um vor der Abschaffung des Photolabors noch etwas darin und daraus zu machen, bat ich die Studierenden, alte Photographien von ihren Eltern, Großeltern oder anderen Verwandten mitzubringen. *Rolonkbart rulez*, schrieb jemand an die Tafel im Seminarraum, und weil niemand mehr diese Tafel benutzt, stand es dort noch jahrelang. Als Antwort brachte ich eine Reihe leicht zugänglicher Photographien mit, auf denen der Autor der *Hellen Kammer* zu sehen ist. Roland Barthes war zweifelsohne ein schöner Mann, und er fühlte sich in der Rolle des Spektrums keineswegs unwohl, füllte sie aktiv aus, Namen bekannter Schauspieler fielen; niemand wollte bei den Bildern an den Autor des Buches denken, in dem wir lasen. – Wir kamen auf die Ahnen zurück und arbeiteten in Schwarzweiß mit einem lichtempfindlichen Film mit auf- und wieder abgeschraubtem Makroobjektiv (für das Bild vom Bild) und leibhaftiger Portraitaufnahme vor weißer Wand, waren Spektator, wurden Operator, dann Spektrum und wieder Spektator. Bei alldem konnten wir nur ahnen und schätzen; hier links war noch Platz für mich im Bild, wie groß, wie klein sollte ich dafür sein, ich versuche, mich hineinzufügen, es könnte aber auch daneben gehen. Jemand, der ein Bild hinterher bearbeitet, ist im Unterschied dazu fast allmächtig. Wir begnügten uns mit dem Zauber der Bilder, wie sie auf dem Photopapier in der Wanne erscheinen und an der Leine zum Trocknen aufgehängt werden.

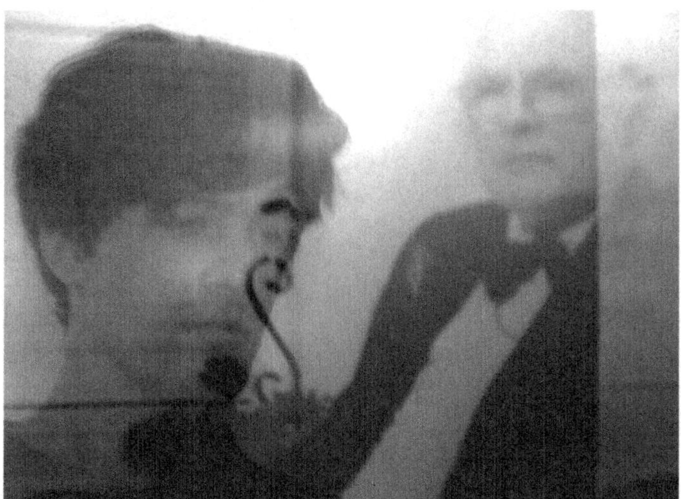

Abb. 56: Gegenwärtig vor zehn Jahren, analog

Eine Woche später lagen sie vor. Wir sahen uns unzeitgleich und doch gleichzeitig in der Reihe jener, die vor uns waren. Wir sind nachgekommen, manche der Älteren haben uns nicht gesehen, manche haben uns kommen sehen und keiner von ihnen hat uns jetzt gesehen. Wir sehen ihre Gesichter in unseren, sind – mal mehr, mal weniger – Abbilder von ihnen; die Ähnlichkeiten fallen unmittelbar ins Auge. Und wenn wir diese Bilder anschauen, blicken wir dann zurück oder voraus, wo ist vorne, wo ist hinten? Finden sich die Ahnen flussauf- oder flussabwärts? Was ist inzwischen alles passiert? Sind wir weiter? Kommen wir an das heran, was sie erreicht haben?

Abschiedsformel: Wir sehn uns...

Ein weiteres Szenario. Die Doppelbelichtung macht es möglich, die Kamera die Hand wechseln lassen in der gewonnenen Zeit zwischen einer Photographie und ihrer Fortsetzung. Ich werde photographiert, jetzt gerade im Passiv, vielleicht auch in Zukunft, aber vor allem drücke ich gleich selbst den Auslöser. – Es war ein schöner Tag. Die Sonne schien nach einer bitterkalten Phase des gerade überstandenen Winters: Endlich Licht, nicht nur für Doppelbelichtungen. Und neue Räume:[326] Das Gebäude mit Seminarraum und Photowerkstatt (nur digital; die Wannen und Kanister für Fixer und Entwickler, die roten Lampen und Vergrößerer wurden gar nicht wieder ausgepackt) war nach Monaten des Drecks, der Umzugskisten, der Begehrlichkeiten, Gewinne und Verluste, nach Monaten der Heimatlosigkeit und der unfreiwilligen Unterbrechung der Arbeit endlich halbwegs fertig. Zwölf Frauen stiegen die Treppen in Schönlebers Himmel.[327]

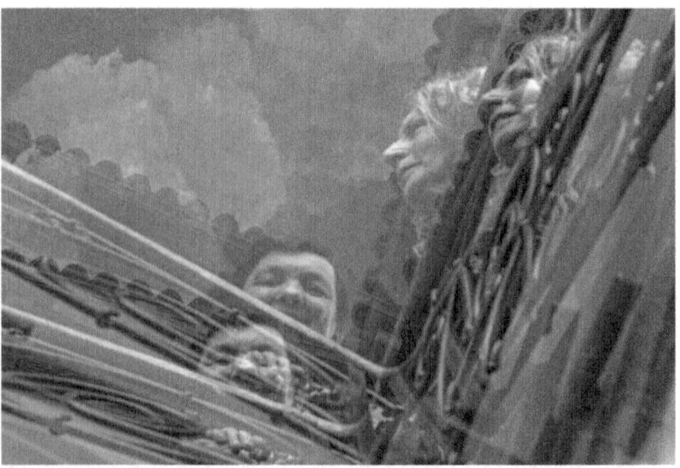

Abb. 57: Gegenwärtig, digital

Sie sehen im Folgenden einige doppelbelichtete Porträtaufnahmen von wohnungslosen Frauen. Und von Kunststudentinnen. Eine einzige photographische Spielregel war mir wichtig: Es wird nichts nachbearbeitet. Die Lichtaufzeichnung gilt für sich. Nachbearbeitung würde Räume der Exklusion schaffen: Man braucht Zeit und Geräte und Wissen dazu. Nicht zuletzt wäre sie eine schwerwiegende Störung des epistemischen Potentials der Doppelbelichtung. Übrigens: Photographieren und photographiert werden senkt (Hemm)Schwellen. Ich kann nicht zeichnen. Das kann jede sagen. Aber ich kann nicht photographieren? Ich kann nicht photographiert werden?

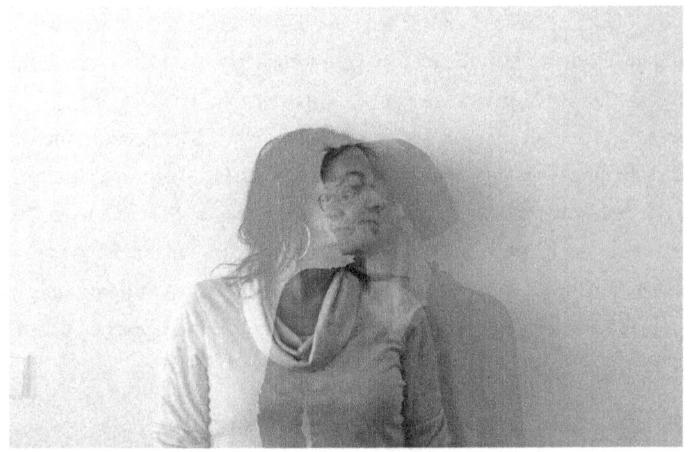

Abb. 58: Ein Blick in jede Richtung

Wohnungslose Frauen und Kunststudentinnen haben einiges gemeinsam. Sie sind achtsam im Feld des Visuellen, die einen, weil sie nicht gesehen oder zumindest nicht angestarrt werden wollen, die anderen, weil sie schneller sehen müssen als andere, um sich ihren Platz, auch den in der Rangordnung, sichern müssen. Außerdem teilen sie ein ausgeprägtes Gespür für die Rhythmen eines Tages im öffentlichen/mit allen geteilten Raum und organisieren sich entsprechend, die einen, um nicht allein zu sein, die anderen, um in Ruhe arbeiten zu können. Vor allem aber teilen sie ein schmerzlich erfahrungsbasiertes Wissen um drinnen und draußen, ausgewählt und abgelehnt.

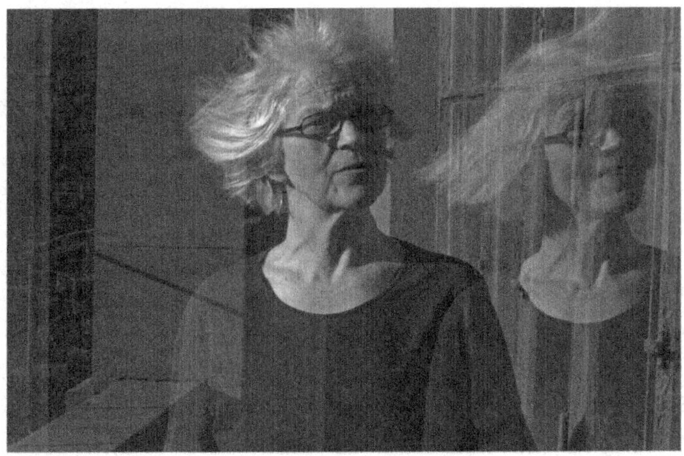

Abb. 59: Nicht allein

Natürlich bleiben Unterschiede. Mir war wichtig, dass man sie nicht durch unbedachte Rede verstärkt, sondern einfach und vielfach im Feld künstlerischer Praxis zur gleichen Zeit im gleichen Raum das Gleiche (also etwas ganz Anderes) macht. Die Doppelbelichtungen waren ein Experiment. Ich schlug vor, dass wir uns mischen. Nach Möglichkeit immer eine Kunststudentin und eine unserer Partnerinnen zusammen im Bild. Aber nicht immer – alles kann, nichts muss; das Speichermedium der gemeinsam verwendeten Kamera hat später auch ganz andere Innovationen ans Licht gebracht. Einer Frau, die lieber für sich ist, war es wichtig, sich zu vervielfachen. Eine bildscheue Studentin brachte lieber ihren Pullover als sich selbst ins Spiel. Die begleitende Sozialarbeiterin fühlte sich endlich einmal gesehen nahm den größten Speicherplatz ein.

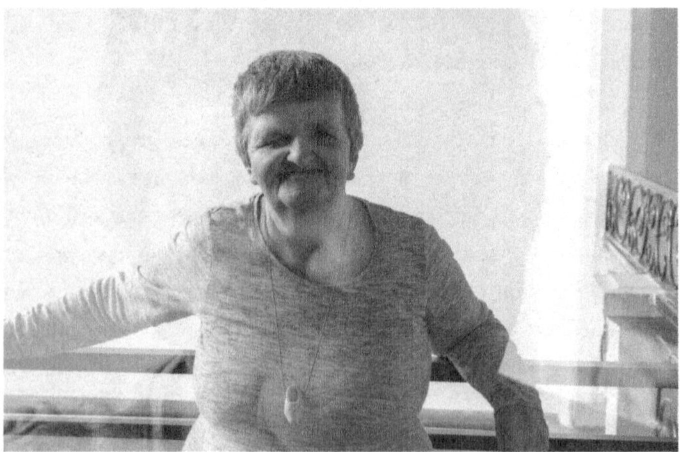

Abb. 60: Augenblick

Unser Ausgangspunkt war der Augen-Blick, waren die Körper, aus denen und auf die jene Augen blicken. Um einen Augen-Blick genauer zu untersuchen, bedarf es eines zweiten. In diesem Fall wurden beide im gleichen Bild belichtet. Die Frage lautete: Was passiert zwischen zwei Augenblicken? Hat es mit dem Weißen zwischen zwei gedruckten Worten zu tun und vielleicht mit der „Ruhe zwischen zweien Tönen“[328]? Das Untersuchte war ein Sprung über ein Zwischen, bei dem beide Seiten Anlauf nehmen mussten – und einiges loslassen. Das Widerfahrnis (griech. *Pathos*, *Passion*) im *Da* zwischen innen und außen, hat in diesem Kontext nicht nur zwei Richtungen – von innen nach außen und von außen nach innen, eine aktive und eine passive, Akt(ion) und Pass(ion), sondern auch zwei Bedeutungsebenen, die zugleich Felder der Anwendung sind:

Auf der Bildebene gab es keine Nachbearbeitung, nur eine Auswahl. Auf diese Weise überlassen sich die Doppelbelichtungen ganz dem Auge des Betrachters. Das Feld des Visuellen kennt keine Negation, es kann nicht nichts zeigen und auch nicht, dass jemand, der darauf abgebildet ist, auf anderen Ebenen vielleicht durch alle Raster fällt. Die Exklusion beginnt erst im Auge des Betrachters, und augenfällig war, dass die nicht-akademischen Partnerinnen auch nach vielfacher Einladung dazu sich nicht an der Auswahl der Bilder für die gemeinsame Ausstellung beteiligen wollten: Für sie war jedes Bild schön, es ging nicht um das *Was* (darauf ganz genau zu sehen ist und inwieweit es sich von einem anderen unterscheidet, was bereits ein Theoretisieren wäre), sondern um das *Dass* (es überhaupt gemacht wurde).

Abschiedsformel

Der Ausgangspunkt, sich gegenseitig genauer ins Gesicht sehen zu wollen, war ein gemeinsamer und der Wunsch, den Augenblick und das Angesicht der Anwesenden festzuhalten, vorausblickend. Heute, fünf Jahre nach jenem Sonnentag im Spätwinter, sind einige der Photographierenden und Photographierten aus beiden Gruppen nicht mehr am Leben, einige aus beiden Gruppen leben oder haben nicht mehr das damalige Geschlecht, eine Person aus einer Gruppe verfügt nicht mehr über alle damals noch vorhandenen und abgebildeten Körperteile und eine aus der anderen ist gerade dabei, ihr Gedächtnis zu verlieren.

WAR FRAU GRIEBEL SCHON HIER?

☐ NEIN: |||| |||| |||| |||

☒ JA:

☐ VIELLEICHT:

Who The Fuck is Frau Grieb…

making moves.
2010

Aus sich herauskommen: ein Versuch ohne Ende[329]

„Ein Land, wo einer, der ‚ich' sagt, schleunig in die Erde versinkt."
Elias Canetti[330]

Überirdisch wäre nicht nur hier im Land keiner mehr übrig, unterirdisch würden die Versunkenen sich drängeln, keine Frage, es wird viel „ich" gesagt, da nehme ich mich nicht aus, und wenn nicht gesagt, dann gedacht und gesehen, von sich, vom Ich aus und von dort an alle. Aus einer Sprache, die sich um ein Ich herum gruppiert, kommen wir so leicht nicht heraus. Wir setzen sie ein, damit wir gesehen und gehört werden. Alle anderen sollen das Ich zur Kenntnis nehmen, und sei es mit dem Finger, ohne genauer hinzuschauen: ein mag ich, ein gefällt mir mehr. Für mich natürlich.

Was, wenn einer nicht gesehen wird? Was, wenn einer nicht sieht? Was, wenn einer nicht gehört wird? Was, wenn einer nicht hört? Was, wenn einer nicht gerochen wird? (Ich glaube, das wäre in Ordnung.) Was, wenn einer nicht riecht? Was, wenn einer nicht schmeckt? (Jetzt sind es beide!) Was, wenn jemand nicht fassbar ist? Was, wenn einer nicht fasst?

Die letzten drei Sinneskanäle sind aus unserer Sicht weiter hinten in der Reihe. Unsere Teilnahme an der Welt erfolgt über die Sinne, solange wir bei Sinnen sind, und das, was wir von uns geben, passiert die Sinne anderer Menschen, Tiere, Pflanzen und aller, die in dieser Aufzählung übersehen wurden. Es gibt ein Objekt der Wahrnehmung, ein Wahrnehmungsorgan sowie einen Wahrnehmenden. So einfach stellen wir uns die Welt vor, vielmehr, uns entgegen, doch nach den Kategorien unseres Geistes geformt. Der Nehmende bin ich, und du bist meine Wahrheit.

Es gibt Menschen, die nachsetzen, wenn sie sich nicht wahrgenommen fühlen, analog und digital. Manche tragen einen Pappbecher mit Münzen vor sich her. Analog und digital. Einige davon haben vorher musiziert oder einen Wortbeitrag geleistet. Es kommt vor, dass man es persönlich nimmt, wenn man nicht in dem Maße wahrgenommen wird, wie man sich das wünscht, ganz gleich, ob man musiziert, gesprochen, geschrieben, gemalt oder geniest hat. (Augenblicklich schlüpfe ich gnädig in ein *man*, das ich nicht sein will.) Solche werden dann lauter, halten einem etwas vor Nase und Augen, auch größere Buchstaben, unruhigere Bilder, bewegen sich auffälliger, es könnte zur Berührung kommen, physisch oder mental. Wenn ein Mensch zu nahe kommt, riechen wir ihn; allein der Geschmack bleibt im Allgemeinen außen vor (es sei denn, er bildet sich ohne Kontakt in unserem Mund).

Auch das Umgekehrte gibt es: den Plan, absichtlich einmal nicht gesehen, gehört, gerochen, berührt zu werden. Primatologinnen zum Beispiel haben gelernt, sich zu verstecken. Alles andere würde ja die Gegenstände ihrer Beobachtung zu beeinflussen. „Ein guter Forscher ist also einer, der die Natur aus nächster Nähe beobachten kann, so, als würde er ‚durch ein Loch in der Wand' gucken, weil er lernt, unsichtbar zu sein."[331] Auch ohne Wand. Wahrnehmung – die der anderen, ausgehend von der eigenen – wird beobachtet, Muster und Gewohnheiten werden analysiert, damit sie umgangen oder unterwandert werden können. Dem Unsichtbarsein ist eine produktive Verbindung aus empathischer Beobachtung, Schlussfolgerung und Innovation eigen, dachte die Primatologin. Prima, first.

Nun scheint es aber so zu sein, dass Paviane nicht bereit sind, eine Anwesende nicht wahrzunehmen, die sie wahrnehmen, nur, weil diese glaubt, die Wahrnehmung ihrer Gastgeber antizipiert zu haben und darin nicht vorkommen will. Sie ist ihnen nicht gleichgültig, sie tut nur selbst gleichgültig, und das ist unhöflich. Man wirft ihr böse Blicke zu. – Wie also verschwinden? Es muss einen anderen Weg geben.

Es gibt einen schmalen Weg am Wasser und durch einen Baumschlag hin, der vor einer Tür ausläuft, die in ein Häuschen Einlass bietet. Den Rest der Geschichte kennen wir: „Wie sich die Freunde aber nach dem Maler umsahen, war der fort und in dem Bild. Da wandelte er auf einem schmalen Pfad zur Tür, stand vor ihr still, kehrte sich um, lächelte und verschwand in ihrem Spalt."[332]

Im Tun mag es gehen. Im Bild mag der Maler aufgehen, in der Interaktion mit den Pavianen die Primatologin. Doch im Sagen, im Schreiben? Was, wenn einer – einen Augenblick. Ich fragte mich, ob ich eine*r schreiben, geschmeidig zwischen den Geschlechtern wechseln oder eine Fußnote setzen soll, die kenntlich macht, dass ich daran gedacht habe. An alle. Die Frage funktionierte nicht ohne Aktiv- oder Passivkonstruktion. Einem passiert etwas oder er tut es; zumindest grammatikalisch kommen wir an diesem Einen nicht vorbei. Ich wählte das Zahlwort, erwog aber auch, ihn *jemand* zu nennen; etymologisch ist über *–mand* wieder der Mann gedacht und die Frau bedarf einer Fußnote. Oder *Niemanden* sehen, hören, riechen, fühlen, schmecken zu lassen. Dann ist klar, dass es alle betrifft (niemand bestimmten) und der jeweiligen Aktivität in einer dezenten Verneinungsform gedacht wird, damit man sich besser darauf konzentriert. Wenn niemand riecht, müssen wir nichts tun (und sollen vielleicht darüber nachdenken, was das bedeutet). In der Sprache, die uns formt, in der wir denken und in der wir Gedanken formulieren, ist das Lassen nicht mitgedacht. Wenn einer nichts tut, so glauben wir, *passiert* ihm etwas.

Ich glaube (das wäre in Ordnung). Sich eine persönliche Einschätzung zu verkneifen, ist nicht leicht, dieses Wollen (ein Wahrgenommenwerdenwollen) ist schneller als der Gedanke, der in Worte gefasst werden soll, da ist eine Instanz, die sich abheben, abgrenzen oder Gemeinsinn herstellen will, nicht im Sinne eines Gemeinwohls, sondern im Sinne von Ich bin, wiege und bedeute mehr, wenn ihr meiner Meinung seid; wir stimmen zu, ihr stimmt zu, Sie stimmen zu, riechen, das geht zu nah, die Geschmäcker sind verschieden, die Gerüche erst recht, zumal sie deutlich unter die Haut gehen, und weil es nicht höflich war oder ist, zu sagen, dass etwas stinkt, geben wir dem Geruch eine Tendenz bei, die das Missfallen des vom Geruch einer Sache oder eines Menschen Betroffenen wahrscheinlicher macht als das Wohlgefühl. *Ich glaube*, ein *Ich* wollte gerade die Lesenden auf meiner Seite haben.

Unserer und wir: Wenn man eine Aussage, die man für annähernd allgemeingültig hält, etwas persönlicher gestalten will, macht man (ist hier eine gendernde Fußnote nötig?) es häufig durch eine Pluralkonstruktion, die alle einschließt, ich und du-ich und er-ich, wir sind wir (und tatsächlich hat mein linker Zeigefinger gerade versehentlich ein bayrisches *mir* getippt, für das *wir* hätte der linke Ringfinger ansetzen müssen, und könnte es sein, dass diese regionale Eigenheit tatsächlich aus einem noch ausgeprägteren Selbstbewusstsein rührt (nicht meinem, ich denke mich nur hinein: das, was das *wir* mit mir macht, macht mich so stark, dass mein *mir* für das *wir* gilt, das sich auf *Bier* reimt?) oder lässt sich diese im Grunde recht einfache Feststellung nicht ohne Fußballverein denken? – Und endlich war es einmal nicht ich, die etwas geschrieben und gelöscht hat, das waren nur die Finger auf den Tasten, aber versehentlich. Wessen Augen haben sich versehen? Die Finger waren schneller.

Ohne die erste, zweite, dritte Person Singular oder Plural kommen wir nicht aus – es muss geklärt sein, von wem die Rede ist. Wenn wir sagen, was wir denken oder glauben, sagen wir es *persönlich*. Im Schreiben des Ausgedachten ist es möglich, aus der ersten Person, die wahrnahm und dachte, in eine dritte zu schlüpfen, die da angeblich wahrnimmt und denkt, die einiges unternimmt und der manches widerfährt. Manche wählen dieses Versteck. Durchschaubar.

„Weißt du, was ich daran mag, ist, dass es so unauffällig daherkommt." Vor einiger Zeit sprach ich mit meinem Lehrer; es ging um einen Text, den ich ihm geschickt hatte, doch er sagte *es*, nicht *er*. „Das Unauffällige braucht einen langen Atem", versuchte ich anzuknüpfen, „mit Zwanzig brodelt noch zu viel, da wird hyperventiliert. Mit Einunddreißigeinhalb immer noch." Mein Lehrer ist über Achtzig und war längst schon wieder bei seinen Bildern. – „Die besten sind die, die ich wegschmeißen kann", sagte er. „Zum Abfall? Also wenn sie dir nichts mehr wert sind?" – „Wenn sie mich wegschmeißen. Das Bild muss mich rausschmeißen." – „Also wer jetzt wen?" – „Beide beide. Wenn ich nicht mehr drin bin." – „In Bildern sehe ich's vor mir. Wenn man kein Wollen mehr sieht. In der Sprache ist das hoffnungslos – versuch mal, einen Satz ohne ein Subjekt zu bilden, das mit diesem Satz irgendwohin will. Einen Satz ohne ein Ich." – „Streichs raus", sprach mein Lehrer, der in einigen Belangen ein Meister sein mag. „Streich alle *ich* raus. (Hat er *ichs* gesagt? *Iche* hat er nicht gesagt.) Mach es. Das macht etwas. Es sich einfach nur denken reicht nicht." – „Ich wollte jetzt eigentlich in den Wald gehen." – „Streichs raus."

Natürlich kann ich mir einen Text vornehmen, einen eigenen oder einen andere, und alle *ich* herausstreichen (indes: ein *ich* und seine besonderen Fähigkeiten herausstreichen bedeutet umgangssprachlich das Gegenteil), aber das ist ja nur der Anfang. Ich muss ja auch alles streichen, was auf Genus, Tempus, Modus hindeutet, weil es immer jemanden geben muss, der etwas tut, sich raumzeitlich verortet und dabei wahrgenommen wird, viel wird nicht übrigbleiben, und die Materialität der Streichung wird die ästhetischen Aufgaben übernehmen, die vorher der Text für den sechsten und siebten Sinn (das innere Auge, das innere Ohr usw.) tragen konnte. Er hat nicht *löschen* gesagt, vielleicht, weil er ein Maler ist. Lösche ich aus der Datei, bleibt nicht einmal die Schönheit des Streichens und der Streichung, bleibt allein Was, wenn nicht?[333] Was, wenn nicht? Was, wenn nicht? Was, wenn nicht? Was, wenn nicht? (in Ordnung.) Was, wenn nicht? Was, wenn nicht? Was, wenn nicht fassbar? Was, wenn nicht?, und selbst das Fassbare ist grenzwertig, fassbar für wen oder was, und auch das Fragezeichen dürfte zu viel sein, wer fragt? Gleichwohl ein Löschen des Fragezeichens immer noch die Syntax der Frage und somit die Frage nach dem Fragenden stehen ließe. Das (Ich) krieg ich so nicht raus.

Im Malen mag es gehen. Maler sind gastfreundlich. Sie laden in ihren Blick auf etwas ein, fixieren ihn und treten beiseite. Oder gehen in Texten durch eine Tür, die sie gemalt haben, aus dem Bild. „Jeder kann malen", sagte mein Lehrer. „So musst du es machen. Wie jeder. Dann bist du weg, dann bist du draußen, dann schmeißt es dich raus und du kannst es wegschmeißen. Wenn ich Keramik gemacht habe, habe ich versucht, sie so zu machen wie der letzte Bauer, wie ein –" (es lässt ein Wort für einen Trottel aus).

Im Malen und Machen mag es gehen. Mach es wie jede und jeder, schlüpf in jedermanns Frauenhände.

Vor einiger Zeit sah ich, von Kenntnis unbefangen, zum ersten Mal mit offenen Augen Keramiken des japanischen Tee-Weges. Einige dieser Schalen wirken klobig, krumm und derb, wie aus den Händen eines – Bauern? Wenig später sah ich Schalen, die ihrem Aussehen auf den ersten Blick nahe kamen, für eine Spende von zwei bis zehn Euro auf einem Brett vor einem Laden in meiner Straße, der Laden ist neu und kein Laden, ist vielmehr eine Werkstatt, in der jeder töpfern kann. Die Sachen werden gebrannt, glasiert, und was da auslag, waren missratene Schalen, die niemand mehr als „von mir" ansehen wollte, die mehr oder weniger *absichtlich* vergessen wurden, nicht abgeholt, aus den Augen, aus dem Sinn, weggeschmissen, ohne dass ein Schmeißen nötig war – und die ihren Töpfer weggeschmissen haben: Kein Wollen mehr drin, doch gerahmt durch den freiwillig zu bestimmenden Preis sollte ihnen in der Wertschätzung Unbekannter eine Existenz ermöglicht werden.

Vielleicht findet es sich hier, das, was ich suche und in einer subjekthörigen Sprache nicht sagen kann? Ich denke, das kann sich jeder vorstellen: eine Schale, die jede oder jeder gemacht hat. Niemand bestimmtes.

Ich las ein Buch über Jan Kollwitz[334] (den Urenkel der Käthe), der sich als gelernter Töpfer nach Japan aufmachte, um sein Handwerk von einem Meister der alten Öfen noch einmal zu lernen. Auch sein erster Lehrer war auf seine Art diesen Weg gegangen. Er drehte Tausende von Schalen, die er nicht wieder sah. Der Meister in Japan sumpfte sie nachts stillschweigend ein. Kollwitz drehte sie nach der Außenform, die er dem Meister abschaute, so hatte er es bei Horst Kerstan gelernt: Das Auge nimmt eine Kontur auf, die Hand formt sie nach. Doch die Schalen seines japanischen Meisters hatten etwas, was das Auge nicht sah. Sie kamen der nach ihnen fassenden Hand entgegen, nahmen ihre Bewegung mit und schwangen mit überraschender Leichtigkeit den Lippen entgegen, die sie berühren würden, von ihnen berührt werden würden im Ereignis einer auf alle Sinne hin kunstvoll ausgerichteten Tee-Zeremonie.[335] Wir formen das Nichts, das darinnen ist, sprach der Meister nach Monaten, als er wahrnahm, dass Kollwitz es endlich spürte.

Schlüpf in seine Hände; es dauert noch viele Jahre. Mit fünfzig, so sagen die Meister der alten Öfen, ist ein Töpfer allmählich reif genug, *chavan*[336] zu formen, nun mag der geübte Geist ruhig genug sein, das Unauffällige zu schaffen, das Abwesende, die eigene Abwesenheit: Was kann ich alles weglassen? Was alles kann *ich* weglassen?

Ich habe mich abgelenkt. Ich bin in den Laden mit dem Brett davor gegangen und habe begonnen, Schalen zu drehen. Das machen jetzt alle oder wollen es machen: im Drehen aufgehen. Ich muss mich konzentrieren. Ich muss den Ton zentrieren. Ich schaue auf eine runde Scheibe, die sich dreht und halte den Ton, der sich dreht. Das geht besser, wenn man nicht gleichzeitig redet. Da werden die Schalen krumm, das sind dann jede, die auf dem Brett dort draußen landen, und der Unterschied zwischen ihnen und der Meisterschaft eines ruhigen Geistes liegt auf der Hand: Sie sind schwer, viel zu schwer. Ich lag also falsch mit meinem ersten Blick auf die Schalen. Aber, das war meine Frage, kann es denn nicht in der Sprache auch einmal ohne Ichposition gehen?

„Im Deutschen kann man dem Subjekt nicht *entkommen*"[337], schreibt Byung-Chul Han in einem Versuch über West und Fernost und wählt ein Gegenbeispiel aus seiner Muttersprache: Im Koreanischen sage man, ein Gedanke habe sich eingenistet,[338] nicht etwa, man habe ihn gehabt, gefasst oder aktiv gedacht; andererseits sei er aber auch niemandem *passiert*. Die subjektlose Wendung ist unübersetzbar.

Francois Jullien hat in vielen Versuchen den Blick umgekehrt, von Fernost nach West. In einem Versuch ohne Ende[339] soll der Gegenstand* verschwinden. „Asteriskus bedeutet hier und im Folgenden: Im Original deutsch (A.d.Ü.)."[340] Ein schwerer Gegenstand. Der Gegenstand soll durch die Malerei verschwinden, und dies anhand von Abhandlungen chinesischer Gelehrter über die Malerei, die den Maler verschwinden lassen.[341]

Es scheint, wir können der Sprache nicht entkommen, in der wir schreiben. Vergessen können wir sie vielleicht. Vielleicht auch uns: Wenn wir schreiben, wie jede und jeder malen kann. Oder nicht einmal *kann*?

Die Manuskripte der Gertrude Stein, die in ihren vor, inmitten, unter und parallel zu den Bildern von Cézanne und Picasso entstehenden Texten selbst zum Rosettastein zwischen Malerei und Literatur wurde, sind von zahlreichen Verlegern abgelehnt worden. Diese Frau, Harvard-Absolventin ohne Abschluss, sei der Grammatik und insbesondere der Interpunktion nicht mächtig. Ihrem späten Bestseller *Die Autobiographie der Alice. B. Toklas*,[342] die für jede und jeden erkennbar ihre eigene ist, ließ sie ihre eigene Autobiographie als *Jedermanns Autobiographie*[343] folgen. Beide sind reichlich gespickt mit dem Personalpronomen *ich* und mit Namen von berühmten Personen, die dieses Ich aufwerten. Es kann zumindest in diesen beiden Texten nicht ernsthaft darum gehen, dass hier jemand nicht wahrgenommen werden wollte.

Andernorts schreibt sie klein und ohne Punkt und Komma „Die geographische Geschichte von Amerika oder Die Beziehung zwischen der menschlichen Natur und dem Geist des Menschen". In dieser Geschichte hat die menschliche Natur eine Erinnerung und ein Publikum:[344] Solange ich erzähle, bin ich in einem Diskurs mit anderen, und mein soziales Selbst entfaltet sich. Das ist die menschliche Natur. Sie hat eine Erinnerung und ein Publikum.[345] Sie sieht sich selbst und wird gesehen, aktiv und passiv, sie nimmt sich wichtig und lässt sich bisweilen gehen.

Ich lasse mich gehen, dachte ich neulich, als ich, einen See in einem Wald umrundend, immer wieder in die gleichen unerfreulichen Gedanken zurückfiel. Mein Plan war gewesen, andere Gedanken zu denken, wenn ich den Ausgangspunkt wieder erreiche, denken wir doch: Ich denke, also bin ich. Denke ich etwas anders, bin ich die gleiche, die etwas anderes denkt, und dieses andere hat Auswirkungen auf mich. Gleich verändere ich mich. Doch der Ausgangspunkt rückte näher und näher, ohne dass etwas Nennenswertes mit meinen Gedanken passiert wäre. Ich dachte mehr oder weniger die gleichen. Ich lasse mich gehen, dachte ein Ich, das ein Mich mitgehen ließ. Kein Wunder, dass nichts Neues hinzukommt.

Ich stellte mir ein Ich vor, das wie eine Hundehalterin hinter dem mal schnüffelnden, mal tobenden Gefährte mit der klimpernden Steuermarke am Halsband rund um den gleichen See geht und, sollte es (sich) dieser Konstellation gewahr werden, beginnt, den Hund zu rufen, wenn Gefahr droht, der Hund für andere ein Ärgernis wird oder das Ich einfach wieder Körperkontakt mit ihm haben will. Mach Platz. Wer wem.

Die Königspudelbesitzerin Stein schreibt: „Autobiographie I. Als ich noch eins war […]. Als ich dies eine war, sagte ich wenn ich schaute dass ich nicht sah was ich sah. Das kann jedem passieren"[346], eins oder noch eins, eins gewesen oder eins und eins? Das war jedenfalls sie und sie sagte unter anderem (man kann es auch anders lesen): Ich sehe nicht, was ich sehe. Das wirkt nicht allzu erstrebenswert.

Wenn das Ich sich selbst los sein könnte – was gäbe es denn zu sehen? „Wenn man ‚in seinem Ich nicht mehr' sein Ich ‚besetzt', heißt es im Zhuangzi, kommen die Formen und Dinge von selbst zum Vorschein,[347]schreibt Francois Jullien und bezieht sich auf die Maler.
Die Formen und Dinge gäbe es also zu sehen. Das klingt erstrebenswert. Ich mache einen Versuch mit dem Bleistift: Ich schreibe Ich und male einen Kreis darum und schreibe noch einmal Ich hinein, so, dass das Ich verdeckt ist. Jetzt ist (die örtliche Bestimmung, ist) das Örtchen besetzt, auf dem das Ich sitzt, doch das soll es ja nicht mehr sein, also radiere ich mein zweites Ich wieder aus, das geht nicht, ohne meinen dritten Fall (ein Es) zu beschädigen, der das Ganze gewesen wäre (in wem hätte ich wen nicht mehr besetzt?), jetzt ist es nicht mehr drin und nicht mehr drauf und drüber und was drunter war versehrt. Diesem Rest könnte ich jetzt nachfahren, mit dem Bleistift, bis ich ihn einhole, ich bin wieder da. Ich auch. Mach Platz.
Aber könnte das Ich sich selbst los sein? Ich sage –
Schon passiert: Sie verschwindet schleunig in der Erde, steht oben geschrieben. Im Geschehen mag es gehen.
Byung-Chul Han würde aus einem solchen Geschehen kurzerhand ein *Entkommnis* oder *Abwesen* machen:

> *„Entkommnis und Abwesen stellen ein Geschehen dar, das einfach da ist, ohne dass ich es merke, ohne dass ich es eigens bewillige, ohne dass ich es ausdrücklich erleide, d. h. jenseits von Subjekt und Objekt, jenseits von Aktivität und Passivität. Auch das Schreiben ist dann kein Akt mehr, sondern ein subjektloses Geschehen. Ohne mein Wissen, ohne meine Absicht vollzieht es sich wie von selbst."*[348]

Ist es ein Zufall, dass ein Philosoph, der zwischen zwei Sprachen spricht und schreibt, einer, die das Subjekt offen lassen kann (Koreanisch) und einer, in der wir ihm nicht entkommen (Deutsch), an seinem deutschen Wohnsitz dringend nach einem Versteck gesucht hat? Und es in einem Garten fand,[349] einem geheimen Garten, wie er ihn selbst nannte, irgendwo zwischen Schlachtensee, Nikolassee und Wannsee, und in dem er lernte, in der Erde zu graben, zu säen, zu jäten, zu pflanzen, zu wässern, zu ernten, es sollte ein Garten sein, in dem nachts gearbeitet wird und der auch im Winter blüht. Von dort sah ich ihn einmal kommen, vor längerer Zeit, in meinen Augen muss er von dort gekommen sein, zerzaustes Haar, Erde an den Kleidern, zerknüllte Briefe im Fahrradkörbchen, ein erloschenes Smartphone in der Hand und irgendwie hilflos vor dem so großen wie kleinteiligen Stadtplan hinter Glas an einer U-Bahnstation, die mit der Wannseebahn verknüpft ist.

FAND EIN GEFÄSS FÜR DAS
NICHTS UND LEERTE ES AUS
DAS TRAGENDE WÄREN DIE LÖCHER
SEIDIGES GARN UM FREI GE

Einer Spinne den Weg bahnen

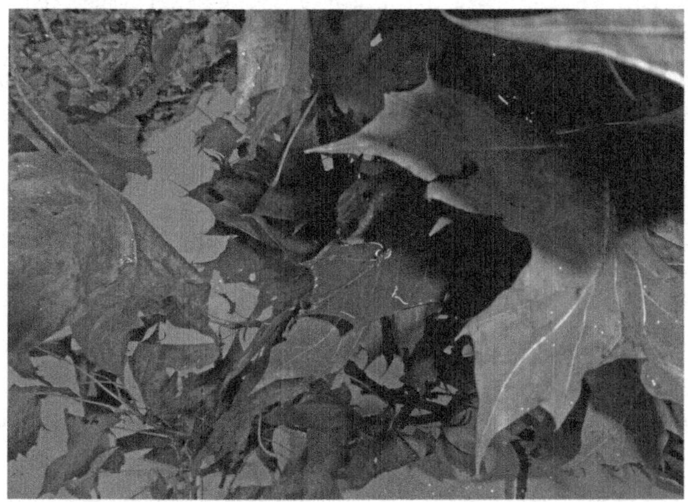

Abb. 61: Ahorn

Der Boden ist mit Laub gepolstert, flächendeckend, haufenweise, gelbes, grünes, braunes, trockenes, feuchtes, duftendes, raschelndes. Ahorn, Eiche, Buche, Birke – Engelstrompete. Hier wurde ganze Arbeit geleistet. Wir müssen diesen Raum wieder in Ordnung zu bringen, nachher. Jetzt ist jetzt.
Ich schließe meine Augen…

„Von einer helfenden Hand an meinem Arm werde ich durch die Türe geführt. Vorsichtig setze ich Fuß um Fuß in den Raum, wo mich schon der Geruch nach nassen Blättern empfängt. Der hügelige Untergrund ist weich und gibt nach, wenn man darauf tritt. Ich denke an einen Herbstspaziergang, bei dem die farbigen Blätter bunte Tupfen ins Landschaftsbild malen und man den Geruch von frischer, kalter Luft und dem nassen Laub in der Nase hat. Ich setze mich langsam in den Schneidersitz. Unter mir liegt ein nasses Blatt, das sich nun kalt und unangenehm anfühlt, daher ziehe ich es hervor und lege es vor mich. Allmählich beginne ich, vor mir einen großen Haufen Blätter aufzuschaufeln und nehme einzelne heraus, um sie genau abzutasten. Ich reiße ein Blatt in kleine Stücke und lausche dem Geräusch, das dabei entsteht. Ein kleines Ratsch, das schnell sein oder in die Länge gezogen werden kann. Ich reiße die Blätter

entlang bestimmter Linien, die sich an den Blattadern orientieren. Diese sind stabiler, beim Reißen schwerer zu überwinden und somit bestimmt das Blatt eigensinnig die Richtung."[350]

Hier krabbelt eine winzige Spinne auf dem hellen Estrich. Mit beiden Händen schiebe ich Blätter zur Seite, damit sie nicht gleich wieder verschwindet. Sie rennt zum Rand der Lichtung. Somit ist geklärt, was zu tun ist. Ich mache ihr den Weg frei. Dort, wo sie hinläuft, schiebe ich die Blätter zur Seite, damit ich sie im Auge behalten kann. Und sie läuft emsig, ich krabble hinterher.

„Auch einige Äste sind zu ertasten. Ich knicke sie mit längeren Abständen dazwischen, sodass ein lautes Geräusch im Raum und anschließend eine Pause entsteht. In den Pausen lausche ich den Geräuschen der Gruppe, denn es erstreckt sich ein regelrechtes Konzert von Knick- Knack- und Raschelgeräuschen. Dann setze ich wieder ein lautes Knack und der Raum antwortet. Der Gedanke, ob ich die Augen weiterhin geschlossen halten soll oder sie wieder öffnen kann schießt mir durch den Kopf. Ich warte noch ein wenig.“

Dieses Ich ist ein Arbeitsbegriff für zwei Augen und alle weiteren Sinnesorgane sowie einen daran geknüpften Geist; nicht allzu persönlich zu nehmen. Weiß auf schwarz lesen wir mit anderen Augen.

Die Spinne und ich, wir bahnen einen sich windenden Pfad kreuz und quer durch die Laubfläche. Wer eilt hier wem voraus? Ich ihr, weil ich größer bin, mein Vorteil ist der Überblick. Sie mir, weil ich nicht wissen kann, wohin sie sich wenden wird. Ich ihr, weil ich will, dass sie im Licht bleibt. Sie mir, weil sie die Dunkelheit sucht. Oder, falls es ihr nicht um Licht und Dunkelheit geht, eine vertraute Struktur, aus der sie herausgefallen ist.

„In einer der Performances wird ein Käfer verfolgt und sehr genau beobachtet“, schreibt die Dokumentarin Svenja Jordan, deren Wahrnehmungen den Auftakt eingefangen haben. Mit geschlossenen Augen. Es ist ihr wichtig, hierfür ihre Buchstaben weiß auf schwarz zu setzen. Schwarz auf weiß beschreibt sie das spätere Geschehen:

„Der Blick der Performerin bleibt auf das kleine, schnelle Krabbeltier fokussiert, während sie ihm folgt und ihm mit wischenden und schiebenden Bewegungen den Weg durchs Laub frei räumt. So bewegen sich Mensch und Käfer zusammen durch den Raum und hinterlassen eine Spur durchs Laub hinter sich. Der Käfer profitiert vom freien Weg, versucht aber vermutlich gegensätzlich zu arbeiten und sich im Schutz der Blätter zu verstecken.“

Was weiß ich über die Beweggründe der Käfer und der Spinnen. Was auch immer ich darüber in Worte fasse, ist eine Anmaßung: das menschliche Maß, nicht das ihre. Schon Jakob von Uexküll hat versucht, das Vorgehen einer Zecke aus der Sicht der ihr zur Verfügung stehenden Sinnesleistungen darzustellen.

> *„Den Weg auf seinen Wartturm findet das augenlose Tier mithilfe eines allgemeinen Lichtsinns der Haut. Die Annäherung der Beute wird dem blinden und tauben Wegelagerer durch seinen Geruchssinn offenbar. Der Duft der Buttersäure [...] wirkt auf die Zecke als Signal, um ihren Wachtposten zu verlassen und sich herabzustürzen. Fällt sie dabei auf etwas Warmes, was ihr ein feiner Temperatursinn verrät – dann hat sie ihre Beute, den Warmblüter erreicht und braucht nur noch mit Hilfe ihres Tastsinns eine möglichst haarfreie Stelle zu finden, um sich bis über den Kopf in das Hautgewebe ihrer Beute einzubohren.“*[351]

Mit Uexküll wird das einfache Wort *Beweggründe* fassbar: Ein Signal trifft auf einen dafür empfänglichen Sinn und nötigt den damit ausgestatteten Organismus zur Bewegung. Die Zecke riecht Schweiß, lässt sich fallen und frisst sich voll. Im Moment bewegt mich eine Spinne und ich mache ihr den Weg frei. Dabei werden wir beobachtet. Unsere Bahn trifft immer wieder auf die Pfade und Territorien anderer Anwesender. In solchen Fällen mogle ich und schiebe die Spinne ein bisschen nach links oder rechts oder versuche auf andere Weise, ihr den Weg zu versperren, damit unsere Schneise niemandem schadet und nichts zerstört, was vorübergehend anderen gehört, weil sie es gemacht oder gehortet haben.

> *„Dabei sind die Regeln, nach denen wir uns bewegen, klar: Man darf nur die freien, noch nicht bewusst so gelegten Blätter in ihrer Form und Position im Raum verändern. Denn ein Blatt in einer Arbeit ‚gehört‘ jetzt der Person, die es genau so positioniert hat. Ohne die unausgesprochenen Regeln der Gruppe würde das Materialexperiment möglicherweise in Chaos ausufern.“*

Und die Performerin, nein, ich gehöre nicht zu den Menschen, die andere dazu nötigen, ihre Augen zu schließen oder sich im Laub oder Schlamm wälzen oder ihren nackten oder angezogenen Körper mit oder ohne Requisiten zu einem bewegten Bild für andere Augen zu machen. Jede Performance ist ein Übergriff auf Zeiten und Räume Anderer. Übergriffe auf freiwillig Anwesende im Kontext Kunst mögen vertretbar sein; Übergriffe in Abhängigkeitsverhältnissen (und dazu gehört der Kontext Lehre) sind es nicht. Aber heute und in den kommenden vierzehn Wochen schreiben Studierende das Drehbuch unseres Seminars. Was sie für vertretbar halten, entscheiden sie selbst, und ob sie mitmachen wollen, was andere erdacht haben, entscheiden sie wiederum selbst. Die Regieanweisung für heute lautete „entwickeln Sie aus dem vorliegenden Material eine einminütige Performance. Sie haben fünfzehn Minuten Zeit." Ich spiele mit und sehe zu, allen anderen und mir selbst, wie alle.

Aus drei Begriffen, vielmehr, aus dem, was sie in ihrem Zusammenspiel bedeuten, entwickeln Studierende die Folgen unserer Serie: Raum, Körper, Material. Jede und jeder hat sich zu Beginn für ein Material entschieden, zu dem eine besondere Affinität besteht; häufig aus den Schwerpunkten der eigenen künstlerischen Arbeit heraus. Dieses Material wird allen Teilnehmer*innen an einem jeweils dafür geeigneten Ort in einem Szenario zur Verfügung gestellt, das die Hände danach greifen lässt. Eines Abends frieren wir in einem nahegelegenen Wäldchen und bohren unsere Hände tief in die Taschen… Was an offenkundigen Auslösern fehlt, wird durch kleine Handlungsanweisungen ergänzt. Darüber hinaus haben die jeweiligen Drehbuchautor*innen (der Begriff *playwright* trifft es besser) die Verantwortung für die Zeit aller übernommen – keine Minute lässt sich zurückdrehen, für niemanden, und alle Anwesenden haben Zeit investiert; ein Gewahrsein dafür sollte zum Arbeitsethos jeder Person gehören, die glaubt, andere oder deren Kinder belehren zu müssen: Diese neunzig Minuten sollen einen Rhythmus, einen Spannungsbogen und einige Ergebnisse und Erkenntnisse spürbar werden lassen. Jede Seminarsitzung (nur selten sitzen wir) wird reihum von einer Teilnehmer*in in Bild und Text dokumentiert, um zunächst der jeweiligen Initiator*in eine Rückmeldung zu geben und danach allen Teilhaber*innen ein Stück Erinnerung, die sich später in eigene Praxis verwandeln lassen kann.

Das Seminar hat ein Buch als Patin, Mentorin, Begleiterin: *Sinn und Eigensinn des Materials*.[352] Die wenigsten haben es vorher gelesen; fast alle aber suchen hinterher danach und wollen es nun nicht mehr missen. Es steht im Apparat bereit, neben einer Auswahl aktueller Publikationen zu den Diskursen der drei durch den Titel angetippten *turns: material turn, spacial turn, performative turn.* Petra Kathkes Buch begleitet mich seit seinem ersten Erscheinen durch die Lehrpraxis, gleichwohl ich am Anfang skeptisch war. Es schien mir zu – praktisch? Rückblickend erkenne ich mich als Teil einer ziemlich theorieverliebten Generation. Seminare sah ich als lebendige Orte der Kreuzung neuer Begriffe und Diskurse mit virulenten gesellschaftlichen Fragen und der flexiblen Methodik der Kunstpädadogik. Im Grunde hat sich an diesen Eckpunkten nichts geändert, doch der Ausgangspunkt ist gewandert: von der Theorie (*bios theoretikos*, das betrachtende Leben) hin zu den Handelnden, die ein Herkommen (oft aus brennenden gesellschaftlichen Hintergründen) haben und einen Weg gehen. Unsere Wege kreuzen sich in einem kunstpädagogischen Studium, hier und jetzt. Mit der Praxis, das lehrten mich die Studierenden, setzt die Reflexion ganz von selbst sein, weil dem Pakt eines Lehrlernszenarios ein Wunsch nach Erkenntniszuwachs eigen ist. Wird er nicht von vornherein an einen herangetragen, fragt man selbst danach, spätestens hinterher und bisweilen, um eine ausgebliebene Wunscherfüllung zu kompensieren. Eine Sensibilisierung für diesen Wunsch mit geschickten Mitteln zu befördern, ist wiederum mein Part. Den Moment zwischen vorher und hinterher gilt es abzupassen; für diesen Augenblick liegt die Dozentin auf der Lauer, markiert ihn notfalls, damit er nicht ungenutzt verstreicht, und öffnet den Raum für Reflexionen und Diskurse. Die bewusste propositionale Askese, der Verzicht auf Vor-schläge und Vor-träge, wird zum Beispiel durch ein sprechendes Material ermöglicht. Sprechend? Wer spricht hier wirklich?

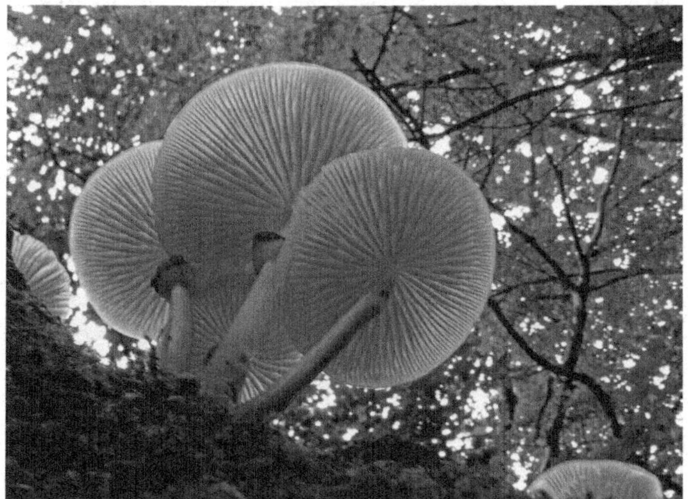

Abb. 62: Pilze

> *„In der Diskussion steht neuerdings das Kommunikationsnetz des Waldes, in dem es nicht nur rauscht, sondern Bäume auch ‚Gespräche' miteinander führen. Pflanzen leben mit Pilzen in vielgestaltiger Symbiose. Der deutsche Pflanzenphysiologe Albert Bernhard Frank entdeckte sie schon im 19. Jahrhundert, und er prägte den Begriff der ‚Mykorrhiza' für die Lebensgemeinschaft aus Pilzmyzel und Baumwurzeln: ein raffiniertes unterirdisches System nicht nur des Stoff-, sondern auch des Informationsaustausches. Eine Analogie drängt sich geradezu auf. So stiften zum Beispiel Pilzfäden im Waldboden eine Art von LAN (Local Area Network). Sie verknüpfen Bäume und Sträucher miteinander. Was liegt näher, als hier von einer natürlichen Vorform des Internets zu sprechen – von einem ‚Wood Wide Web'?"*[353]

Das *wood wide web* ist eine beliebte Wissenschaftsmetapher der Gegenwart, die sich rasant über alle Netze verbreitet hat und nach den Körpern greift, die vor den Bildschirmen sitzen oder darauf herumfingern. Wir können es offenbar nicht lassen, zu vermenschlichen, was wir vorfinden. Also sprechen wir selbst. Der Wald hält den Mund. Übertragungen anderer

Kommunikationsstrukturen auf unsere eigenen lassen sich ebenso wenig vermeiden wie die Monologe und Dialoge, die wir im Kopf führen, sobald sich auch nur die kleinste Anregung dafür bietet. Auf diese Weise funktioniert unser Verstehen und im besseren Fall hilft uns das, einen jeweils neuen, anderen Blickwinkel einzunehmen:

„Metaphern [...] erschließen unserem Blick oft überraschend neue Phänomenbereiche – der Poesie nicht unähnlich. Und in dieser Hinsicht haben sie eine kreative, heuristische Funktion. Eine Metapher kann im Erwarteten das Unerwartete sichtbar machen, die forschende Neugier auf nicht gestellte Fragen lenken – sie kann ein Phänomen buchstäblich ‚designen', klar hervortreten lassen. Wenn wir früher vor lauter Bäumen den Wald nicht gesehen haben, so sehen wir jetzt dank dem Wood Wide Web auf einmal das Kommunikationsnetz Wald."[354]

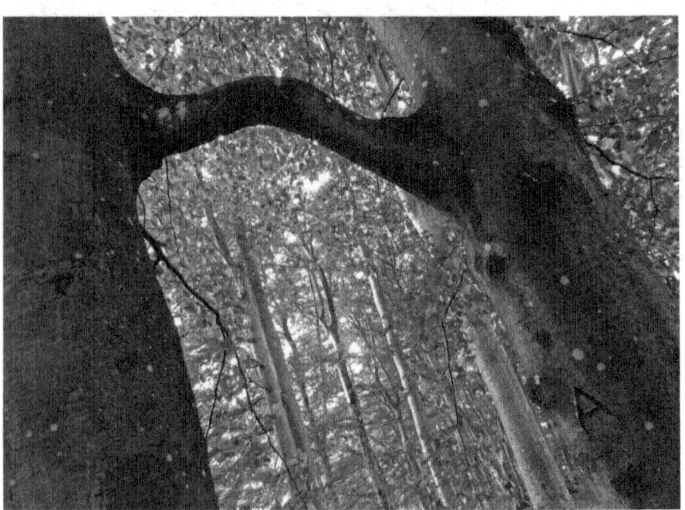

Abb. 63: Buchen

Ein anderes Vorgehen entdecke ich bei Petra Kathke. Sie sieht das Große im Kleinen, das Ganze im Detail und überträgt das eine auf das andere, ohne zu vermenschlichen:

„Äste und Zweige sind wie Bäume im kleinen Format. Sie bewahren in den ab- und abschwellenden Formen ihrer Austriebe und in der teils glatten, teils rissigen, am Blattansatz knotenartig verdickten Rinde alle Spuren einer gewachsenen Bewegung. Jeder aufstrebende und sich ausbreitende Ast findet seinen Ursprung und Halt im Stamm des Baumes, der in sich alle Kraft versammelt, um Blätter und Gezweig in den lichten Raum, die Wurzeln dagegen ins dunkle Erdreich zu treiben"[355],

lese ich und bei jedem Wiederlesen berühren die achtsame Melodie ihres Sprachflusses und die Sorgfalt ihrer Ausführungen. Berührt, aber vorsichtig war ich bei der Erstlektüre, wie gesagt, ich turnte damals mit den *turns*; der Wald stand nicht ganz oben auf der Trefferliste. Mittlerweile ist er global in einem weit bedrohlicheren Zustand als zum Ende des letzten Jahrtausends, als sein Sterben noch ein vielbenutztes Wort war. Das in seinem Großen und Ganzen ernsthaft Gefährdete kehrt im Kleinen zurück, manifestiert sich in individuellen Praxen und erlebnispädagogischen Trends: Von Japan ausgehend wird das Waldbaden kultiviert oder gar verordnet, kein Dorf mehr ohne Waldkindergarten, kein stadtnaher Wald, in dem nicht erwachsene Menschen Hütten und Schlupflöcher bauen; der Handchirurg riet mir, der Terpene wegen in den Wald zu gehen, um die Wundheilung nach einer Operation zu beschleunigen und längst liegt der Wald und alles, was mit ihm und in ihm kommuniziert, ganz vorne auf den Tischen, an die man greift, wenn man – egal, was man dort vorhatte – eine Buchhandlung betritt. Und es vergeht kaum noch eine Seminarsitzung, in der nicht irgendwann eine Studentin, ein Student aufsteht, ein kleines Tier hinausträgt, das auf einem Hosenbein krabbelte, und beglückt lächelnd wieder Platz nimmt.

Ich habe die Spinne aus den Augen verloren, weil ich sehen wollte, was die anderen machen. Eine Studentin legt ein Feld aus gelben Blättern, eine andere näht möglichst farbverschiedene zusammen, eine zieht ein grünes Ungetüm aus Ahornblättern mit einem langen roten Schwanz an einer Schnur hinter sich her, eine stopft Blätter in den Kängurubeutel ihres *hoodies* und einer scharrt kreisrunde Lichtungen ins Laubfeld, die er sofort wieder verwischt, wenn jemand hinschaut. Die Spinne ist weg. Ich finde einen Käfer und folge ihm. Ich mache ihm den Weg frei und achte weiterhin darauf, nichts zu berühren, zu zerstören, was im Gestaltwandel des Laubfelds jemand anderem zuzuordnen wäre. Rückblickend sehe ich, dass jemand wiederum mir gefolgt sein muss und in die breite, freie Bahn eine zierliche Mittelspur aus bunten Blättern gelegt hat.

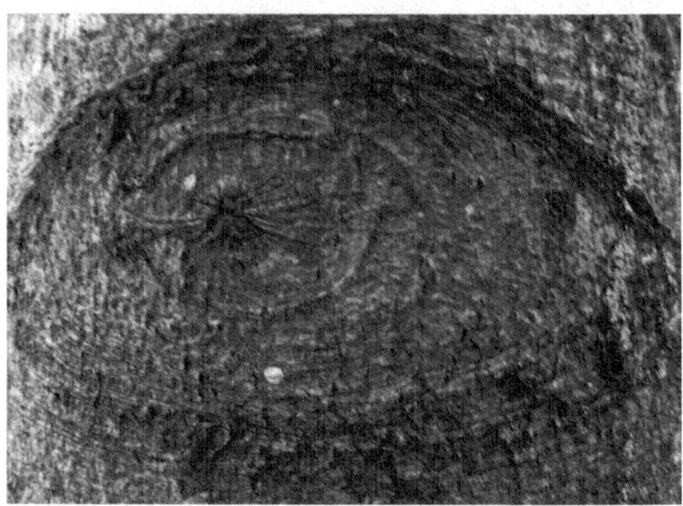

Abb. 64: Ein Auge

Doch mit dem fokussierten Blick einer anderen als solcher bezeichneten Performerin ist im Verlauf dieser Bahnung etwas passiert. Dieses leicht egozentrische Glücksgefühl, ausgelöst durch eine Findung, eine Fokussierung und eine Handlung, die nur in sich selbst einen Sinn zu haben schien, war mehr und mehr einer Durchlässigkeit für das Gesamtgeschehen, für die sich manifestierende Erkenntnis, Teil eines Ganzen zu sein, gewichen. Was zunehmend dazu führte, den eingeschlagenen Weg als (im Wortsinn) brachial zu empfinden. Und das ihn nur fortzusetzen, um der Seminarsitzung ein Ergebnis beizusteuern – damit sie als geglückt und gelungen empfunden werde. Zum Glück gelingt auch das Aufräumen. In den Worten Svenja Jordans:

> *„Eine Möglichkeit wäre, den Raum rückzubauen. Also die verschiedenen Blattarten voneinander zu trennen und wieder auf ihre geordneten Haufen legen und wie bei einer materialgerechten Mülltrennung wieder in ihre vorgesehenen Säcke zu packen. Die Gruppe bekommt sieben Minuten, in denen jeder nach der eigenen Idee aufräumen kann. Das passiert schnell und dynamisch. Es bilden sich Teams, bei denen einer die Tüte hält und ein anderer die Blätter hineinschaufelt. Die ‚Blätterkette' wird systematisch Blatt für Blatt eingesammelt. Einige arbeiten eher meditativ daran, die Blätter zusammenzufegen, andere werfen noch ein bisschen mit dem Laub um sich. Aber alle in die richtige Richtung, entweder zur Mitte oder auf den nächsten Blätterhaufen, um es schnell einpacken zu können. Keiner arbeitet gegen das unangezweifelte Ziel, möglichst schnell alle Blätter wieder los zu werden. Aus den Tüten werden die Blätter*

durchs Fenster ins Dunkel schweben gelassen, sodass sie wieder in ihre natürliche Umgebung auf den Boden, draußen auf die Wiese fallen.“

Allmählich spüre ich ein Intervall zwischen dem feinen Signal, das von einem Material ausgeht, mit allen Sinnen aufgenommen werden kann und eine Wirkung im Zusammenspiel meiner Sinne entfalten kann, die zur Ursache von passierenden Handlungen werden kann, und der (noch präverbalen) Semantik (der vielbemühten *Sprache des Materials*), die wir in die Beschaffenheit eines Materials hineingeben und die uns – mal im Bündnis mit den Eigenschaften dieses Material, mal dagegen angehend – zur aktiven Formgebung (ver) leitet: Einem Klang folgen, der durch den Kon-takt mit dem Material ausgelöst wurde, oder Taktgeber sein (wollen) und das Material zum Instrument machen. Räumlich ist es ein Sehen, ohne zu kategorisieren, und zeitlich ist es der Moment davor: Bevor wir etwas tun, worin wir routiniert sind.

Rückblickend sehe ich in der Praxis Petra Kathkes einen subtilen Auslöser dieser Erkenntnis, die sich ihren Weg in die unterschiedlichsten Lehrsituationen unseres Fachs bahnt. Anderer Ort (Universität der Künste Berlin), andere Zeit (2011), ähnliches Setting: auf ihren Spuren. Petra Kathke war mein Gast und leitete eine Seminarsitzung. Zuerst gab sie dem Raum selbst eine neue Gestalt durch die Liebe und Sorgfalt, mit der sie ihr Material auslegte; kein überbordendes Sinnesangebot, sondern einfach weißen Stoff in allen nur denkbaren und erhältlichen Formen, feinsäuberlich in morphologisch geordneten Feldern ausgelegt. Später ging ein feines Baumwolltuch von Hand zu Hand, danach fand in jedes Paar Hände ein eigenes Tuch. Die Hände folgten, so machte es Petra vor, diesem Tuch, nicht umgekehrt, was wir fassten, fasste uns an; was, wenn wir einmal nachgeben und nicht führen? Niemand schlug einen Knoten in sein Tuch, keines wurde in Streifen gerissen, kein Säckchen, keine Knollenpuppe wurde gebastelt, die Tücher bewegten Hände, das war alles. Das Material war für die Anwesenden von einer instrumentalisierten Sache zum Gestalt- und Taktgeber (*pacemaker*) geworden.

Inzwischen (ich turne für heute ein letztes Mal mit den *turns*) mehren sich weltweit die bestvernetzten Stimmen, die von einer Ontologie der aktiven Dinge,[356] von den handels- und migrationsbestimmenden Wegen und Umwegen der Pilze[357] und der Unruhe „unserer Kritter“ und aller anderen Arten[358] den Vorzug vor unserer eigenen geben – oder durch wortreiche Ausführungen indirekt das Gegenteil beweisen. Was mir von der Lektüre indes bleibt, ist der in jeder Praxis neu ansetzende Versuch, darin etwas bescheidener und etwas durchlässiger zu werden und etwas oder jemanden, ein nicht-Ich, als Beweggrund für daraus resultierendes Handeln zu auszumachen.

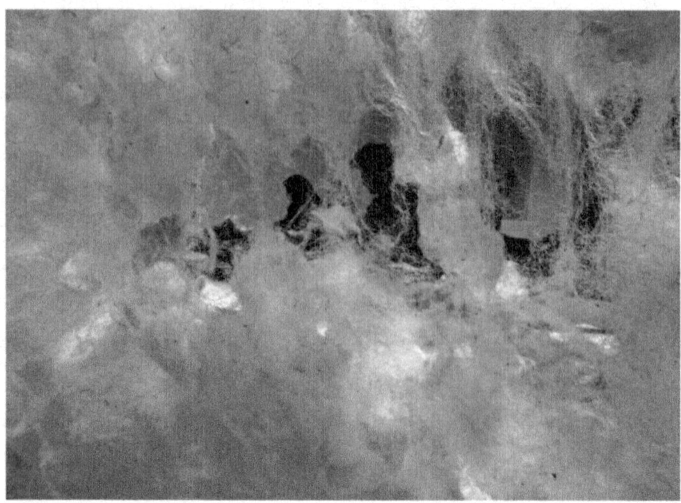

Abb. 65: Wolle(n)

Zurück zur Natur, ein paar Wochen später. Es riecht nach Wollfett und Schafsmist. Svenja Jordan hat, inspiriert durch die Intensitäten des Laubexperiments, nicht nur wie meist ihren Hund Tiva mitgebracht, sondern auch die frisch geschorenen Vliese der elterlichen Schafherde. Sie muss nicht dazu auffordern: Die Wolle wandert in Hände, wird berochen, betastet, zerzupft, gezwirbelt, doch natürlich möchten alle mehr über die Schafherde wissen, Rasse, Ort, Bedürfnisse, Pflege, Svenjas Beziehung zu alldem, und haben die Schafe Namen? Wie ist es mit dem Schlachten, wer wird Lisa, Trudy und Charles auf dem Teller haben? Im Geiste sehe ich einen Wollhaufen im spärlichen Licht vieler Jahrhunderte, rundherum Frauen und Kinder, Spindeln und Spinnräder und alles, was damit und dazu gesponnen und ersonnen wird. Allmählich kehrt Ruhe ein. Ich ziehe mich mit einem Vlies zurück und will es ordentlich auslegen. Ordentlich? Ordentlich heißt achtsam und richtig herum, Außenseite oben, Innenseite unten, doch was ist innen, was außen, wo ist der Schwanz, wo der Hals, was alles gehört zu den Beinansätzen? Das Vlies ist vielfach in sich verdreht und hat meinen Händen gesagt, was zu tun ist. Mehr, als sich in knapp zwei Stunden bewältigen ließe. Natürlich passiert bei anderen anderes. Wolle wird nach Farbe sortiert, hell umhüllt dunkel, Verfilztes wird in eine Rastafrisur eingeflochten, ein Kollektivgespinst an der Decke aufgehängt, es wuchert durch den Raum. Doch in unterschiedlicher Ausprägung fallen im Verlauf der Wochen wie in jener der einzelnen Erzählfolgen zwei Tendenzen der Verschiebung im Umgang mit dem Material auf: weg von der Verwendung des Materials zur Umsetzung einer Idee hin zum Erspüren seines Eigensinns und weg von der einsamen Beschäftigung mit einer Sache hin zum gemeinsamen Handeln.

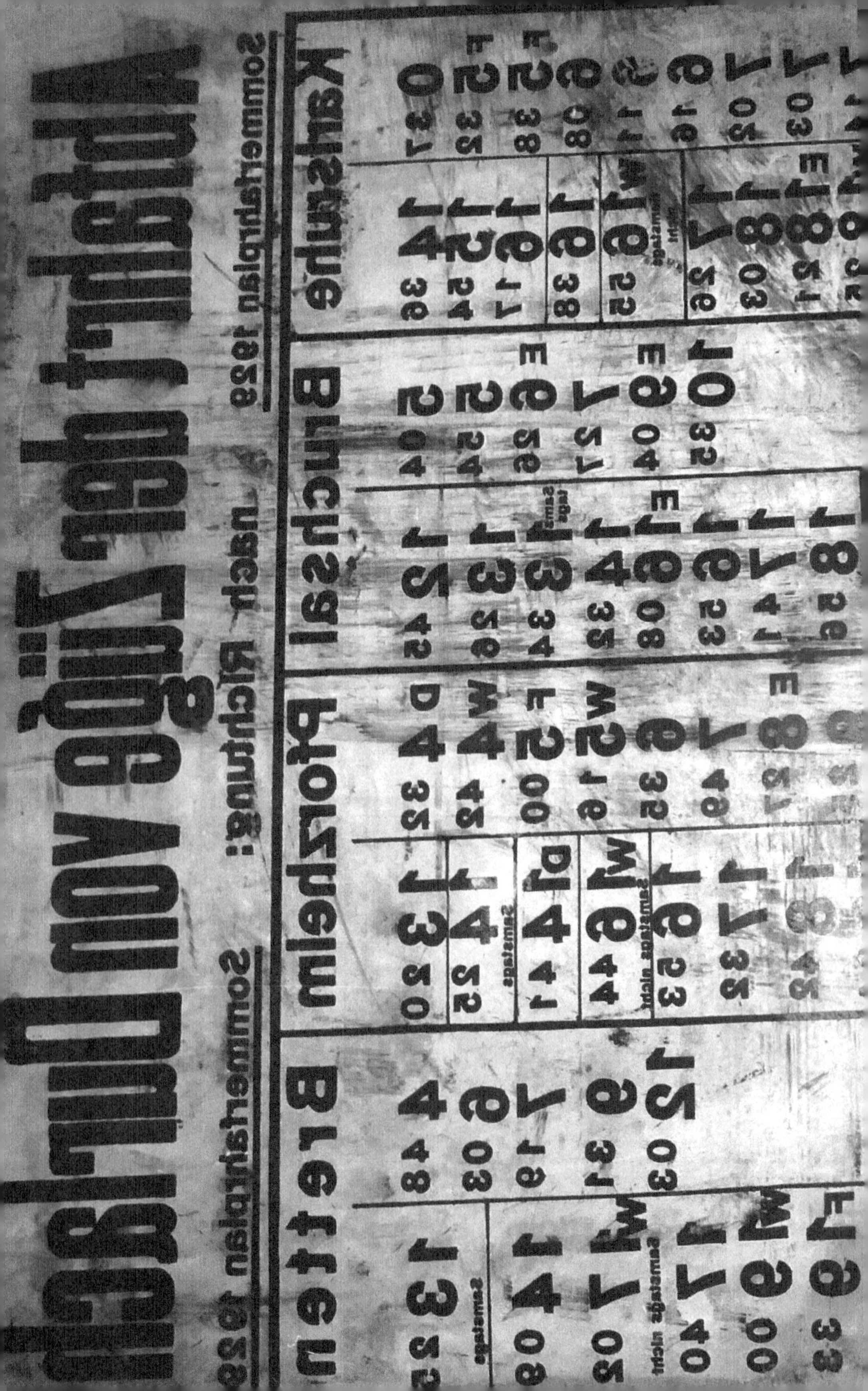

Abfahrt der Züge von Durlach

Sommerfahrplan 1929 nach Richtung: Sommerfahrplan 1929

Karlsruhe		Bruchsal		Pforzheim		Bretten	
0 37	14 36	5 04	12 45	D 4 32	13 20	4 48	13 25 Samstags
F 5 32	15 54	5 54	13 26	W 4 42	14 25 Samstags	6 03	14 09
F 5 38	16 17	E 6 26	13 34 Samstags	F 5 00	D 14 41	7 19	W 17 02 Samstags nicht
6 08	16 38	7 27	14 32	W 5 16	W 16 44 Samstags nicht	9 31	17 40
[illegible] 11	W 16 55 Samstags nicht	E 9 04	E 16 08	6 35	16 53	12 03	W 19 00
6 16	17 26	10 35	16 53	7 49	17 32		F 19 33
7 02	18 03		17 41	E 8 27	18 42		
7 03	E 18 21		18 56	[illegible]			
[illegible]	[illegible]						

Der Essay als Methode –

macht er es sich leicht? „Der erste Schrank, der aufging, wann ich wollte, war die Kommode“, schreibt Walter Benjamin, „Ich hatte nur am Knopf zu ziehen.“[359] In der Fassung letzter Hand gleich zweimal: Der *Strumpf* ist ein Stück aus den *Schränken*[360] der *Berliner Kindheit um neunzehnhundert*. Die Schränke stehen im Anhang. Dort steht alles, was Benjamin bei seiner letzten Umarbeitung im Jahr 1938 herausgenommen hat. Es war mindestens die dritte und das Manuskript nun leichter. Georges Bataille hat es für Benjamin in der Pariser Nationalbibliothek versteckt, im Jahr 1940, nach der Internierung, vor der Flucht. Von da an galt es als verschollen und war noch nicht wieder aufgetaucht, als Theodor W. Adorno im Jahr 1950 die erste Ausgabe besorgte. Ich besitze zwei Exemplare der letzten Fassung und eines einer früheren. Das zweite der letzten fand ich auf der Straße in Berlin, vielmehr, am Rand des Bürgersteigs, wo Bürgerinnen Dinge ablegen, um die sie sich erleichtern wollen. Dort konnte es nicht bleiben.

In der Kommode finden sich die eingerollten Strümpfe, in die der junge Benjamin (der Junge, für den wir ihn halten) wieder und wieder hineingreift wie in eine Tasche, in der Faust „das Mitgebrachte“, das ist alles, das ist nichts. Wenn er sie wieder herauszieht, nimmt er die Tasche von innen her mit, sein Griff löst sie auf, wird zum Begreifen; „nicht oft genug konnte ich die Probe auf diesen Vorgang machen. Er lehrte mich, dass Form und Inhalt, Hülle und Verhülltes dasselbe sind.“[361] In den *Schränken* der angehängten früheren Fassung sind sie nicht dasselbe, sondern „Eines – und zwar ein Drittes: jener Strumpf, in den sie beide sich verwandelt hatten.“[362] Der Strumpf wird nicht mitgenommen. Es sind schwere Jahre. Wer kann, macht sich leicht. Der Strumpf in der Tasche ist die Wahrheit in der Dichtung.[363] Wer daran zieht, möge es behutsam tun.

Für Benjamin waren Form und Inhalt eins und drei, vier Jahre später immerhin noch dasselbe. Das bezog sich auf die Dichtung Kunst. Für Adorno nötigte das Bewusstsein der Nichtidentität von Darstellung und Sache die Darstellung „zur unbeschränkten Anstrengung. Das allein ist das Kunstähnliche des Essays; sonst ist er vermöge der Begriffe, die ja selber von draußen nicht nur ihre Bedeutung sondern auch ihren theoretischen Bezug mitbringen, notwendig der Theorie verwandt.“[364] Sind Darstellung und Sache Form und Inhalt? Derselbe Strumpf? Adorno gebraucht die Nichtidentität für eine Argumentation gegen den positivistischen Umgang mit Begriffen. Benjamin greift mit der Hand ins Umgestülpte und – fasst dasselbe. Die Methode von A und B ist gegenläufig, das Resultat blitzt kurz als Widerspruch, doch in der Sache treffen sie sich: Methode und Sache sind nicht zu sondern, nicht beim einen, nicht beim andern. Die Methode ist das Wie des Ausdrucks. Verflechtung, Teppich, Dichte:[365] Adorno denkt textil an Benjamin, den unerreichten Meister einer Präzision, die im Verzicht liegt,[366]

im Verzicht, unter anderem, auf Schränke voller Dinge, die in der alten Fassung das ganze Haus füllen und über deren Restitution viel geredet wird. Im Verzicht, unter anderem, auf die Geschichte vom chinesischen Maler, der in seinem Bild verschwindet und letzter Hand aus der *Mummerehlen.*[367] Letzter Hand, der Essay „muss sich so fügen, als ob er immer und stets abbrechen könnte."[368]

Als Methode greift der Essay kunsthaft in die Theorie und theoretisch in die Kunstpraxis; das sind Eigenschaften, die sich in den Versuchen, seine Form zu fassen, immer wieder finden;[369] im Anspruch ästhetisch, im Ton persönlich und womöglich temperamentvoll, im Sichtfeld partiell, im Wesen kritisch. Eigenschaften, die er mit der Kunstpädagogik gemeinsam hat – oder sollte ich sagen: teilt? Eigenschaften, die ihn als Methode der Ver(ant)wortung zulassen.

Das Buch steckte in einem Umschlag. Er war an mich adressiert und wurde mir persönlich übergeben. Im Buch, es wog schwer, lag ein Brief, der mich als Leserin ins Vertrauen nahm, mir für eine kürzlich getroffene begriffliche Unterscheidung dankte, persönlich oder privat, Kunst ist persönlich, Privates kann sie draußen lassen (oder so in sich einschließen, dass es niemand sieht), und mir für die Zeit dankte, die ich fürs Lesen aufwenden würde. Ich schlug es auf. Es war von Hand in Spiegelschrift verfasst und enthielt Fotos, viele davon aus Zugfenstern. Sollte ich den Inhalt lesen? Oder die Form mich draußen halten? War sie der Zaun, der das Private schützt, oder der, durch den ich schauen sollte, um eine Person und ihr Werk zu sehen, die beide darauf warteten? Ich versuchte es vorab mit einer Antwort,

zunächst möchte ich mich bei Ihnen für das Buch und das Lehrstück bedanken. Zeit am Schreibtisch, Zeit im Zug, gemeinsame Zeit und Alleinzeit schieben sich in diesem Akt des Teilens übereinander, Vergangenheit und Gegenwart, Hand und Stimme (innere und äußere), ich und du, kaum mehrere, niemals alle und ganz sicher ein all-ein und ein all-es. Persönlich, privat, auch ich fühle mich nun ertappt, wollte ich doch keineswegs durch meine Worte auslösen, dass jemand sich dabei ertappt fühlt, etwas vermischt zu haben, und sich von nun an zum Trennen aufgefordert sieht, hier dies, dort das. Wenn, dann lieber verwandeln, vernähen, verknüpfen, verstricken, verweben und umwenden, wir können nicht ohne unsere Hände, und ohnehin können wir kein Ding gleichzeitig von allen Seiten sehen: Vorderseiten, Rückseiten, Außenseiten, Innenseiten, das Innere eines Handschuhs (ist das die Außenseite der Hand?), - vor Jahren, auf einem Bauernhof in Island, die Bäuerin strickte, alle stricken dort, inzwischen mehr die Männer als die Frauen, und sie zeigte mir, wie sie die Handschuhe macht: Mit zwei Daumen. Wenn die Handinnenfläche abgewetzt ist, wird der Schuh gewendet, der erste Daumen wird nach innen gestülpt und der zweite herausgezoppelt, was Rücken war, wird

Teller, und der Handschuh lebt doppelt so lang. Das Innere eines Herzens? Permeabel, so können Herzen zu Herzen sprechen und Herzen mit Herzen schweigen. Wer gelernt hat, offen zu sein, ist zugleich auch durchlässig, kann schweres durchlassen und leichteres, dick- und dünnflüssiges, ein paar Brocken und ein paar Leckerli, kann sagen: Ich Schwamm. Und ich schwamm, wurde durchgelassen, Wasser trennt nicht, es strebt zusammen und umgibt. Offen, durchlässig, warum an irgend etwas festhalten, anderes wird nachfließen, im Fluss sein. Und – liegt die Vergangenheit, von der wir persönlich erzählen, flussauf- oder -abwärts? Vor ein paar Tagen, Ihr Buch hatte ich im Hinterkopf, stand ich in den Schweizer Bergen auf jeder Holzbrücke kurz still, schaute einmal nach oben: Kommt hier die Vergangenheit her, weil dort irgendwo die Quelle ist?, dann nach unten: Nein, was war, ist ins Tal geflossen, und allmählich wurde spürbar, was eigentlich klar ist. Aus dem Tal steigen die Wolken auf und transportieren an den Ursprung, was wir für vergangen hielten, aber, welch Glück!, in neuen Mischverhältnissen und stark verdünnt. Tröstlich, nichts ist verloren und zugleich ist nichts stark genug, die Gegenwart nennenswert zu beeinträchtigen.

Und warum Lehrstück; was lerne ich beim Lehren? Ich bekomme ein handgemachtes Lehrbuch und einen Brief, der zum Lesen dieses Buches auffordert, doch das Lesen könnte verkehrt sein: Es könnte sehr offen zugehen in diesem Buch, und so verschloss es sich, aber nicht ganz, es wandte sich auf links, sknil fua. Vor Jahren sah ich einen Studenten bedächtig eine Tafel beschreiben, in Spiegelschrift, und die Schrift schien aus ihm herauszukommen, während er der Leserichtung entgegen ging, normalerweise folgt sie uns und wir laufen davon (an der Tafel mit dem ganzen Körper, auf dem Papier mit der Hand, und wie muss die Linke turnen, wenn sie die Schreibhand ist, um nur ja das Geschriebene nicht zu verwischen). Damals lernte ich von ihm gespiegelt zu schreiben und zu lesen, doch ich verlernte es wieder und der Student ist längst Lehrer. Durfte, darf ich hier Hilfsmittel verwenden, Einbruchswerkzeuge? Oder ging und geht es darum, dass ich eine Grenze bemerke und nicht weitergehe? Aber dann auch das Buch nicht kenne? Wo wir doch nicht nicht lesen können, wenn wir lesen können? Was, wenn das Buch eine Anweisung enthält, der ich nicht folgen kann, wenn sie übersehe? Eine Frage, auf die ich antworten soll?

Die Antwort lautete: Ich dachte, Sie lesen. – Und ich las: Sachen, die ich schon kannte und andere, mir neu, und die einen waren nicht von den anderen zu sondern, denn ich las eine Stimme, unverwechselbar in ihrem Klang, gemacht aus den gewählten Begriffen, und die *Noten zur Literatur*, hätten sie nicht auch Notizen heißen können?, nein, der Ton macht die Musik. Ein Text in dem Buch, den ich zu kennen glaubte, handelte von Zetteln in Büchern, die schon einmal jemandem gehört haben, kennen Sie das?, „es war verrückt, was Menschen alles in Büchern vergessen konnten!“,[370] von gepressten Blumen, von Kommentaren über gedruckte Sätze, dick, mit Kugelschreiber hineingeprägt, von Büchern, in denen die ersten Seiten mit einem Filzmarker traktiert wurden, sie enthalten seltsame Anstreichungen, und dann bricht nach vier, fünf Seiten die Filzlektüre ab, „es war das Eintauchen in einen vor langer Zeit vielleicht intimen Moment einer (vermutlich?) fremden Person. Das Gefühl, ich würde exklusive Dinge erfahren“[371], las ich in Spiegelschrift.

Ich wollte für meine Rückmeldung die Geschichte vom chinesischen Maler nachschlagen, es ist verrückt, was Menschen alles in Büchern vergessen können, und griff aus Versehen nach dem zweiten Benjamin, dem gefundenen. Den gestrichenen Maler fand ich darin nicht, doch auf der ersten ungezählten Seite folgende Widmung, ein Ort, ein Jahr, zwei Namen, einer männlich, einer weiblich, eine Wendung von gekreuzten Schwertern. Auf der zweiten beginnen Unterstreichungen, die mich stutzig machten, im Inhaltsverzeichnis sind die Loggien unterstrichen, im Vorwort auf Seite neun wechseln sich die Unterstreichungen mit spanischen Vokabeln ab, in den *Loggien* auf Seite elf ist beinahe jedes dritte Wort unterstrichen und auf Seite zwölf oben bricht die Lektüre (oder der Bleistift) mit dem Poltern der Rollläden, die in der Dämmerung niederdonnerten,[372] ab. „Er muss sich so fügen, als ob er immer und stets abbrechen könnte.“[373]

Die Pistiche

Die Pistiche war ein Klepper, oben blau, unten wohl silbern, über allem aber grünlich, mit Moos überzogen. Ein echtes altes Faltboot vom Typ Aerius, zwischen der Oma und einem Schrottsegelboot ohne Segel am Ufer des Landwehrkanals befestigt, an einer Haltestelle, die für vierundzwanzig Stunden genutzt werden darf. Es wurden vierundzwanzig Monate, eher mehr, wer will das verhindern, ein Liegeplatz frei für einige, die ein Boot haben und sonst nicht viel und zugleich alles, was herumliegt, es könnte ja zur Ausbesserung oder -polsterung des Bootes dienen, jetzt oder später irgendwann mal, oder verkauft oder getauscht, vor allem gibt es dem Tag eine Struktur, Dinge heranzutragen, und eine Sicherheit, sie auf dem Boot und am Ufer anzuhäufen, Fahrräder, Teppiche, Toaster, Grillwannen, Kommoden. Die Oma, ein schweres, schmales Schiff aus Stahl oder Eisen, zu schmal für mehr als eine Person und zu schwer für diese eine, unten schwarz, oben weiß gewesen, verlor Öl, eine bunt schillernde Spur zog sich bis zur blauen Brücke, sieht schön aus, selbst bei schlechtem Licht. Eine tote Ente schwamm darin und schillerte nicht, sie gab den Ausschlag, es muss einen Vorgang geben, den jemand bei einem Amt auslöst, sonst passiert nichts. Die Oma wurde mit einem orangefarbenen schwimmenden Zaun gesichert und schwamm weiter in ihrem Öl, aus eigener Kraft hätte sie nicht mehr wegfahren können, wer weiß, wo der Motor hingekommen ist, die eine Person, die in ihr gewohnt hat, meldete ihn im Verlauf des Vorgangs als gestohlen, was tun. Monate, Jahre später wurde die Oma entfernt, der orangefarbene Schutz an die Ufermauer geschoben und flach gedrückt, von oben nicht mehr zu sehen, nur vom anderen Ufer, und das gesicherte Öl, wo ist das hin? Und vor dem Orange lang die Pistiche, die grüner wurde und etwas tiefer sank. Sie muss doch jemandem gehören. Ein Klepper wird gewollt und dann geliebt, sie wurde getauft, ihr Name folgt in geschwungener Schreibschrift dem Bug. Manchmal fragte ich mich, ob sie unsichtbar war für alle Augen außer meinen. Sie war nicht einmal angeschlossen. Ein beherzter Griff mit beiden Händen, hochzerren, auskippen, über den Kopf stülpen und ab. Das dürfte niemandem ernstlich auffallen, es gibt ganz andere Sachen hier in der Gegend und vor allem für jeden die eigene; den Hund, den Bildschirm, das überlaut geführte Gespräch. Wie oft habe ich die Pistiche mit lüsternen Gedanken passiert, die richtige Tageszeit abgewägt, es gibt sie nicht, morgens die Hunde, mittags alle, abends und nachts jene, die hier übernachten, und unter ihnen könnte doch noch jemand sein, der die Pistiche wahrgenommen hat. Und dann? Durch die dunklen Straßen, im Hof auseinandernehmen, im Keller trocknen, sie flicken und pflegen, ein Paddel kaufen… *who can tell when summer turns to autumn?* Es gibt ihn nicht, den Moment zwischen Noch und Nimmer, das vulkanisierte Leinengewebe wurde morsch und morscher; ob ihr verlorener Mensch das auch dachte oder sah? und mein Gelüste wanderte in die Vergangenheit, ich will sie haben, aber vor zwei Jahren, nicht jetzt, und ob ich ihr Verschwinden bemerkt habe? Datieren könnte ich es nicht, genauso wenig wie das des schwimmenden Zauns. Im Moment liegt am Platz der Pistiche ein Segelboot ohne Segel, aufgeräumt und blitzsauber, jeden Morgen hängen nasse Putzlumpen an einer Leine, das Fahrrad, ein gutes, ist sorgfältig an die Reling geschlossen und ein Körbchen mit Kräutern wartet neben der Klappe zur Kajüte, die meist verschlossen ist. Drin sitzt einer und übt Blockflöte.

Zwischen Noch und Nimmer

Die Zukunft scheint sich auf einen zuzubewegen, anstatt Kontinuität zu versprechen.
John Berger[374]

Wir werden vorwärts transportiert. Links und rechts bewegt sich der Knöterich auf der Böschung von vorne nach hinten, darüber Brandmauern etc. Oben vor mir, von links nach rechts, bewegt sich Schrift, Gelbgrün auf Schwarz: nächste Stationen –
Wenn Böschung und Knöterich sich verlangsamen, bleibt die Schrift stehen. Die Station bleibt stehen. Sie hat gewartet. Für einen Augenblick stehen wir gemeinsam. Ich sitze. Dann bewegen sich erst die Ränder rechts und links, dann die Schrift von rechts nach links. Nächste Stationen – Haben wir gespürt, dass die Zukunft auf uns zurast?
Sie ist an uns vorbeigefahren.
Die Polkappen schmelzen ab. Es wird eng; die Flächen, auf denen Menschen leben und sich selbst versorgen können, schrumpfen. Der Platz an der Sonne könnte zu heiß sein. Um den Platz am Wasser (aber nicht dort, wo es steigt) werden Kriege geführt. Es wird gewandert, dorthin, wo die Bedingungen besser sind, doch hier drängeln sich auch andere, es lauern und springen Krankheitserreger, weil die Menschen einander und den Tieren zu nah gekommen sind. Das war schon und überall dort so, wo Menschen sesshaft wurden, Landstücke abteilten, Weizen aßen, Tiere hielten und das Eigentum an Land, Tieren und Menschen erfanden. Manche wollen einfach dahinter zurück. Andere denken eine Welt ohne Menschen oder nach dem Menschen. Auch das Anthropozän ist eines Tages Vergangenheit; Tag und Nacht wird es noch eine Weile geben, vom All aus sieht es so aus. Manche nehmen vorausblickend das Wissen der Älteren wieder in ihr Denken auf und beziehen die nichtmenschlichen Wesen ein, belebt und unbelebt.[375] Es könnte sein, dass die Natur eine menschliche Erfindung ist und die Trennung zwischen Erfindern und Erfundenem aufgehoben werden kann – eine Herausforderung für die Erfinderseite. Das Erfundene hat längst einen Schaden genommen, der durch Denken nicht mehr aufzuheben ist.
Die Menschen werden immer älter. Nicht nur mit Blick auf den Anteil der Überhundertjährigen, sondern auch mit Blick auf die Knochen, die ausgegraben werden und die genetischen Informationen, die sich ihnen entlocken lassen. Und – wenig überraschend, sie werden auch dort ausgegraben, wo man es sich früher einfach nicht leisten konnte. Das weitet den Blick, räumlich und zeitlich, und immer wieder fällt er darauf, dass andere die gleichen Sorgen hatten: Beschaffung von Proteinen, Schutz vor Kälte. Die Kombination von Knochen und Feuer in

Schichten, deren Alter immer weiter zurückgesetzt werden kann, elektrisiert. – Machen wir uns nichts vor: Die Welt hat andere Probleme als die Betrachtung oder das Herstellen von Dingen, bei denen man im Unterschied zum Feuer nicht weiß, wozu sie gebraucht werden: ästhetischen Dingen, doch je weiter wir zurückschauen können, umso deutlicher wird, dass sie gebraucht wurden und jenen, die sie gebrauchten, einen symbolischen Vorteil verschafften. Auf der Schwäbischen Alb, im Geißenklösterle, im Hohle Fels, im Vogelherd wurde möglicherweise erstmals, immerhin aber vor rund vierzigtausend Jahren[376] (bis sich wiederum Älteres findet) in eine Blockflöte hineingeblasen, die ganz sicher vorher jemand hergestellt hat, die oder der nicht gleichzeitig Proteine besorgen und Feuer machen konnte und statt dessen seine Vorausschau darauf richtete, wie die Löcher anzuordnen sind, damit verschiedene Töne entstehen, wenn man hineinbläst und diese Löcher mit den Fingern verschließt und wieder öffnet. Jemand hat Figuren geschnitzt, lebendige Tiere und Menschen aus Knochen und Bein und solche mit Löwenköpfen und Menschenkörpern, hat zwei Sachen zusammengebracht, die man auch mit zwei Augen nicht gesehen haben kann, und nicht zuletzt finden sich immer neue, immer ältere Höhlen, in denen *finger painting* betrieben wurde. Sobald es ausgegraben ist, muss es konserviert werden…

> *„Wie kann ich einholen, was ich überholt habe? Muss ich zurück? Wo ist vorne, wo hinten? Ich dachte, ich sei vorweg. Jetzt muss ich hinterher, nachkommen. Ich bin nicht nur ein Nachkomme, sondern auch ein Nachmacher und weiß es meist nicht. Ich ahme nach oder finde wieder, was andere vor mir herausgefunden haben.“*[377]

Ontogenetisch müssen wir alle durch vieles hindurch, was phylogenetisch geklärt sein dürfte und vor allem, aber nicht nur dort, wo es nicht zeichenhaft fixiert werden konnte, auch wieder vergessen wird. Wahrscheinlich versuchen die jeweils Älteren, diesen Vorgang für die jeweils Jüngeren zu beschleunigen und zu optimieren, seit wir denken können; der Pädagoge war in einem frühen griechischen Wortsinn der Sklave, der die Jünglinge ins Gymnasium begleitete und gegebenenfalls mit Schlägen dafür sorgte, dass sie dort auch ankamen, wo das Wissen der Älteren auf sie wartete. Ein Zwei-fel, ein Zwei und vielleicht mehr daraus machen an und aus den Wegen, die dorthin und dann dorthinaus führen, und an und aus den Formen und Formulierungen, die dort bereitgehalten wurden und werden, um ins Nächste zu führen, könnte die Sache voranbringen und die Sprache lebendig halten. Die Verbindung zwischen Sache und Gedanke passiert überwiegend im Satz; passiert der Satz nicht mehr (bei uns von links nach rechts, anderswo anders herum oder von oben nach unten, indes die Böschung zu beiden Seiten vorbeigleitet), wird er einfach als gegeben genommen und genauso weitergegeben, tritt er sich fest und das Denken bleibt anderen überlassen.

Ich dachte laut über Setzungen, Sätze und Male nach, probierte einen Begriff aus, pikturale Syntax, mit laut meine ich: Ich sprach es aus, vor anderen (sie lasen mit oder hörten zu), nicht vor anderen im Sinn von vorher; entdeckt und benannt haben es andere vor mir, ich fügte nur etwas und fügte es etwas anders, und kaum war ich fertig, wurde ein Anwesender laut: Jetzt wisse er trotzdem nicht, was er am Dienstag mit seinen Schülerinnen und Schülern machen solle, das hätte ich nicht gesagt, das habe ich tatsächlich nicht gesagt und auch nicht angekündigt, vielleicht hat er es trotzdem erwartet, statt dessen hat er gewartet, bis der Text vorbei war. Er hätte sich ja auch zwischenzeitlich entfernen können. Beide haben wir etwas versucht, das Ver- ließ ihn das Gesuchte nicht dort finden, wo er es suchte, und mich hat er beim Versuch selbst erwischt. Ich begriff, dass die Form, dass diese Form Lebhaftigkeit zeitigt. Dem weiter nachgehen, notierte Marcel Duchamp, als ihm das Geschriebene und das Gezeichnete in- und aneinander gerieten und darin ihren Eigenwillen offenbarten. Das war vor rund zwölf Jahren,

> *„Unterdessen wurde die Stadt Lissabon in Portugall durch ein Erdbeben zerstört, und der siebenjährige Krieg ging vorüber, und Kayser Franz der erste starb, und der Jesuitenorden wurde aufgehoben und Polen getheilt (...) Napoleon eroberte Preußen, und die Engländer bombardierten Kopenhagen, und die Ackerleute säeten und schnitten. Der Müller mahlte, und die Schmiede hämmerten, und die Bergleute gruben nach den Metalladern in ihrer unterirdischen Werkstatt,“*[378]

nicht ganz, und Johann Peter Hebel lässt in diesen wenigen, unerreichten Sätzen dreißig Jahre passieren. Gefühlt und gemessen ist allein in den letzten drei Jahren genauso viel passiert. Als ich mich daran machte, Texte aus rund einem Jahrzehnt zu sichten und sichern, weil ich annahm, dass im Angesicht der mannigfaltigen Krisen unserer Allgegenwart vieles verschwindet (nicht nur Tafel und Schwamm. Auch Länder von der Landkarte oder Sprachen aus dem Gedächtnis der Kinder derer, die sie gesprochen haben), gelöscht und überschrieben oder ausgelöscht und überschrien wird, fiel mir auf, dass einige Dokumente (mein Programm nennt sie so) im Großen und Ganzen so stehen bleiben können, auch wenn man ihnen (und sei es an den Fußnoten[379] oder der jeweiligen Praxis des Genderns) ansieht, in welcher Zeit sie gedacht und gemacht sind, indes andere weitergeschrieben werden mussten und müssen, sich stark verändert haben, ihre erste Fassung eher eine Schale war, die einen Kern enthielt, aus dem etwas Verwandtes, Nachkommendes wuchs, weil die Zukunft schon längst vorbeigefahren ist, die Vegetation der Böschung sich verändert hat (in Berlin haben die Kerne aus den Apfelbutzen, die nach dem Zweiten Weltkrieg von besatzenden Soldaten aus den Zugfenstern geworfen wurden, als man diese noch öffnen konnte, längst mehre Generationen Nachwuchs hervorgebracht), Stationen passiert sind und neue angesagt werden müssen. Inzwischen ist das Papier wieder knapp, die Hersteller haben auf Kartonagen umgestellt, damit wir uns alles schicken lassen können, ich bestelle, also bin ich, und sobald dieses Konvolut hier gedruckt ist und ich an den Seiten gerochen habe, werde ich einen Bleistift herausholen, Wörter streichen, Sätze umstellen, Fehlendes ergänzen, Sachverhalte präzisieren und Aktualisierungen eintragen.

Ungefähr zwei Sätze haben mich beim Zusammenstellen überrascht, zwei?, „eins und eins macht zwei aber nicht in Minuten",[380] weil ihr Geist durch mehr als nur einen Text gewandert ist, und ob es zwölf Texte, sind, machte schon eingangs die Frage auf, wer zählt und wie, doch „Identität hat nichts zu tun mit eins und eins."[381] Ich musste Absätze und längere Passagen streichen, in denen ich mich an diesen Sätzen versucht habe, weil eine Leserin ihnen nicht im nächsten Text schon wieder begegnen will. Ihr Wortlaut ist mehrfach wiedergegeben und dennoch sind sie nicht festgeschrieben (in Stein gemeißelt), sie passieren auch weiterhin, weil sie in keiner Lese ganz aufgehen, komplexer sind als Subjekt und Prädikat, Hand und Stein und aus der Hand von Frau Stein. Ihre Subjekte *shiften*, weil klare Trennungen fehlen, in Groß und Klein, weil in der Ausgangssprache kleingeschrieben, und in einzelne Glieder, weil an der Interpunktion eigenwillig gespart ist, sie sind gelenkig geblieben, man kann zum Beispiel früher an*sätzen* und später auf*hören*, ihre Identität ist ein Spiel,

„Spiel I. Identität. Wenn ich weiß dass ich sag dass ich weggehe und ich tu's nicht tu ich's nicht. Das erzeugt Identität. Danke schön für die Identität selbst wenn sie kein Vergnügen ist."[382]

Nicht nur das lesende und schreibende Ich hat sich formiert und deformiert. Den anderen geht es ganz genauso, kaum etwas scheint ähnlich wichtig, obwohl gerade die Polkappen abschmelzen, doch die verliert ein Ich aus dem Blick, das sich auf die Festschreibung seiner Definitionsmacht, Dominanz, seiner Zugehörigkeiten, Prädikate, Besitztümer und Pronomina fixiert und damit auf den Punkt stellt, den die Blickzurichtung seit der Frührenaissance dem Objekt zuweist, das sich für ein Subjekt halten soll. Dieser Zug ist abgefahren.

IN PONTRESINA UNTERBRECHEN
DIE FAHRT. FÜR DIE LOKOMOTIVE
JETZT ENDSTATION, DENN DER EXPRESS FÄ
HIER MIT 1000 V GLEICHSTROM, WÄ
DAS ÜBRIGE NETZ DER RHB MIT 11000 V W
SELSTROM BETRIEBEN WIRD. DIE OBER
M BAHNSTEIG WIRD EINFACH UMGE
ET. UND ZWEI LEUCHTENDROTE TRIEBWAG
BERNEHMEN DEN ZUG.
E ERSTEN VIERTAUSENDER NÄHERN SICH,
RAN DER PIZ BERNINA.«

Endnoten

1 Schmidt 1987, S. 123.

2 Vgl. de Montaigne 1998.

3 Adorno 1958, S. 9.

4 Adorno 1958, S. 14.

5 Ebd., S. 48.

6 Ebd., S. 48.

7 Vgl. Handke 2012, Handke 1992 und Handke 2013.

8 Adorno 1958, S. 36.

9 Ebd., S. 28.

10 Ebd., S. 26.

11 Ebd., S. 42.

12 Ebd., S. 27.

13 Deutsches Wörterbuch von Jacob und Wilhelm Grimm, online: https://woerterbuchnetz.de/?sigle=DWB#0 [16.11.2023].

14 Adorno 1958, S. 37.

15 Ebd., S. 49.

16 Im gesamten Textkonvolut sind durchgehend alle Geschlechter, auch jene, die die noch kommen werden, bedacht. Die Praxis des Genderns in der Textgestalt indes wurde nicht vereinheitlicht. Sie verändert sich über die Jahre und durch die Kontexte – das bleibt.

17 Hentschel/Schröder 2004, S. 50.

18 Vgl. Stein 1988.

19 Wilder 1988, S. 9.

20 > *Linguistic turn.*

21 > *Pictorial, visual und iconic turn.*

22 Butler 2006, S. 9.

23 „Und doch denken alle so es sei denn ein kleines Mädchen das schon bald zu einer Frau heranwachsen wird.“ Stein 1988, S. 19.

24 Ebd.

25 Ebd.

26 Sloterdijk 2001, S. 304.

27 Ebd., S. 332.

28 „Kunst und Politik werden als verschiedene Formen der Präsenz singulärer Körper in spezifischen Räumen und Zeiten verstanden.“ Rancière 2006, S. 7-8.

29 Gebauer/König/Volbers 2012, S. 7.

30 Stein 1988, S. 32.

31 Taxator <m.; -es; -to/ren> jmd., der etwas taxiert, Schätzer.

32 > *Linguistik.*

33 > *Logik.*

34 Wittgenstein 2003, S. 18.

35 Durchsetzt heißt: vollständig durchdrungen.

36 Sloterdijk 2001, S. 179.

37 „Der durchgehende Schnitt präfiguriert das analytische Urteil. Sätze sind Wurf-, Schlag- und Schnittmimesis im Zeichenraum, wobei Affirmationen Wurf- Schlag- und Schnitterfolg nachvollziehen, während Negationen aus der Beobachtung von fehlgehenden Würfen, missglückten Schlägen und gescheiterten Schnitten geboren werden. Die ältesten Steinarten sind Werkzeug und Zeigzeug in einem. Sie sprechen von Anfang an von der Macht, die aus dem Gegenüber-Sein-Können folgt." Sloterdijk 2001, S. 183.

38 Müller-Tamm 2010, S. 10.

39 „Erstmals wird eine krude, materielle Oberfläche [zum] Erscheinungsort dargestellter Szenen, das heißt eines immateriellen Sinns." Boehm 2012, S. 33.

40 Ebd., S. 32.

41 Ebd., S. 33.

42 Ebd., S. 32.

43 Ebd.

44 Müller-Tamm 2010, S. 12.

45 Boehm 2012, S. 65.

46 „Das kontinuierende Momentum bleibt dabei ein Aspekt der ikonischen Differenz." Ebd.

47 Boehm/Burioni 2012, S. 12.

48 De Wolf 2012, S. 418.

49 „Und doch denken alle so es sei denn ein kleines Mädchen das schon bald zu einer Frau heranwachsen wird." Stein 1988, S. 19.

50 Ebd.

51 > *Pictorial turn.*

52 Die Unterscheidung picture-image fehlt bekanntlich im Deutschen.

53 Jonas 1994, S. 265-302.

54 > *Visualistic bzw. visual turn.*

55 > *Iconic turn.*

56 Vgl. De Duve 1987.

57 Marcel Duchamp in einem Brief an Serge Stauffer am 19. 8. 1959: „Es war die Zeit, als ich hoffte, zu einer völligen Trennung zwischen Geschriebenem und Gezeichnetem zu gelangen, um die Tragweite von beiden zu verstärken (so weit wie möglich weg vom

beschreibenden Titel, in der Tat Aufhebung des Konzepts ‚Titel'.[sic!]". In: Duchamp 1981, S. 258. Der Satz wird durch die offen gelassene Klammer unvollendet.

58 Vgl. De Duve 1987.

59 Vgl. Griebel 2013.

60 Vgl. Bonk 1989.

61 Schwarz 2000, S. 864.

62 Ebd.

63 „Und doch denken alle so es sei denn ein kleines Mädchen das schon bald zu einer Frau heranwachsen wird." Stein 1988, S. 19.

64 Lüthy 2004, S. 465.

65 Müller-Tamm 2010, S. 10.

66 Ebd.

67 Duchamp 1999, S. 572-573.

68 Stein 1988, S. 109.

69 Vgl. Griebel 2006.

70 > *Logik.*

71 Vgl. Danto 1996.

72 Mersch 2002, S. 10.

73 Ebd., S. 274.

74 Wilder 1988, S. 9.

75 Ebd., S. 7.

76 Stein 1988, S. 97.

77 Gloy 2006, S. 73-161.

78 Genette 2010, S. 12.

79 Freud 1999, S. 1-8.

80 „Wenn ich meinem Gedächtnis misstraue – der Neurotiker tut dies bekanntlich in auffälligem Maße, aber auch der Normale hat allen Grund dazu – so kann ich dessen Funktion ergänzen und versichern, indem ich mir eine schriftliche Aufzeichnung mache. Die Fläche, welche die Aufzeichnung bewahrt, die Schreibtafel oder das Blatt Papier, ist dann gleichsam ein materialisiertes Stück des Erinnerungsapparates, den ich sonst unsichtbar in mir trage. Wenn ich mir nur den Ort merke, an dem die so fixierte ‚Erinnerung' untergebracht ist, so kann ich sie jederzeit nach Belieben ‚reproduzieren' und bin sicher, dass sie unverändert geblieben, also den Entstellungen entgangen ist, die sie vielleicht in meinem Gedächtnis erfahren hätte." Ebd., S. 3.

81 Stein 1988, S. 117.

82 „[…] oder aus Ereignissen er besteht nur aus dem Niederschreiben dessen was schon geschrieben ist und hat deshalb keine Beziehung zur menschlichen Natur.“ Stein 1988, S. 65.

83 Ebd., S. 96.

84 In seiner ersten, einer Vortragsfassung glitt dieser Essay als Film in weißen Buchstaben auf schwarzem Grund perspektivisch verkürzt von unten nach oben über eine Projektionsfläche und verschwand vor ihrem Rand im Dunkeln. Der Text dauerte zwanzig Minuten und vierzig Sekunden. Die Autorin trug ihn vor und musste das Lesetempo halten. Auf den Text folgten in Stille seine Grundlagen in Form der Endnoten mit einer Dauer von zwei Minuten und siebenundvierzig Sekunden. In seiner zweiten Fassung lief der gesamte Text in Stille, eingebettet in die Vorträge anderer. In seiner dritten Fassung wurde der Text in Courier Weiß auf Schwarz abgedruckt. Dies ist seine vierte Fassung.

85 Bonk 1989, S. 204.

86 Rittel 1992, S. 42.

87 Analog: „Der Wissenschaftler macht den Fakt, doch wann immer wir etwas machen, haben nicht wir das Kommando: Wir werden von der Handlung leicht [slight] überrascht, wie jeder Baumeister weiß.“ Latour 2002, S. 345.

88 Lenk 2000, S. 277 und Griebel 2006, S. 63-75.

89 Vgl. Koestler 1966.

90 Lenk 2000, S.329.

91 Rittel 1992, S. 42.

92 Wendler 2013, S. 25.

93 Modelle als „Nachbildungen eines realen oder imaginären Gegenstandes mit dem Ziel, etwas über diesen oder mit diesem zu lernen.“ Mittelstraß 2005, S. 65.

94 Siehe Schritt VIII.

95 Schwarz 2000, S. 669. Siehe auch online: https://www.toutfait.com/unmaking_the_museum/Unhappy%20Readymade.html [16.11.2023].

96 Zur materiellen Genese der Readymades siehe Lüthy 2004, S. 461-469.

97 Bonk 1989, S. 203-206.

98 Ebd., S. 257.

99 Vgl. Spinnen 1998.

100 Moser 2012, S. 259.

101 Vgl. Moore 1979.

102 Mersch 2002, S. 296.

103 Vgl. Mersch 2002.

104 Collins Goodyear/McManus 2009, S. 197.

105 Entwickelt von Lennart Krauß und einer Seminargruppe an der Staatlichen Akademie der Bildenden Künste Karlsruhe 2016, gezeigt im Projektraum Luis Leu, Karlsruhe, Luisenstraße 33. Vgl. Krauß 2021, S.178.

106 Rhodes 2006, S. 34.

107 Mersch 2002, S. 296.

108 Lem 1994, S. 24.

109 Derrida 1993, S. 24.

110 Vgl. Groys 2000.

111 Vgl. Mersch 2002.

112 Benjamin 1977, S. 206-207 Vgl. auch: Taussig 1997, S. 41.

113 Rinck 2015, S. 72.

114 Vgl. Buschkühle 2007.

115 Vgl. Buschkühle 2007.

116 Gursky: Untitled XII, Tafel 1.

117 Musil 1994, S. 9.

118 Vgl. Pazzini 1986.

119 Buschkühle 2007, S. 75.

120 Ebd.

121 Genette 2010, S. 12.

122 Taussig 1997, S. 51.

123 Dokumentation von Maika Saworski und Lennart Krauß, denen ich freundlich für die Erlaubnis zum Zitat danke.

124 Buschkühle 2007, S. 75.

125 Vgl. Diegese. In: Wikipedia. Die freie Enzyklopädie. Online: http://de.wikipedia.org/wiki/Diegese [24.11.2023].

126 Rinck 2015, S. 71.

127 Gloy 2006, S. 189.

128 Ebd., S. 168.

129 Derrida 1993, S. 24.

130 Zu erwähnen wäre die Märchenvariante, in der eine arme Frau sich eine Wurst wünscht; ihr Mann wünscht sich ob dieser Verschwendung, die Wurst möge ihr an der Nase kleben, so dass die beiden nun vor der Beziehungsfrage stehen, ob alle Reichtümer der Welt und eine Wurst an der Nase oder aber keins von beidem sie von nun an begleiten sollen.

131 Vgl. Freud 1999.

132 Seel 2013, S. 188.

133 Vgl. Han 2013.

134 Seel 2013, S. 189.

135 Stein zit. n. Kracke/Ries 2013, S. 32.

136 Kracke/Ries 2013.

137 Ebd., S. 33.

138 Ebd., S. 359.

139 Ebd., S. 37.

140 Wulf 2010, S. 1038.

141 Taussig 1997, S. 44.

142 Ebd.

143 Vgl. Krechel 2009.

144 Vgl. Krechel 2014.

145 Rinck 2015, S. 74.

146 Ebd.

147 Vokabel, einzelnes Wort, lat. vocabulum, Name, Wort; zu lat. vocare, nennen, rufen.

148 Die erzähltheoretische Unterscheidung zwischen Erzählraum (Diegese), Erzählakt und Erzählung (narrativem Diskurs) trifft Gérard Genette (Genette 2010, S. 12). In den Sprachen wissenschaftlicher *communities* wird der *Diskurs* gemeinhin nicht auf die Bedingungen seiner Entstehung befragt. Diese Sprachen werden einfach von jenen erworben, die Teil der diskursbestimmenden Eliten sein wollen.

149 Die Reihe *FrauenKunstPädagogik* wurde 1990 in Frankfurt initiiert und dort 1995 fortgesetzt. Es folgte 1997 eine Tagung in Erfurt und 1999 in Siegen.

150 Vgl. Marr/Ziesche 2000.

151 Vgl. Kettel 2000.

152 Die Erinnerung kann trügen. Das Copyright dieser Ausgabe ist mit „© 2000 Salon Verlag, Köln, und H. Kämpf-Jansen" im Impressum vermerkt. Ich kann die Erinnerung nur so zurechtrücken: Die Begegnung mit der Autorin hatte die Lektüre ihres Buches zum erstmöglichen Zeitpunkt zur Folge.

153 Maset 1995, S. 25.

154 Vgl. die Argumentationen zum pädagogischen Zukunftsbezug in Koller 2007 und Meyer 2013.

155 Hier und im Folgenden sind, falls nicht ausdrücklich anders formuliert und hervorgehoben, alle denkbaren Geschlechter gemeint.

156 Für die hier referierten Werte finden sich unter dem Suchbegriff „Zellerneuerung" zahlreiche Quellen im Netz. Dort gibt es aufgrund komplex gehandelter Informationen über jeden Suchenden für jeden zu jedem Zeitpunkt eine andere und jeweils eigene Wahrheit, weshalb die Autorin an dieser Stelle zur jeweils eigenen Recherche ermutigt, schon der Werbebanner wegen.

157 Mitchell 2016, S. 714.

158 Die Frage der Rahmung ist sowohl eine erzähl- als auch eine bildtheoretische Frage; zur Theorie der Rahmung durch paratextuelle Elemente, vgl. Genette 1989. Eine exemplarische Anwendung auf Formate der bildenden Kunst versucht z. B. Najjar 2008. Außerdem gehört die Theorie der Rahmung zu den Klassikern der Soziologie und wird häufig auf pädagogische Kontexte angewendet, vgl. Goffman 1989.

159 Vgl. Maset 1995.

160 Kämpf-Jansen 2001, S. 7.

161 Vgl. Maset 1997.

162 Vgl. Derrida 1976.

163 Maset 1995, S. 134.

164 Ebd., S. 130.

165 Das Erscheinen von Hans Beltings *Bild-Anthropologie. Entwürfe für eine Bildwissenschaft* im Jahr 2001 kann zum Beispiel als einer der Anfänge der Intensivierung entsprechender Diskurse im deutschsprachigen Raum gesetzt werden. Ein Fehler beim Umschlagdruck verhinderte das geplante Erscheinen des Buches noch im Jahr 2000. Hundert Jahre zuvor wurde die am 4. 11. 1899 erschienene *Traumdeutung* von Sigmund Freud auf 1900 vordatiert, die ihre Technik am Nadel*öhr der Sprache festmacht.*

166 Vgl. lat. versio, die Drehung, die Umgehung, der Wechsel; frz. version, Übersetzung aus einer anderen in die Muttersprache.

167 Was bleibt? Die Audiokassette. Zu ihrem *revival* siehe z. B. Plavec 2013.

168 Orwell nach Maset, der diese Verknüpfung hergestellt hat (Maset 2013, S. 13). Ältere Übersetzungen, z. B. jene von Kurt Wagenseil, hantieren noch unbefangen mit dem Wort „Neusprache“.

169 Egger 2001, S. 7.

170 Im Folgenden werden u. a. konsultiert: Drosdowski, Günther (Hrsg.) (1997): Duden Etymologie. Herkunftswörterbuch der deutschen Sprache. Leipzig/Mannheim/Wien/Zürich: Dudenverlag, überarb. Nachdr. der 2. Aufl.; Dudenredaktion (Hrsg.) (2014): Duden. Das Herkunftswörterbuch. Etymologie der deutschen Sprache. Berlin: Dudenverlag, 5., neu bearb. Aufl.; Dudenredaktion (Hrsg.) (2015): Duden. Das Fremdwörterbuch. Berlin: Dudenverlag, 11. vollst. überarb. u. aktual. Aufl. sowie Wahrig-Burfeind, Renate (1999): Wahrig Fremdwörterlexikon. München: dtv, Neuausg.

171 Noch einmal: Sprech-, nicht Sprach-.

172 Murakami 2016, S. 53.

173 Alternativen: dassichsprech, das Ich-Sprech.

174 Han 2016, S. 9.

175 Erstmals systematisch wird der Begriff *othering* von Gayatri Chakravorty Spivak verwendet, die die Produktion des Anderen als Sprachregelung der Herrschaftssysteme

gegenüber den Marginalisierten analysiert, die sprachlos sind bzw. ungehört und unverstanden bleiben in ihrer Sprache, in ihren Versuchen, Bedürfnisse zu artikulieren. Dem setzt Spivak ein Modell des subversiven Zuhörens entgegen. Vgl. Spivak 1985.

176 Hier klingt der Name eines Telephonanbieters an.

177 Köhler: SELBANDER, ins Englische übersetzt von Rosemarie Waldrop: „SELBANDER: a twosome/and a word lost/ like unto like/we carry on […]", vgl. Köhler 1993.

178 Vgl. Fußnote 13.

179 Die Autorin dankt Charlotte Pohle für die freundliche Erlaubnis, aus ihrem Praktikumsbericht zitieren zu dürfen.

180 Hier ist nicht der Ort, im Einzelnen zu diskutieren, ob bei dem Projekt von Charlotte Pohle ein kunstpädagogischer Ansatz stringent eingehalten/verfolgt wurde – es würde nicht zuletzt diesem Ansatz selbst widersprechen.

181 Kämpf-Jansen 2001, S. 7.

182 Praktikumsbericht Charlotte Pohle.

183 Stellvertretend hierfür: Vgl. Scheer 2015.

184 Praktikumsbericht Charlotte Pohle.

185 Vgl. Derrida 1976 und Maset 1995, S. 139.

186 Vgl. Kämpf-Jansen 2001 und Maset 1995.

187 Praktikumsbericht Charlotte Pohle.

188 Vgl. Ei des Kolumbus. In: Wikipedia. Die freie Enzyklopädie. Online: https://de.wikipedia.org/wiki/Ei_des_Kolumbus [24.11.2023].

189 Krechel 2010, S. 30.

190 „Der Ausdruck Gelassenheit steht jetzt für eine geführte und angehörige Freiheit, die nicht in ironischer Unterergriffenheit und hohler Selbstreferenz neben oder über allem verharrt, sondern sich vom Umgreifend-Verbindlichen gesagt sein lässt, was zu tun ist." Sloterdijk 2001, S.69.

191 Bericht Almut Grypstra. Alle namentlich genannten Berichtenden sind mit der Nennung ihres Namens einverstanden.

192 Sloterdijk 1998, S. 12.

193 Bericht Henrike Alsleben.

194 Hier und im Folgenden sind in der jeweils gewählten Formulierung alle denkbaren Geschlechter mit berücksichtigt.

195 Der Begriff *Reform* wird behelfsmäßig eingesetzt.

196 Bericht Henrike Alsleben.

197 Bericht Sophia Ihlendfeld.

198 Bericht Rose Pollozek.

199 Bericht Jan Vincent Franke.

200 Bericht Maika Saworski.

201 …der Universität der Künste Berlin, 2011-2014.

202 Bericht Jan Krauspe.

203 Bericht Sophia Ihlenfeld.

204 Heller 2004, S.59 ff.

205 Bericht Luisa Rund.

206 Ausführlich in Trüby 2011.

207 Dudenredaktion (Hrsg.) (2014): Duden. Das Herkunftswörterbuch. Etymologie der deutschen Sprache. Berlin: Dudenverlag, 5., neu bearb. Aufl.

208 Ebd.

209 „Dass das Leben eine Form-Sache sei – das ist die These, die wir mit dem altehrwürdigen Philosophen- und Geometer-Ausdruck Sphäre verbinden. Sie suggeriert, dass Leben, Sphärenbilden und Denken verschiedene Ausdrücke für dasselbe sind." Sloterdijk 1998, S. 12.

210 Bericht Luisa Rund.

211 Paris: Normale Macht, zit. n. Trüby 2011, S. 212.

212 „Wir befinden uns in einer allgemeinen Krise aller Einschließungsmilieus, Gefängnis, Krankenhaus, Fabrik, Schule, Familie." Deleuze 2010, S. 12.

213 Bericht Lennart Krauß.

214 „Standardisierung hatte tatsächlich eine wichtige Bedeutung. Es war das beste Modell, das man im 19. Jahrhundert hatte und Vorbild für die ganze Welt. Dieses Modell hatte die Funktion, in möglichst kurzer Zeit möglichst vielen Menschen das damals Notwendigste beizubringen." Rosa 2013, S. 11.

215 „[…] denn wir wissen, dass nur, wer lebenslang lernt, noch Arbeit haben wird. Und wir wissen längst, dass Kinder beim Spielen die wichtigsten Dinge lernen und dass lebensnotwendige Fähigkeiten außerhalb der Schule gelernt werden. Trotzdem tragen wir in der Regel immer noch den zu diesem reduktionistischen Modell gehörenden reduktionistischen Lernbegriff mit uns herum, und die Schule benutz weiterhin." Ebd., S. 12.

216 Bericht Andreas Böhmig.

217 Studierende Lehrende und lehrende Studierende.

218 Bericht Almut Grypstra.

219 Vgl. Sloterdijk 1998.

220 „Denn der Kunstbegriff entscheidet darüber, wie und ob man den ästhetischen Gehalt eines Dinges überhaupt wahrnimmt, er entscheidet darüber, ob man eine Mentalität entwickeln kann, die etwas mit Kunst zu tun hat und sogar darüber, wie man Farbe auf eine Leinwand aufträgt." Maset 2005, S. 13.

221 „Auch was unsere eigene Disziplin betrifft, so sind die kunstpädagogischen Inhalte immer mehr zu mess- und konsumierbarem ‚Stoff' geworden. Den Lernenden wird der

Verlust des Kunsthaften der Kunst zugemutet, während man gleichzeitig vorgibt, sie zu vermitteln. All das ist – was zu beweisen war – für die Entwicklung von *ästhetischer Mentalität* nicht nur ungünstig, sondern absolut schädlich.“ Ebd.

222 US 2013, S. 70.

223 Der Begriff *Responsivität* wird vor allem in den Diskursen der frühkindlichen Pädagogik und der Politik verwendet. Im ersteren wird *Responsivität* als Abstimmungsverhalten definiert, dass dadurch gekennzeichnet ist, dass Eltern und Betreuende sich von den kindlichen Signalen leiten lassen und diese prompt und kontingent beantworten, in letzterem als weitgehende Übereinstimmung der Politik mit den Wünschen der Wähler. Umfassend zwischen Vorgängigkeit und Nachträglichkeit eingebettet wird der Begriff *Response* (der stärker auf das Ereignis als auf die Eigenschaft rekurriert) von Bernhard Waldenfels theoretisiert; vgl. Waldenfels 2002.

224 Vgl. US 2013.

225 Ebd., S. 70.

226 Ebd., S. 71.

227 Bericht Andreas Böhmig.

228 Ebd.

229 Vgl. Loemke 2013.

230 Vgl. Klein 2008.

231 Vgl. Rancière 2009.

232 Bericht Andreas Böhmig.

233 Ebd.

234 „[...] die Fähigkeit, blitzartig Kräftekonstellation zu erkennen und zu verschieben.” Bröckling 2012, S. 152.

235 Vgl. Bildungsplan 2016, S. 3.

236 Ebd.

237 Vgl. Rancière 2009.

238 Maset 2012, S. 13.

239 Seligman 1999, S. 8.

240 Benjamin 2011, S. 445.

241 Vgl. Adorno 1958.

242 Mersch 2015, S. 2.

243 Benjamin 2011, S. 448.

244 Heyl/Schäfer 2016, S. 164.

245 Menke 2013, S. 172.

246 Vgl. Maset 2002.

247 Preußler 1973, S. 56. Der einleitende Absatz findet sich ebd., S. 4.

248 Ebd., S. 128.

249 Hornby 2011, S. 27.

250 Um eine bessere Lesbarkeit zu gewährleisten, wird auf eine sprachliche Differenzierung zwischen allen denkbaren Geschlechtern verzichtet. Wenn nicht anders angegeben, sind alle gemeint.

251 Zur Verknüpfung von Zeitlichkeit und Bildung im Zeichen der *différance* sei hier und im Folgenden auf Maset 1995 verwiesen.

252 Habermas/Döber/Nummer-Winkler1980, S. 9 f.

253 Gebauer/König/Volbers 2012, S. 7.

254 Vgl. Maset 1995.

255 Ebd., S. 59.

256 Kant 1990, S. 66.

257 Egger 2001, S. 7.

258 Vgl. Stein 1988.

259 Griech. *medomai*, ich bin auf etwas bedacht, ich ersinne. Die Verbform *medium* steht zwischen Aktiv und Passiv, ist eine passive Form mit aktiver Bedeutung: Während ich *medomai* praktiziere, geschieht mir selbst etwas.

260 Wilder, zit. n. Stein 1988, S. 7. Diese Unterscheidung entspricht noch heute gängigen Annahmen der Neuropsychologie, vgl. Klein 2014.

261 Stein 1988, S. 117.

262 Ebd., S. 32.

263 Vgl. Anm. 12.

264 Stein 1988, S. 96.

265 Hornby 2011, S. 142.

266 Ebd.

267 Dudenredaktion (Hrsg.) (2014): Duden. Das Herkunftswörterbuch. Etymologie der deutschen Sprache. Berlin: Dudenverlag, 5., neu bearb. Aufl.

268 Beziehungsweise im Romanverlauf: gewesen sein wird.

269 Zur Musikalität des Kon/takts als anthropologische Basiskompetenz bei der Be/gegnung mit dem Anderen vgl. Plessner in Esposito 2004, S. 140.

270 Pazzini 1986, S. 21.

271 Ebd.

272 Mersch 2015, S.7.

273 Ebd., S. 8, und weiter: „Wenn wir also von der Aussageweise der Künste, ihrer *Epistemologie sprechen und nach der Spezifik des künstlerischen Wissens fragen, dann handelt es sich vorzugsweise um eine Wissensproduktion im Modus des ‚Und'*, der Konjunkti-

onalität. Das ‚Und' steht dabei stellvertretend für die Fülle anderer Konjunktionen wie ‚Oder', ‚Sowohl als auch', ‚Nicht nur sondern auch', ‚Weder noch' usw." Ebd., S. 10.

274 Griebel 2006, S. 51–75.

275 Pazzini 1986, S. 20.

276 Vgl. Brandstätter 2013.

277 Die Autorin dankt Jannik Frank dafür, aus seinem zum Seminar „*Cut and paste* – Kulturtechnik Collage" (Staatliche Akademie der Bildenden Künste Karlsruhe, WS 2015/16) angefertigten Portfolio zitieren zu dürfen. Zur Präsentationsform: Es handelt sich hierbei um ein Konvolut aus zehn in *frank*ierten Briefumschlägen verwahrten Essays.

278 Pazzini 1986, S. 21.

279 Frank: Portfolio, #2 (s. Anm. 33).

280 Vgl. Belting 2008.

281 Vgl. Pazzini 1992.

282 Es handelt sich hierbei um das Bild *La Nuque*, 1987, das sich auf Caspar David Friedrichs *Wanderer über dem Nebelmeer* bezieht. Vgl. Koerner 2011.

283 Frank: Portfolio, #2 (s. Anm. 33).

284 Ebd.

285 Klein 2014, S. 79.

286 Bredekamp 2010, S. 52.

287 Vgl. Buschkühle 2007.

288 Frank: Portfolio, #3.

289 Ebd.

290 Vgl. Carroll 1869.

291 Vgl. Deleuze 1993.

292 Vgl. Rübel/Wagner 2002.

293 Vgl. Koch/Voss 2006.

294 Vgl. Boehm/Burioni 2012.

295 Ausführlich in Mersch 2002, S. 245–298.

296 Hornby 2011, S. 323.

297 Herbeck 1992, S. 74.

298 Mersch 2002, S. 7.

299 Vgl. Rancière 2006.

300 Vgl. Schönhammer 2013.

301 Herbeck 1992, S. 7.

302 Sebald 2013, S. 44-48.

303 Vgl. Spivak 1985.

304 Vgl. Klein 2011.

305 Han 2016, S. 9.

306 Für Antes ist es selbstverständlich, die Arbeiten Marginalisierter für jeden Katalog in der gleichen Weise aufzubereiten und zu begleiten wie jene jedes anerkannten Künstlers: Name (und sei er anonym), Jahr (falls bekannt), Materialien (bis zur Benennung der Vögel, von denen die Federn für einen Federschmuck oder einen Pfeil stammen), akribische Beschreibung der Verarbeitungs- und Verwendungsweise. Dass diese Gegenstände gemacht wurden, um verwendet zu werden, stigmatisiert sie nicht als Kunsthandwerk, sondern befragt in die andere Richtung gewandt *unsere* kunstdefinitorische Theorie und Praxis.

307 „Die Ausstellung ist so organisiert, dass der Betrachter – wie bei Ausstellungen professioneller Kunst – sich unmittelbar mit den künstlerischen Arbeiten auseinandersetzen kann, ohne dass die biographischen Besonderheiten ihrer Urheber dazwischen treten. So soll einer Betrachtungsweise begegnet werden, die vom „Mitgefühl des Betrachters beeinflusst diese Kunst vordergründig mit therapeutischen, Beschäftigungs- oder Resozialisierungsmaßnahmen in Verbindung bringen [sic!] oder diese Kunst aus der Überzeugung überhöht, dass sich bei ihr eine bei Gesunden verstellte schöpferische Urkraft manifestiert". Antes/Figura 2003, S. 5.

308 „Die Negativität des Anderen gibt dem Selben Gestalt und Maß. Ohne sie kommt es zur Wucherung des Gleichen" Han 2016, S. 9.

309 Herbeck 1992, S. 7.

310 Herbeck 1992, S. 74.

311 Egger 2018, S. 11.

312 Ebd.

313 Barthes 2008, S. 127. Dort ausgeführt in einer Überblendung von Haiku und Photographie.

314 „Mein Leben ist nicht diese steile Stunde […]". In: Rilke 1998, S. 210.

315 Waldenfels 2002, S. 15.

316 Vgl. Damasio 2003.

317 Barthes 2008, S. 232.

318 Ebd.

319 Ebd.

320 Barthes 1985, S. 33.

321 Ebd., S. 35.

322 Vgl. Ekman 2016.

323 Barthes 2008, S. 129.

324 Ebd., S. 133.

325 Ebd., S. 132.

326 Seit dem Wintersemester 2017/18 wird die Karlsruher „Villa Schönleber" als Gebäude der Staatlichen Akademie der Bildenden Künste Karlsruhe genutzt.

327 Das vom Bauherrn und ersten Bewohner des Hauses in der Karlsruher Jahnstr. 18 angebrachte Deckengemälde zeigt blauen Himmel mit weißen Wolken.

328 Rilke 1998, S. 210.

329 Die Arbeit an diesen Absätzen erstreckt sich über mehrere Zeiträume. Gäbe es eine Bildrückseite, hätte ein Maler gut daran getan, darauf die Tage zu vermerken, an denen er davor saß. Ob etwas geschah oder nicht, ist gleich gültig. Doch es gibt keine Rückseiten, nur Seiten, die wir umblättern.

330 Zitiert nach Han 2007, S. 7.

331 Despret 2019, S. 10.

332 Benjamin 2011, S. 28.

333 Dies ist der erste Absatz mit den entsprechenden Löschungen.

334 Vgl. Peters/Wrage 2017.

335 Vgl. Ehmcke 1991.

336 Schalen für die Teezeremonie.

337 Han 2007, S. 124.

338 Ebd., S. 120.

339 Jullien 2005, S. 13: „Dieser Essay besitzt keinen Schluss, denn er ist ein Kapitel, ein Knoten aus meinem Werk."

340 Ebd., S. 9.

341 Vgl. u. a. Jullien 2005, 2015, 2023.

342 Vgl. Stein 2005.

343 Vgl. Stein 1988.

344 Siehe auch: Pikturale Syntax und künstlerische Identität.

345 Stein 1988, S. 7.

346 Ebd., S. 117.

347 Jullien 2005, S. 194.

348 Han 2007, S. 124.

349 Vgl. Han 2018.

350 Alle nicht durch eine eigene Literaturangabe gekennzeichneten Zitate stammen aus dem Protokoll von Svenja Jordan – mit Dank für ihren wachen Blick, das Wollgeschenk und die Erlaubnis, aus dem Protokoll zitieren zu dürfen.

351 Kriszat/Uexküll 1956, S. 24.

352 Vgl. Kathke 2001.

353 Kaeser 2020, o. S.

354 Ebd.

355 Kathke 2001, S. 62.
356 Vgl. Morton 2013.
357 Vgl. Tsing 2018.
358 Vgl. Haraway 2018.
359 Benjamin 2006, S. 58.
360 Ebd., S. 87.
361 Ebd., S. 58.
362 Ebd., S. 87.
363 Ebd., S. 58.
364 Adorno 1958, S. 26.
365 Ebd., S. 28.
366 Ebd.
367 Vgl. Benjamin 2006 und 2011.
368 Benjamin 2006, S. 35.
369 Bense 1947, Adorno 1958, Reich-Ranicki 2006.
370 Portfolio M.S. (2022), Archiv CG.
371 Ebd.
372 Ebd., S. 12.
373 Siehe oben.
374 Berger 1999, S. 169.
375 Vgl. Descola 2023
376 Vgl. Conard 2005, 2015 und 2017.
377 Böhringer 2023, S. 96.
378 Hebel 2021, S. 269-272.
379 …behutsam angepassten…
380 Stein 1988, S. 33.
381 Ebd., S. 97.
382 Ebd., S. 96.

…KEN BEIM ZWEITEN MAL LESE
BÜCHER VON HINTEN AUF DEM
KOPF

Literatur

Adorno, Theodor W. (1958): Der Essay als Form. In: Ders.: Gesammelte Schriften. Bd. 11: Noten zur Literatur. Frankfurt am Main: Suhrkamp, S. 9-33.

Antes, Horst/Figura, Kurt von (2003): Außerhalb (Ausst.-Kat.). Göttingen: Kunstverein Göttingen.

Barthes, Roland (1985): Die helle Kammer. Bemerkungen zur Photographie. Frankfurt am Main: Suhrkamp.

Barthes, Roland (2008): Die Vorbereitung des Romans. Vorlesung am Collège de France 1978-1979 und 1979-1980. Frankfurt am Main: Suhrkamp.

Belting, Hans (2001): Bild-Anthropologie. Entwürfe für eine Bildwissenschaft. München: Wilhelm Fink Verlag.

Belting, Hans (2008): Florenz und Bagdad. Eine westöstliche Geschichte des Blicks. München: Beck.

Benjamin, Walter (2011): Lehre vom Ähnlichen. In: Ders.: Gesammelte Werke, Bd. II. Frankfurt: Zweitausendeins, S. 441-445.

Benjamin, Walter (2011): Über das mimetische Vermögen. In: Ders.: Gesammelte Werke, Bd. II. Frankfurt: Zweitausendeins, S. 445-448.

Bense, Max (1947): Über den Essay und seine Prosa. In: Merkur, 1. Jahrgang 1947, Drittes Heft. https://www.merkur-zeitschrift.de/max-bense-ueber-den-essay-und-seine-prosa-75-jahre-merkur/ [17.12.2023].

Berger, John (1999): Das Sichtbare und Das Verborgene. Frankfurt: S. Fischer.

Boehm, Gottfried/Burioni, Matteo (Hrsg.) (2012): Der Grund. Das Feld des Sichtbaren. München/Paderborn: Fink.

Boehm, Gottfried/Burioni, Matteo (2012): Einleitung. Nichts ist ohne Grund. In: Dies. (Hrsg.): Der Grund. Das Feld des Sichtbaren. München/Paderborn: Fink, S. 11-28.

Boehm, Gottfried (2012): Der Grund. Über das ikonische Kontinuum. In: Ders./Burioni, Matteo (Hrsg.): Der Grund. Das Feld des Sichtbaren. München/Paderborn: Fink, S. 29-94.

Böhringer, Hannes (2023): Lücken im Verhau. Berlin: Matthes&Seitz.

Böhringer, Hannes (2021): Leben im Dativ. Berlin: Matthes&Seitz

Bonk, Ecke (1989): Marcel Duchamp. Die große Schachtel. De ou par Marcel Duchamp ou Rrose Selavy. Inventar einer Edition. München: Schirmer/Mosel.

Brandstätter, Ursula (2013): Erkenntnis durch Kunst. Theorie und Praxis der ästhetischen Transformation. Köln/Weimar/Wien: Böhlau.

Bredekamp, Horst (2010): Theorie des Bildakts. Frankfurter Adorno-Vorlesungen 2007. Berlin: Suhrkamp.

Bröckling, Ulrich (2012): Der Ruf des Polizisten. Die Regierung des Selbst und ihre Widerstände. In: Gebauer, Gunter/König, Ekkehard/Volbers, Jörg (Hrsg.): Selbst-Reflexionen. Performative Perspektiven. München: Fink, S. 139-154.

Buschkühle, Carl-Peter (2007): Die Welt als Spiel. 2 Bde., Oberhausen: Athena.

Butler, Judith (2006): Hass spricht. Zur Politik des Performativen. Frankfurt am Main: Suhrkamp.

Carroll, Lewis (1869): Alice's Abenteuer im Wunderland. Leipzig: Hartknoch, autoris. Ausg. Online: http://www.symbolon.de/downtxt/alice.htm [17.11.2023].

Christov-Bakargiev, Carolyn (2012): Brief an einen Freund. In: Sauerländer, Katrin (Hrsg.): dOCUMENTA (13) (Ausst.-Kat.). Teil 1: Das Buch der Bücher. Ostfildern: Hatje Cantz, S. 80-87.

Collins Goodyear, Anne/McManus, James W. (Hrsg.) (2009): Inventing Marcel Duchamp. The Dynamics of Portraiture (Ausst.-Kat.). Washington D.C.: National Portrait Gallery Smithsonian Institution, Cambridge Mass./London: The MIT Press.

Conard, Nicolas/Kölbl, Stefanie/Schürle, Wolfgang (Hrsg.) (2005): Vom Neandertaler zum modernen Menschen. Ostfildern: Jan Thorbeke.

Conard, Nicolas/Kind, Claus-Joachim (2015): Als der Mensch die Kunst erfand. Eiszeithöhlen der Schwäbischen Alb. Darmstadt: Theiss.

Conard, Nicolas/Bolus, Michael/Dutciewitcz, Ewa/Wolf, Sibylle: Eiszeitarchäologie auf der Schwäbischen Alb. Die Fundstellen im Ach- und Lonetal und ihrer Umgebung. Tübingen: Kerns.

Damasio, Antonio R. (2003): Der Spinoza-Effekt. Wie Gefühle unser Leben bestimmen. München: List.

Danto, Arthur Coleman (1996): Kunst nach dem Ende der Kunst. München: Fink.

Deleuze, Gilles (1993): Logik des Sinns. Frankfurt am Main: Suhrkamp.

Deleuze, Gilles (2010): Postskriptum über die Kontrollgesellschaften. In: Menke, Christoph/Rebentisch, Juliane (Hrsg.): Kreation und Depression. Freiheit im gegenwärtigen Kapitalismus. Berlin: Kulturverlag Kadmos, S. 11-17.

Derrida, Jacques (1976): Die différance. In: Ders.: Randgänge der Philosophie. Berlin/Frankfurt am Main/Wien: Ullstein, S. 6-37.

Derrida, Jacques (1993): Zeit geben. Bd. 1: Falschgeld. München: Fink.

Descola, Philippe (2023): Die Formen des Sichtbaren. Eine Anthropologie der Bilder. Berlin: Suhrkamp.

Despret, Vinciane (2019): Was würden Tiere sagen, würden wir die richtigen Fragen stellen? Münster: UNRAST.

Duchamp, Marcel (1981): Die Schriften. Bd. 1: Zu Lebzeiten veröffentlichte Texte. Zürich: Regenbogen-Verlag.

Duchamp, Marcel (1999): Der kreative Akt. In: Tomkins, Calvin: Marcel Duchamp. Eine Biographie. München/Wien: Hanser, S. 572-573.

Duve, Thierry de (1987): Pikturaler Nominalismus. Marcel Duchamp. Die Malerei und die Moderne. München: S. Schreiber.

Egger, Oswald (2001): Nichts, das ist. Gedichte. Frankfurt am Main: Suhrkamp.

Egger, Oswald (2018): Was bilde ich mir ein, und was denke ich mir dabei? In: Allmende Nr. 101. Halle: Mitteldeutscher Verlag, S. 10-22.

Ehmcke, Franziska (1991): Der japanische Tee-Weg. Bewusstseinsschulung und Gesamtkunstwerk. Köln: DuMont.

Ekman, Paul (2016): Gefühle lesen. Wie Sie Emotionen erkennen und richtig interpretieren. Berlin/Heidelberg: Springer, 2. Aufl.

Esposito, Roberto (2004): Immunitas. Schutz und Negation des Lebens. Berlin: Diaphanes.

Fischer, Andreas/Loers, Veit (Hrsg.) (1997): Im Reich der Phantome. Fotografie des Unsichtbaren (Ausst.-Kat.). Ostfildern-Ruit: Hatje Cantz.

Freud, Sigmund (1999): Das Motiv der Kästchenwahl. In: Bibring, E./Freud, Anna/Hoffer, W./ Isakower, O./Kris, E. (Hrsg.): Gesammelte Werke. Bd. 10: Werke aus den Jahren 1913-1917. Frankfurt am Main: S. Fischer, S. 24-37.

Freud, Sigmund (1999): Notiz über den Wunderblock. In: Bibring, E./Freud, Anna/Hoffer, W./ Isakower, O./Kris, E. (Hrsg.): Gesammelte Werke. Bd. 14: Werke aus den Jahren 1925-1931. Frankfurt am Main: S. Fischer, S. 1-8.

Gebauer, Gunter/König, Ekkehard/Volbers, Jörg (Hrsg.) (2012): Selbst-Reflexionen. Performative Perspektiven. München: Fink.

Gebauer, Gunter/König, Ekkehard/Volbers, Jörg (2012): Einleitung. In: Dies. (Hrsg.): Selbst-Reflexionen. Performative Perspektiven. München: Fink, S. 7-14.

Genette, Gérard (1989): Paratexte. Das Buch vom Beiwerk des Buches. Frankfurt am Main/ New York: Campus, Paris: Editions de la Maison des Sciences de l'Homme.

Genette, Gérard (2010): Die Erzählung. Paderborn: Fink, 3., durchges. und korr. Aufl.

Gloy, Karen (2006): Zeit. Eine Morphologie. Freiburg/München: Alber.

Goffman, Erving (1989): Rahmen-Analyse. Ein Versuch über die Organisation von Alltagserfahrungen. Frankfurt am Main: Suhrkamp, 2. Aufl.

Griebel, Christina (2013): Die Malklasse als literarischer Lernort. In: Zeitschrift Ästhetische Bildung. 5. Jg., Heft 1. Online: http://zaeb.net/wordpress/wp-content/uploads/2020/12/67-273-1-PB.pdf (Stand: 02.11.2023).

Griebel, Christina (2006): Kreative Akte. Fallstudien zur ästhetischen Praxis vor der Kunst, München: kopaed.

Griebel, Christina (2010): Riesenbovist und Gänsegurgel. Material und Ästhetik handgemachter Hybride. In: Bartl, Andrea/Catani, Stephanie (Hrsg.): Bastard. Figurationen des Hybriden zwischen Ausgrenzung und Entgrenzung. Würzburg: Königshausen & Neumann, S. 303–315.

Grimm, Jacob/Grimm, Wilhelm (2002): Deutsches Wörterbuch. Ein Projekt des Trier Center for Digital Humanities an der Universität Trier in Verbindung mit der Berlin-Brandenburgischen Akademie der Wissenschaften Berlin und dem Hirzel Verlag Stuttgart. Online: https://woerterbuchnetz.de/?sigle=DWB#0 [13.11.2023].

Groys, Boris (2000): Unter Verdacht. Eine Phänomenologie der Medien. München/Wien: Hanser.

Gursky, Andreas (1999): Untitled XII, 1999, Tafel 1.

Habermas, Jürgen/Döbert, Rainer/Nummer-Winkler, Gertrud (1980): Zur Einführung. In: Dies.: (Hrsg.) Zur Entwicklung des Ichs, Königstein 1980: Athenäum/Scriptor/Hain/Hanstein.

Hebel, Johann Peter (2021): Unverhofftes Wiedersehen. In: Knopf, Jan/Littmann, Franz/Schmidt-Bergmann, Hansgeorg (Hrsg.): Gesammelte Werke. Kommentierte Lese- und Studienausgabe in sechs Bänden. Göttingen: Wallstein, S. 269-272.

Han, Byung-Chul (2007): Abwesen. Zur Kultur und Philosophie des Fernen Ostens. Berlin: Merve.

Han, Byung-Chul (2013): Im Schwarm. Ansichten des Digitalen. Berlin: Matthes & Seitz.

Han, Byung-Chul (2016): Die Austreibung des Anderen. Gesellschaft, Wahrnehmung und Kommunikation heute. Frankfurt am Main: Fischer.

Han, Byung-Chul (2018): Lob der Erde. Eine Reise in den Garten. Berlin: Ullstein.

Handke, Peter (1992): Versuch über die Müdigkeit. Frankfurt am Main: Suhrkamp.

Handke, Peter (2013): Versuch über den Pilznarren. Eine Geschichte für sich. Berlin: Suhrkamp.

Handke, Peter (2012): Versuch über den Stillen Ort. Berlin: Suhrkamp.

Handke, Peter (2016): Vor der Baumschattenwand nachts. Zeichen und Anflüge von der Peripherie 2007-2015. Salzburg/Wien: Jung und Jung.

Haraway, Donna J. (2018): Unruhig bleiben. Die Verwandtschaft der Arten im Chthuluzän. Frankfurt am Main/New York: Campus Verlag.

Heidegger, Martin (1967): Sein und Zeit. Tübingen: Max Niemeyer Verlag, 11., unveränderte Aufl. Online: https://taradajko.org/get/books/sein_und_zeit.pdf [08.11.2023].

Heidegger, Martin (1992): Gesamtausgabe. Bd. 29/30: Abt. 2. Vorlesungen 1923-1944. Die Grundbegriffe der Metaphysik. Welt – Endlichkeit – Einsamkeit. Frankfurt am Main: Klostermann, 2. Aufl.

Heller, Eva (2004): Wie Farben wirken. Farbpsychologie. Farbsymbolik. Kreative Farbgestaltung. Reinbek: Rowohlt.

Hentschel, Martin/Schröder, Klaus Albrecht (2004): Robert Longo. The Freud Drawings (Ausst.-Kat.), Bielefeld: Kerber Verlag.

Herbeck, Ernst (1992): Im Herbst da reiht der Feenwind. Gesammelte Texte 1960-1991. Salzburg/Wien: Residenz.

Heyl, Thomas/Schäfer, Lutz: Der schlechte Geschmack und sein Betreuer. In: Brenne, Andreas/Griebel, Christian/Urlaß, Mario: MitEinAnder. Zur Praxis einer partizipatorischen Kunstpädagogik in der Grundschule. München: kopaed, S. 95-106.

Heyl, Thomas/Schäfer, Lutz (2016): Frühe ästhetische Bildung. Mit Kindern künstlerische Wege entdecken. Berlin/Heidelberg: Springer.

Hornby, Nick (2011): About a boy. Köln: Kiepenheuer & Witsch.

Jonas, Hans (1994): Homo pictor. Von der Freiheit des Bildens. In: Ders.: Das Prinzip Leben. Ansätze zu einer philosophischen Biologie. Frankfurt am Main/Leipzig: Insel-Verlag, S. 265-302.

Jullien, Francois (2005): Das große Bild hat keine Form oder Vom Nicht-Objekt durch Malerei. München: Fink.

Jullien, Francois (2015): Denkzugänge. Mögliche Wege des Geistes. Berlin: Matthes&Seitz.

Jullien, Francois (2023): Vom Sein zum Leben: Euro-chinesisches Wörterbuch des Denkens. Berlin: Matthes&Seitz.

Kaeser, Eduard (2020): Vom Wood Wide Web zum World Wide Web. Was die Kommunikation von Pflanzen und Tieren mit dem Internet zu tun hat. In: Neue Zürcher Zeitung. Rubrik Wissenschaft. Online: https://www.nzz.ch/wissenschaft/naturgeschichte-des-internet-wood-wide-web-zum-world-wide-net-ld.1583641#back-register [03.11.2023].

Kämpf-Jansen, Helga (2001): Ästhetische Forschung. Wege durch Alltag, Kunst und Wissenschaft. Zu einem innovativen Konzept ästhetischer Bildung. Köln: Salon-Verlag.

Kant, Immanuel (1990): Kritik der reinen Vernunft. Hamburg: Meiner, 3., erw. Aufl.

Kathke, Petra (2001): Sinn und Eigensinn des Materials. 2 Bde., Weinheim: Beltz.

Kettel, Joachim (2000): Eier in Mädchenzimmern. In: Marr, Stefanie/Ziesche, Angela (Hrsg.): Rahmen aufs Spiel setzen. FrauenKunstPädagogik. Königstein/Taunus: Helmer, S. 289-299.

Klein, Stefan (2008): Zeit. Der Stoff, aus dem das Leben ist. Eine Gebrauchsanleitung. Frankfurt am Main: S. Fischer.

Klein, Stefan (2011): Der Sinn des Gebens. Warum Selbstlosigkeit in der Evolution siegt und wir mit Egoismus nicht weiterkommen. Frankfurt am Main: S. Fischer, ungek. Ausg.

Klein, Stefan (2014): Träume. Eine Reise in unsere innere Wirklichkeit. Frankfurt am Main: S. Fischer.

Koch, Gertrud/Voss, Christiane (Hrsg.) (2006): Zwischen Ding und Zeichen. Zur ästhetischen Erfahrung in der Kunst. München: Fink.

Koerner, Joseph L. (2011): Monstranz. In: Grynsztejn, Madeleine/Molesworth, Helen (Hrsg.): Luc Tuymans (Ausst.-Kat.). Berlin/München: Deutscher Kunstverlag, S. 27–44.

Koestler, Arthur (1966): Der göttliche Funke. Der schöpferische Akt in Kunst und Wissenschaft. Bern/München/Wien: Scherz.

Köhler, Barbara (1993): [SELBANDER: wir beide]. Online: http://www.lyrikline.org/de/gedichte/selbander-wir-beide-389#.WMPY-Gemmpp [03.11.2023].

Koller, Hans-Christoph (2007): Grundbegriffe, Theorien und Methoden der Erziehungswissenschaft. Eine Einführung. Stuttgart: Kohlhammer, 3. Aufl.

Kracke, Bernd/Ries, Marc (Hrsg.) (2013): Expanded Narration. Das neue Erzählen. Bielefeld: Transcript.

Krauß, Lennart: Off-Spaces als Orte künstlerischer Bildung (2021). In: Bader, Nadia/Hermann, Annette: Exhibiting Lessons. Lässt sich Lehre zeigen? Siegen: Universitätsverlag, S.176-185.

Krechel, Ursula (2009): Shanghai fern von wo. Salzburg/Wien: Jung und Jung, 4. Aufl.

Krechel, Ursula (2010): Jäh erhellte Dunkelheit. Gedichte. Salzburg/Wien: Jung und Jung.

Krechel, Ursula (2012): Landgericht. Salzburg/Wien: Jung und Jung.

Kriszat, Georg/Uexküll, Jakob von (1956): Streifzüge durch die Umwelten von Tieren und Menschen. Ein Bilderbuch unsichtbarer Welten. Bedeutungslehre. Hamburg: Rowohlt.

Latour, Bruno (2002): Die Hoffnung der Pandora. Untersuchungen zur Wirklichkeit der Wissenschaft. Frankfurt am Main: Suhrkamp.

Lem, Stanislaw (1994): Der futurologische Kongress. Aus Ijon Tichys Erinnerungen. Frankfurt am Main: Suhrkamp, 12. Aufl.

Lenk, Hans (2000): Kreative Aufstiege. Zur Philosophie und Psychologie der Kreativität. Frankfurt am Main: Suhrkamp.

Loemke, Tobias (2013): Räume und Schüler. Auswirkungen von Räumen auf das Verhalten von Schülern. In: Billmayer, Franz (Hrsg): Schwierige SchülerInnen im Kunstunterricht. Erfahrungen, Analysen, Empfehlungen. Flensburg: Flensburg University Press, S. 159-168.

Lüthy, Michael (2004): Poetik der Nachträglichkeit oder Das Warten des Marcel Duchamp. In: Kern, Margit/Kirchner, Thomas/Kohle, Hubertus (Hrsg.): Geschichte und Ästhetik. Festschrift für Werner Busch zum 60. Geburtstag. München/Berlin: Deutscher Kunstverlag, S. 461-469.

Marr, Stefanie/Ziesche, Angela (Hrsg.) (2000): Rahmen aufs Spiel setzen. FrauenKunstPädagogik. Königstein/Taunus: Helmer.

Maset, Pierangelo (1995): Ästhetische Bildung der Differenz. Kunst und Pädagogik im technischen Zeitalter. Stuttgart: Radius-Verlag.

Maset, Pierangelo (1997): Gunter Otto die Differenz auslegen. Stationen einer Re-Lektüre von *Kunst als Prozeß im Unterricht*. In: Grünewald, Dietrich/Legler, Wolfgang/Pazzini, Karl-Josef (Hrsg.): Ästhetische Erfahrung. Perspektiven ästhetischer Rationalität. Eine Festschrift für Gunter Otto zum 70. Geburtstag. Velber: Friedrich, S. 459-465.

Maset, Pierangelo (2002): Praxis Kunst Pädagogik. Ästhetische Operationen in der Kunstvermittlung. Lüneburg: Ed. Hyde, 2. Aufl.

Maset, Pierangelo (2005): Ästhetische Operationen und kunstpädagogische Mentalitäten. In: Pazzini, Karl-Josef/Sturm, Eva/Legler, Wolfgang/Meyer, Thorsten (Hrsg.): Kunstpädagogische Positionen. Bd. 10. Online: https://kunst.uni-koeln.de/_kpp_daten/pdf/HamburgUP_KPP10_Maset.pdf [03.11.23].

Maset, Pierangelo (2012a): Kunstvermittlung heute. Zwischen Anpassung und Widerständigkeit. In: Sabisch, Andrea/Meyer, Torsten/Sturm, Eva (Hrsg.): Kunstpädagogische Positionen. Bd. 27. Online: https://kunst.uni-koeln.de/_kpp_daten/pdf/KPP27_Maset.pdf [17.11.2023].

Maset, Pierangelo (2012b): Ästhetische Bildung der Differenz. Wiederholung 2012. Lüneburg: Ed. Hyde.

Maset, Pierangelo (2013): Wörterbuch des technokratischen Unmenschen. Stuttgart: Radius.

Menke, Christoph (2013): Die Kraft der Kunst. Berlin: Suhrkamp.

Mersch, Dieter (2002): Ereignis und Aura. Untersuchungen zu einer Ästhetik des Performativen. Frankfurt am Main: Suhrkamp.

Mersch, Dieter (2002): Wort, Zahl, Bild und Ton. Schema und Ereignis. Vortrag, Bauhaus-Universität Weimar. Online: http://www.momo-berlin.de/files/momo_daten/dokumente/Dieter%20Mersch%20-%20Schema%20und%20Ereignis.pdf [03.11.2023].

Mersch, Dieter (2006): Mediale Paradoxa. Zum Verhältnis von Kunst und Medien. Einleitung in eine negative Medienphilosophie. In: Sic et Non. zeitschrift für philosophie und kultur. im netz. Bd. 6, Nr. 1, Rubrik Performativität. Online: http://www.dieter-mersch.de/.cm4all/mediadb/mersch.negative.medienphilosophie.pdf [03.11.2023].

Mersch, Dieter (2015): Kunst und Wissensproduktion. Vortrag, Zürcher Hochschule der Künste. Online: https://blog.zhdk.ch/kidb/files/2015/11/0-Mersch_Kunst-und-Wissensproduktion.pdf [03.11.23].

Meyer, Torsten (2013): Next Art Education. In: Meyer, Torsten/Sabisch, Andrea/Sturm, Eva (Hrsg.): Kunstpädagogische Positionen. Bd. 29. Online: https://kunst.uni-koeln.de/_kpp_daten/pdf/KPP29_Meyer.pdf [08.11.2023].

Ministerium für Kultus, Jugend und Sport Baden-Württemberg (Hrsg.) (2016): Bildungsplan des Gymnasiums. Bildende Kunst. In: Amtsblatt des Ministeriums für Kultus, Jugend und Sport Baden-Württemberg. Ausgabe C: Bildungsplanplanhefte. Villingen-Schwenningen: Neckar-Verlag GmbH. Online: https://www.bildungsplaene-bw.de/site/bildungsplan/

get/documents/lsbw/export-pdf/depot-pdf/ALLG/BP2016BW_ALLG_GYM_BK.pdf [17.11.2023].

Mitchell, David (2016): Die Knochenuhren. Reinbek: Rowohlt.

Mittelstraß, Jürgen (2005): Anmerkungen zum Modellbegriff. In: Ginnow, Sonja (Hrsg.): Modelle des Denkens. Streitgespräch in der wissenschaftlichen Sitzung der Versammlung der Berlin-Brandenburgischen Akademie der Wissenschaften am 12. Dezember 2003. Berlin: Berlin-Brandenburgische Akademie der Wissenschaften, Präsident, S. 65-67.

Montaigne, Michel E. de (1998): Essais. 3 Bde. Frankfurt am Main: Eichborn.

Moore, Colleen (1979): Colleen Moore's Doll House. Garden City New York: Doubleday.

Morton, Timothy (2013): Hyperobjects. Philosophy and Ecology after the End of the World. London/Minneapolis: University of Minnesota Press.

Moser, Christian (2012): Profanierungen des Erinnerns. Überlegungen zum Zusammenhang von Sammlung, Spiel und Selbstdarstellung (Colleen Moore, Walter Benjamin, Michel Leiris). In: Strätling, Regine (Hrsg.): Spielformen des Selbst. Das Spiel zwischen Subjektivität, Kunst und Alltagspraxis. Bielefeld: Transcript, S. 259-288.

Müller-Tamm, Pia (2011): Bilder unter Bildern. Zur Kunst von Pia Fries seit ihren Anfängen. In: Pia Fries. Krapprhizom Luisenkupfer (Ausst.-Kat.). Düsseldorf: Richter, S. 8-23.

Murakami, Haruki (2014): Von Männern, die keine Frauen haben. Erzählungen. Köln: DuMont.

Musil, Robert (1994): Der Mann ohne Eigenschaften. 2 Bde. Reinbek: Rowohlt.

Najjar, Sherin (2008): Die unsichtbare Farbe. Der Gebrauch und die Funktion der Titel im frühen Werk Marcel Duchamps. Weimar: VDG.

Orwell, George (1950): Neunzehnhundertvierundachtzig. Konstanz/Stuttgart: Diana Verlag.

Preußler, Otfried (1973): Der Kleine Wassermann. Stuttgart: K. Thienemanns Verlag, 20. Aufl.

Pazzini, Karl-Josef (1986): Collage. Eine Art – wenn nicht *die* Art – zu leben, zu fühlen, zu denken, wahrzunehmen, zu handeln. In: Kunst + Unterricht. 19. Jg., Heft 100, S. 20-24.

Pazzini, Karl-Josef (1992): Bilder und Bildung. Vom Bild zum Abbild bis zum Wiederauftauchen der Bilder. Münster/Hamburg: Lit.

Peters, Christoph/Wrage, Götz (2017): Japan beginnt an der Ostsee. Die Keramik des Jan Kollwitz. Hamburg/Kiel: Wachholtz, 3. Aufl.

Plavec, Jan G. (2013): Das Tape ist tot, es lebe das Tape. In: Stuttgarter Zeitung. Rubrik Panorama. Online: http://www.stuttgarter-zeitung.de/inhalt.revival-der-musikkassette-das-tape-ist-tot-es-lebe-das-tape.a045efe2-c353-48e0-bd2a-c86e2e7761a9.html [16.11.2023].

Rancière, Jacques (2006): Die Aufteilung des Sinnlichen. Die Politik der Kunst und ihre Paradoxien. Berlin: b_books.

Rancière, Jacques (2009): Der unwissende Lehrmeister. Fünf Lektionen über die intellektuelle Emanzipation. Wien: Passagen-Verlag, 2., überarb. Aufl.

Reich-Ranicki, Marcel (2006): Über den Essay und das Feuilleton. In: Derselbe: Der Kanon. Die Essays und ihre Autoren. Frankfurt: Insel, S. 13-20.

Rhodes, Daniel (2006): Ton und Glasur. Verstehen und Anwenden. Koblenz: Hanusch, von R. Hopper neu überarb. und erw. Aufl.

Rilke, Rainer M. (1998): Die Gedichte. Frankfurt am Main: Insel.

Rinck, Monika (2015): Der Leere zum Verwechseln ähnlich. In: Neue Rundschau. 126. Jg., Heft 1, S. 72-78.

Rittel, Horst W. J. (1992): Zur Planungskrise. Systemanalyse der ‚ersten und zweiten Generation'. In: Ders.: Planen, Entwerfen, Design. Ausgewählte Schriften zu Theorie und Methodik. Berlin/Köln/Stuttgart: Kohlhammer, S. 37-58.

Rosa, Lisa (2013): Die Zukunft des Lernens. Von den Visionen des ‚Lernens für später' zum Sinnbildungslernen der Gegenwart. In: BDK-Mitteilungen. 49. Jg., Heft 1, S. 10-13.

Rübel, Dietmar/Wagner, Monika (Hrsg.) (2002): Material in Kunst und Alltag. Berlin: Akademie-Verlag.

Scheer, Ursula (2015): Schreibst du noch, oder tippst du schon? Finnland ohne Schreibschrift. In: Frankfurter Allgemeine Zeitung. Feuilleton. Online: http://www.faz.net/aktuell/feuilleton/finnland-ohne-schreibschrift-schreibst-du-noch-oder-tippst-du-schon-13368180.html [16.11.2023].

Schiller, Friedrich (1795): Über die ästhetische Erziehung des Menschen in einer Reihe von Briefen. Online: https://www.projekt-gutenberg.org/schiller/aesterz/aesterz.html [09.11.2023].

Schmidt, Arno (1987): *Kaff auch Mare Crisium*. In: Ders.: Bargfelder Ausgabe. Werkgruppe I, Bd. 3. Zürich: Haffmans, S. 7-278.

Schönhammer, Rainer (2013): Einführung in die Wahrnehmungspsychologie. Sinne, Körper, Bewegung. Wien: Facultas.wuv, 2., überarb., aktualisierte und erw. Aufl.

Schwarz, Arturo (2000): The Complete Works of Marcel Duchamp. New York: Delano Greenidge, rev. and expanded paperback ed.

Sebald, Winfried G. (2013): Schwindel. Gefühle. Frankfurt am Main: S. Fischer, 8. Aufl.

Seel, Martin (2013): Varianten filmischen Erzählens. In: Kracke, Bernd/Ries, Marc (Hrsg.): Expanded Narration. Das neue Erzählen. Bielefeld: Transcript, S. 187-196.

Seligman, Martin E. P. (1999): Erlernte Hilflosigkeit. Weinheim/Basel: Beltz.

Sloterdijk, Peter (1998): Sphären. Bd. 1: Blasen. Mikrosphärologie. Frankfurt am Main: Suhrkamp.

Sloterdijk, Peter (2001): Nicht gerettet. Versuche nach Heidegger. Frankfurt am Main: Suhrkamp.

Sloterdijk, Peter (2001): Domestikation des Seins. Die Verdeutlichung der Lichtung. In: Ders.: Nicht gerettet. Versuche nach Heidegger. Frankfurt am Main: Suhrkamp, S. 142-234.

Sloterdijk, Peter (2001): Regeln für den Menschenpark. Ein Antwortschreiben zu Heideggers Brief über den Humanismus. In: Ders.: Nicht gerettet. Versuche nach Heidegger. Frankfurt am Main: Suhrkamp, S. 302-337.

Spinnen, Burkhard (1998): Modelleisenbahn. Kleine Philosophie der Passionen. München: Deutscher Taschenbuch Verlag.

Spivak, Gayatari Chakravorty (1985): The Rani of Sirmur: An Essay in Reading the Archives. In: History and Theory. Studies in the Philosophy of History 24(3), S. 247–27.

Spivak, Gayatri C. (1996): Subaltern Studies. Deconstructing Historiography. In: Landry, Donna/MacLean, Gerald (Hrsg.): The Spivak Reader. Selected Works of Gayatri Chakravorty Spivak. London/New York: Routledge, S. 203-236.

Stein, Gertrude (1988): Die geographische Geschichte von Amerika oder Die Beziehung zwischen der menschlichen Natur und dem Geist des Menschen. Frankfurt am Main: Suhrkamp.

Stein, Gertrude (1996): Jedermanns Autobiographie. Frankfurt am Main: Suhrkamp.

Stein, Gertrude (2005): Autobiographie von Alice B. Toklas. Zürich: Arche-Verlag.

Taussig, Michael T. (1997): Mimesis und Alterität. Eine eigenwillige Geschichte der Sinne. Hamburg: Europäische Verlagsanstalt.

Trüby, Stephan (2011): Geschichte des Korridors. Karlsruhe: Staatliche Hochschule für Gestaltung.

Tsing, Anna L. (2018): Der Pilz am Ende der Welt. Über das Leben in den Ruinen des Kapitalismus. Berlin: Matthes & Seitz Berlin.

US, Stephan (2013): open pARTicipation!? EinBlick aus der künstlerischen Praxis. In: Brenne, Andreas/Griebel, Christina/Urlaß, Mario (Hrsg.): MitEinAnder. Zur Praxis einer partizipatorischen Kunstpädagogik in der Grundschule. München: kopaed, S. 69-76.

Waldenfels, Bernhard (2002): Bruchlinien der Erfahrung. Phänomenologie, Psychoanalyse, Phänomenotechnik. Frankfurt am Main: Suhrkamp.

Walter, Benjamin (2006): Berliner Kindheit um neunzehnhundert. Frankfurt: Suhrkamp.

Walter, Benjamin (2011): Lehre vom Ähnlichen. In: Ders.: Gesammelte Werke, Bd. II. Frankfurt: Zweitausendeins, S. 441-445.

Walter, Benjamin (2011): Über das mimetische Vermögen. In: Ders.: Gesammelte Werke, Bd. II. Frankfurt: Zweitausendeins, S. 445-448.

Wendler, Reinhard (2013): Das Modell zwischen Kunst und Wissenschaft. München: Fink.

Wilder, Thornton (1988): Einführung. In: Stein, Gertrude (Verf.): Die geographische Geschichte von Amerika oder Die Beziehung zwischen der menschlichen Natur und dem

Geist des Menschen. Frankfurt am Main: Suhrkamp, S… . ->bei Änderung FN Korrigieren

Wittgenstein, Ludwig (2003): Tractatus logico-philosophicus. Frankfurt am Main: Suhrkamp.

Wolf, Hans M. de (2012): Jan van Eyck, Marcel Duchamp und der erweiterte ‚Grund'-Begriff. In: Boehm, Gottfried/Burioni, Matteo (Hrsg.): Der Grund. Das Feld des Sichtbaren. München/Paderborn: Fink, S. 417-440.

Wulf, Christoph (Hrsg.) (2010): Der Mensch und seine Kultur. Hundert Beiträge zur Geschichte, Gegenwart und Zukunft des menschlichen Lebens. Köln: Anaconda.

Abbildungen

Abb. 1: Wagenmodell aus Mesopotamien (Terrakotta, Frühdynastische Epoche). In: Rhodes, Daniel (2006): Ton und Glasur. Verstehen und Anwenden. Koblenz: Hanusch, von R. Hopper neu überarb. und erw. Aufl., S. 34.

Abb. 2: Japanische Hand, Archiv CG.

Abb. 3: Schlank modelliert, Archiv CG.

Abb. 4: Modell, Archiv CG.

Abb. 5: Beleibt modelliert, Archiv CG.

Abb. 6: Sertač Özdemir: Umlauftank, Archiv CG.

Abb. 7: Jannik Frank: Modell im Luis Leu, Archiv CG.

Abb. 8: Modell Urinal (Marcel Duchamp: Fountain, erste Version, glasiert, schwarz, nachpunktiert und signiert. Paris 1930). In: Bonk, Ecke (1989): Marcel Duchamp. Die große Schachtel. De ou par Marcel Duchamp ou Rrose Selavy. Inventar einer Edition. München: Schirmer/Mosel, S. 204.

Abb. 9: Boîte im Buch (Marcel Duchamp: Boîte-en-valise, Serie A, 1941-1949). In: Bonk, Ecke (1989): Marcel Duchamp. Die große Schachtel. De ou par Marcel Duchamp ou Rrose Selavy. Inventar einer Edition. München: Schirmer/Mosel, S. 14-15.

Abb. 10: Modelleisenbahnhäuschenramschkiste, Archiv CG.

Abb. 11: Enkelin im Puppenhaus. In: Moore, Colleen (1979): Colleen Moore's Doll House. Garden City New York: Doubleday, S. 9.

Abb. 12: Marcel Duchamp und seine Schachtel. In: Bonk, Ecke (1989): Marcel Duchamp. Die große Schachtel. De ou par Marcel Duchamp ou Rrose Selavy. Inventar einer Edition. München: Schirmer/Mosel, S. 14-15.

Abb. 13: Modell für…, Archiv CG.

Abb. 14: Das Boot Ausbildung, Archiv CG.

Abb. 52: Handlungsräume, Archiv CG.

Abb. 53: Sie photographiert, Archiv CG.

Abb. 54: Historische Geisterfotos, Archiv CG.

Abb. 55: Gegenwärtig vor zehn Jahren, analog, Archiv CG.

Abb. 56: Gegenwärtig, digital, Archiv CG.

Abb. 57: Ein Blick in jede Richtung, Archiv CG.

Abb. 58: Nicht allein, Archiv CG.

Abb. 59: Augenblick, Archiv CG.

Abb. 60: Ahorn, Archiv CG.

Abb. 61: Pilze, Archiv CG.

Abb. 62: Buchen, Archiv CG.

Abb. 63: Ein Auge, Archiv CG.

Abb. 64: Wolle(n), Archiv CG.

Drucknachweise

Gedruckt oder digital gesetzt sind folgende Texte oder frühere Ansätze dazu in anderen Konstellationen erschienen:

Pikturale Syntax und künstlerische Identität. Vortrag und Textfilm für den Kongress Bildnerische Gestalten und Kreatives Schreiben in der Entwicklung des Menschen, Nürnberg 2014. Erstmals abgedruckt in: Bader, Nadia/Stephanie Johns/Krauss, Lennart (Hrsg.) (2023): How to do Arts Education, München: kopaed, S. 49-60.

Tu es – du bist. In: Bader, Nadja/Hermann, Annette (Hrsg.) (2021): EXHIBITING LESSONS. Lässt sich Lehre zeigen?“ Siegen: Universitätsverlag, S. 58-61.

Das Modell. In: Zeitschrift Ästhetische Bildung. Online: http://zaeb.net/wordpress/wp-content/uploads/2019/12/Griebel_11.Dez_.-19.pdf [22.11.23].

To other mimesis. Erste Absätze dieses Textes sind mit anderer Fragerichtung in kurzer Form unter dem Titel „Mimetische Montagen. Diskurs und neuer Diskurs der Erzählung in den Räumen künstlerischer Bildung“ publiziert in: Fritzsche, Marc/Schnurr, Ansgar (Hrsg.) (2017): Fokussierte Komplexität. Ebenen von Kunst und Bildung. Oberhausen: Athena, S. 99-110.

Ungehorsame Vokabeln. In: Marr, Stefanie/Eckes, Magdalena, Hoffmann, Katja (Hrsg.) (2018): Was geht? Was bleibt? Kunstpädagogische Debatten: Retrospektiven und Gegenwartsanalysen. Oberhausen: Athena, S. 59-85.

Zeitfenster Schulkorridor. In: Zeitschrift Ästhetische Bildung. Online: http://zaeb.net/wordpress/wp-content/uploads/2020/12/75-303-1-PB.pdf [22.11.23].

Freistellen. Grundgedanken dieses Textes sind in Kurzform unter dem Titel „Kraft schöpfen, frei stellen: Von der Kunst, Kunst zu vermitteln" in BDK inform 2/2017, S. 28-34 abgedruckt.

Passung sehen, unangepasst leben. In: Engels, Sidonie (Hrsg.) (2017): Inklusion und Kunstunterricht. Perspektiven und Ansätze künstlerischer Bildung. Oberhausen: Athena, S. 93-108.

Aus sich herauskommen: ein Versuch ohne Ende. Ein früher Versuch dazu wurde unternommen unter dem Titel Gelassen versteckt. In: Zeitschrift Ästhetische Bildung. Online: http://zaeb.net/wordpress/wp-content/uploads/2019/11/Beitrag_Griebel_fin-2.pdf [22.11.23].

Innenseite Außerhalb. Eine erste Fassung ist unter dem Titel Innenseite außerhalb. Egalitäres Handeln im Feld des Sichtbaren in Brenne, Andreas/Kaiser, Michaela (Hrsg.) (2022): Die Bildung aller. Kunstpädagogik und Inklusion. Hannover: Fabrico, 239-255 publiziert.

Der Augenblick zwischen zwei Körpern hat in früherer Fassung stattgefunden in: Doppelt belichtet. In: Zeitschrift Ästhetische Bildung. Online: http://zaeb.net/wordpress/wp-content/uploads/2020/04/Griebel_April-20CR.pdf [22.11.23].

Einer Spinne den Weg bahnen. In: Heike Thienenkamp/Johannes Voit (Hrsg.) (2022): Im Dialog mit den Dingen. Perspektiven und Potentiale ästhetischer Bildung. Bielefeld: transcript, S. 129-140.

Die Autorin dankt allen Herausgeber*innen für die freundliche Freigabe.

2015 — 1 (Okt (20) / Sep / Okt

2016 — 2 (Sep (21) / Okt

2017 — 3 ((22) Sep / Okt

2018 — 4 (Sep (23) / Okt

2019 — 5 (Sep (24) / Okt

2020 — Sep (25)

Winter 2021

Bewerbung?

zu alt?